A filosofia, como interrogação fundamental e primeira, é a preocupação permanente do homem. Com o intuito de permitir o acesso desta disciplina a camadas do público cada vez mais largas esta colecção preenche uma etapa necessária do conhecimento filosófico.

John Stuart Mill

TÍTULO ORIGINAL
Mill

© 2009 by Wendy Donner and Richard Fumerton

Todos os direitos reservados. Tradução autorizada a partir
da edição em língua inglesa publicada pela Blackwell Publishing Limited.
A responsabilidade da qualidade da tradução pertence exclusivamente
a Edições 70, Lda., e não é da responsabilidade da Blackwell Publishing Limited.
Nenhuma parte deste livro pode ser reproduzida sob nenhuma forma,
sem a autorização escrita do detentor original dos direitos,
Blackwell Publishing Limited

TRADUÇÃO
Teresa Castanheira e Francisco Gonçalves

REVISÃO
Marcelino Amaral

DESIGN DA CAPA
FBA

Depósito Legal n.º 328585/11

Biblioteca Nacional de Portugal – Catalogação na Publicação

DONNER, Wendy, e outro

John Stuart-Mill / Wendy Donner, Richard Fumerton.
(Biblioteca básica de filosofia)
ISBN 978-972-44-1613-7

I – FUMERTON, Richard

CDU   1Mill, John Stuart

PAGINAÇÃO
Rita Lynce

IMPRESSÃO E ACABAMENTO:
Pentaedro
para
EDIÇÕES 70, LDA.
Maio de 2011

Direitos reservados para todos os países de língua portuguesa
por Edições 70

EDIÇÕES 70, Lda.
Rua Luciano Cordeiro, 123 – 1.º Esq.º – 1069-157 Lisboa / Portugal
Telefs.: 213190240 – Fax: 213190249
e-mail: geral@edicoes70.pt

www.edicoes70.pt

Esta obra está protegida pela lei. Não pode ser reproduzida,
no todo ou em parte, qualquer que seja o modo utilizado,
incluindo fotocópia e xerocópia, sem prévia autorização do Editor.
Qualquer transgressão à lei dos Direitos de Autor
será passível de procedimento judicial.

Wendy Donner
Richard Fumerton
John Stuart Mill

70

A David Lyons e Henry West (W.D.)

Aos meus enteados, Meg e David (R.F.)

Abreviaturas

CW *The Collected Works of John Stuart Mill*, ed. John M. Robson, 33 vols. (Toronto: University of Toronto Press, 1963-91).
EWH *An Examination of Sir William Hamilton's Philosophy* (London: Longmans, Green, andCompany, 1889).

AGRADECIMENTOS

Wendy Donner

Tenho muitos amigos e colegas a quem agradecer o contributo que deram para este trabalho, quer directa quer indirectamente, através dos seus comentários, conversas e trabalho académico. Os agradecimentos são especialmente devidos a Kwame Anthony Appiah, Bruce Baum, Elizabeth Brake, D. G. Brown, Grant Cosby, Roger Crisp, Ben Eggleston, Alan Fuchs, Michele Green, John Haldane, o falecido R. M. Hare, Ellen Haring, David Lyons, Dale Miller, Maria Morales, o falecido Robert Nozick, Martha Nussbaum, Roger Paden, Ann Robson, o falecido John M. Robson, Fred Rosen, Alan Ryan, John Skorupski, Piers Stephens, L. W. Sumner, C. L. Ten, Nadia Urbinati, Georgios Varouxakis, Henry R. West, Fred Wilson, May Yoh e Alex Zakaras.

Gostaria de expressar a minha gratidão para com a Universidade de Carleton por me terem agraciado com o Prémio de Investigação da Faculdade de Artes e Ciências Sociais em 2005, o qual me permitiu trabalhar no esboço deste livro de Maio a Dezembro de 2005. Também estou grata por ter recebido a Bolsa Institucional SSHRC da Universidade de Carleton em 2005 e uma Bolsa de Investigação do Vice-Presidente (Investigação) e Director da Faculdade das Artes e Ciências Sociais em 2006. Todas estas formas de apoio institucional foram de uma enorme ajuda neste projecto. Foi um prazer trabalhar com a editora, Claire Creffield, e agradeço-lhe a sua admirável competência e ajuda.

Agradeço a Georgios Varouxakis, Philip Schofield e Paul Kelly por me terem convidado a fazer o discurso de abertura sobre «John Stuart Mill and Virtue Ethics» na Conferência do Bicentenário de John Stuart Mill, a nona conferência na International Society for Utiliarian Studies, acolhida pelo Bentham Project na University College London, em Abril de 2007. São devidos agradecimentos aos membros do auditório, pelas perguntas envolventes e pelos comentários. Também são devidos agradecimentos a Ann Cudd e Bem Eggleston da Universidade do Kansas por me terem convidado para uma aula pública (co-patrocinada pelo Women's Studies, and Humanities and Western Civilization) na sua Universidade em Março de 2007.

Richard Fumerton

Começo por agradecer a Wendy Donner por me ter convencido a fazer parte deste projecto. A sua energia e o seu entusiasmo foram decisivos para a sua finalização. Embora nem sempre concordemos quanto à interpretação de Mill, também beneficiei muito da leitura da obra de Fred Wilson sobre a lógica, metafísica e epistemologia de Mill. O meu interesse na história da filosofia é movido em grande parte pelo meu interesse nos assuntos filosóficos que as várias figuras históricas suscitam. Comecei por me interessar por Mill no âmbito do meu interesse pelos problemas filosóficos da percepção. E esses interesses começaram por ser alimentados nos seminários de primeiro ano a que assisti na Universidade de Toronto com Francis Sparshott e Peter Hess. Continuaram a desenvolver-se [na Universidade de] Brown sob a influência de Roderick Chisholm e Ernst Sosa. Também gostaria de terminar agradecendo à nossa editora, Claire Creffield, o seu excelente trabalho.

Capítulo 1
INTRODUÇÃO
BIOGRAFIA: JOHN STUART MILL
(1806-1873)

John Stuart Mill nasceu em Londres em 1806. O pai, James Mill, era um filósofo, economista e historiador que teve, também, um cargo importante na Companhia das Índias Orientais. James Mill foi, a par de Jeremy Bentham, o fundador de um grupo conhecido como os radicais filosóficos, do qual John Stuart Mill veio igualmente a tornar-se um destacado membro. O grupo era conhecido pelo apoio entusiástico ao utilitarismo enquanto filosofia moral e política, filosofia essa que, esperavam eles, iria transformar a face política do mundo ocidental. James Mill teve um papel crucial no desenvolvimento intelectual do seu filho mais velho, John Stuart Mill. Este foi alvo de uma educação exigente – aprendeu grego aos três anos e latim aos oito. Começou muito cedo a estudar filosofia, economia e política e, sob a influência tanto do pai como de Jeremy Bentham, tornou-se um utilitarista empenhado em dar continuidade ao legado dos seus professores. A pressão das exigências educativas e de corresponder às expectativas intelectuais do pai teve consequências e Mill sofreu «uma crise psicológica» quando tinha pouco mais vinte anos. O próprio Mill atribui a sua descoberta da poesia e o interesse que passou a dedicar-lhe, em particular a Wordsworth, ao facto de ter tentado dar à sua vida um maior equilíbrio que a tornasse mais rica e realizada. Em vez de continuar uma educação formal, Mill seguiu os passos do pai e foi trabalhar para a Companhia das Índias Orientais entre 1823 e 1858. O cargo que desempenhou deu-lhe suficiente flexibilidade para dar continuidade à sua escrita e ao seu trabalho intelectual.

Embora Mill seja conhecido sobretudo pelas suas obras mais teóricas, filosóficas e políticas, ele interessou-se claramente pela aplicação dos princípios abstractos. Escreveu para a *London Review*, que posteriormente se tornou a *London Westminster Review*, e veio a ser o seu editor. Candidatou-se ainda ao Parlamento, com sucesso, pelo Partido Liberal em 1865 (representando até 1868 Westminster e as ideias dos radicais filosóficos). Foi o reitor da Universidade de St. Andrews, na Escócia, entre 1865 e 1868. Teve um papel activo em muitas causas políticas do seu tempo, incluindo as campanhas pelo abolicionismo e pelo sufrágio das mulheres. Na verdade, foi o primeiro a apresentar no Parlamento um projecto de lei concedendo às mulheres o direito de voto. As obras de Mill sobre economia advogam um sistema de cooperativas de trabalhadores para melhorar as condições de vida da classe operária.

A influência dominante (e dominadora) na vida de Mill foi, por certo, o pai, mas ele próprio considerou Harriet Taylor uma das figuras mais importantes no seu desenvolvimento intelectual. Mill conheceu Taylor quando esta era uma mulher casada, mas isso não impediu que mantivessem uma relação extraordinariamente próxima durante mais de duas décadas. Apesar de, segundo a maioria dos relatos, a relação ser platónica, foi, ainda assim, muito controversa, causando tensão até mesmo nas relações entre Mill e os seus irmãos. Quando o marido de Taylor morreu, Mill pôde finalmente casar-se com ela em 1851. Mill encarou Taylor como colaboradora em algumas das suas obras mais importantes, especialmente em *Sobre a Liberdade* (publicado pouco depois da morte dela, em 1858).

É difícil exagerar a influência de Mill na maior parte das principais áreas da filosofia, e em particular na filosofia moral, social e política. O seu livro *Sobre a Liberdade* continua a ser uma das mais conhecidas e mais debatidas defesas do liberalismo. Nenhuma discussão sobre a liberdade e sobre o seu papel fundamental numa sociedade legítima é completa se não forem tomadas em consideração as posições que Mill defende nessa obra. *Utilitarismo* pode muito bem ser o livro mais recomendado em qualquer curso de introdução à ética. Embora se trate de uma defesa da perspectiva segundo a qual a única coisa desejável como fim é a felicidade, Mill deixa claro que está a usar uma concepção de prazer ou felicidade muito lata, concepção essa herdeira da ética das virtudes grega. O livro *A Sujeição das Mulheres* é uma obra muito à frente do seu tempo e continua a ser a afirmação clássica de uma filosofia feminista liberal. Apesar de as obras de Mill sobre lógica, filosofia da linguagem, metafísica e epistemologia serem hoje, talvez, menos influentes, também elas já dominaram a paisagem filosófica. Os famosos métodos de Mill (que ainda hoje ostentam o seu nome) para descobrir a verdade causal são ainda parte integral de muitos textos informais sobre lógica. Embora não seja claro se Mill subscreve a perspectiva que por vezes lhe é atribuída, o seu trabalho sobre filosofia da linguagem, particularmente a sua concepção dos nomes, goza algum renascimento com o advento das chamadas teorias da referência.

Em muitos aspectos Mill representou o culminar do empirismo britânico. O seu *A System of Logic* foi usado durante muito tempo e era mais do que um mero livro de lógica. *A System of Logic* explora questões fundamentais de filosofia da linguagem, de epistemologia e de metafísica da causalidade, mas também a forma como expandimos o nosso conhecimento por meio da inferência e até a análise dos juízos morais. O seu livro *An Examination of Sir William Hamilton's Philosophy* é bem mais que um mero exame crítico das concepções de outro filósofo importante. É uma tentativa sistemática de perceber as implicações de um empirismo radical tal como defendido anteriormente por filósofos como George Berkeley e David Hume. De certa forma, o trabalho de Mill nesta área constitui uma espécie de ponte entre os empiristas britânicos e os positivistas do século xx, e o facto de ter sido padrinho de Bertrand Russell, um dos gigantes da filosofia do século seguinte, é, talvez, uma metáfora adequada para o seu papel filosófico. Mill morreu em Avinhão, França, em 1873.

OBRAS PRINCIPAIS

A System of Logic, 1843
Principles of Political Economy, 1848
Sobre a Liberdade, 1859

Utilitarismo, 1861
Considerations on Representative Government, 1861
An Examination of Sir William Hamilton's Philosophy, 1865
A Sujeição das Mulheres, 1869
Autobiografia, 1873
Three Essays on Religion, 1874

The Collected Works of John Stuart Mill, 1963-91, editor John M. Robson, contém 33 volumes das obras de Mill. O Volume 1 contém os seus ensaios literários, incluindo «Thoughts on Poetry and its Varieties» (1833), e «Tennyson's Poems» (1835). ([1])

([1]) Traduções das obras de Mill utilizadas: *Sobre a Liberdade*. Trad. Pedro Madeira. Lisboa, Edições 70, 2006; *A Sujeição das Mulheres*. Trad. Benedita Bettencourt. Coimbra, Edições Almedina, 2006; *Utilitarismo*. Trad. F. J. Azevedo Gonçalves. Lisboa, Gradiva, 2005. Sempre que haja tradução portuguesa das obras citadas, esta será indicada em primeiro lugar (*N. T.*).

Introdução à primeira parte

A FILOSOFIA MORAL E POLÍTICA DE MILL

Wendy Donner

John Stuart Mill foi uma figura carismática do século XIX, um intelectual público, político e activista, que contribuiu bastante para a filosofia moral, social e política, bem como para a vida política.

A filosofia de Mill oferece uma versão rica, complexa e intrigante do utilitarismo e do liberalismo, que é extremamente intricada. Está fortemente marcada pela ética das virtudes, mantendo com ela laços muito profundos. Um dos objectivos dos capítulos da primeira parte é dar a devida importância aos elementos da ética das virtudes e da política no conjunto da obra de Mill. Na teoria de Mill, os fundamentos permanecem utilitaristas, pois o desenvolvimento e a prática das virtudes fornecem a melhor ocasião para promover a felicidade de todos. Porém, a caracterização da felicidade humana está essencialmente misturada com a virtude. Roger Crisp e Michael Slote constatam que a ética das virtudes dá ênfase aos agentes, à sua vida e ao seu carácter. Perguntam se «será possível que os utilitaristas (...) ampliem o centro das suas próprias teorias, de modo a incorporarem tanto a vida dos agentes como um todo, o seu carácter, como (...) as suas acções» (Crisp e Slote 1997,3). Como defendo neste livro, no caso do utilitarismo de Mill, a resposta é claramente afirmativa.

Em *The Liberal Self* (Donner 1991), propus uma leitura corrigida e uma defesa da teoria do valor de Mill, incluindo principalmente o seu hedonismo qualitativo. No capítulo 2, reitero a proposta e continuo a defender Mill nesta componente central da sua filosofia moral. As questões que analiso no capítulo 2 incluem o hedonismo qualitativo e o hedonismo quantitativo, o pluralismo dos valores e a ética das virtudes. Em *Utilitarismo*, Mill estabelece o princípio básico da sua teoria moral, o princípio da utilidade, o qual «defende que as acções são correctas na medida em que tendem a promover a felicidade, e incorrectas na medida em que tendem a gerar o contrário da felicidade.» (*Utilitarismo*, 50-51 / CW 10:210;)([2]).

Numa teoria moral consequencialista como a de Mill, a correcção ou a incorrecção dos actos é determinada pelas suas consequências, mais especificamente, no caso do utilitarismo, pelas consequências que promovem a felicidade ou a utilidade. Os consequencialistas vêem se as acções produzem resultados bons ou maus. Mill analisa e distingue entre o bem, ou valor, como felicidade, e o mal como infelicidade ou sofrimento. Grande parte da análise do conceito de utilidade de Mill consiste no exame das suas perspectivas sobre a natureza do bem, ou do que entende por felicidade. De importância crucial é ainda o seu método para medir o bem, ou felicidade. Esse método assenta no juízo de agentes competentes e um dos aspectos centrais da minha abordagem consiste na análise e na exploração do que Mill entende por agente competente. A noção de agente competente segundo Mill remete para alguém que foi submetido a uma educação entendida sobretudo como processo de desenvolvimento e de desenvolvimento pessoal. A caracterização que faz do agente competente realça a dívida de Mill para com a ética das virtudes.

Examino e defendo a teoria do valor de Mill comparando-a, em parte, com o hedonismo quantitativo de Jeremy Bentham, o antecessor utilitarista de Mill. O hedonismo sustenta que apenas as coisas que são intrinsecamente boas são estados da experiência agradáveis ou felizes. Esta tese deixa em aberto a questão de saber quais as propriedades dos estados de experiência valiosos que

---

([2]) Com algumas excepções, que serão explicitamente indicadas, as páginas das obras de Mill têm como referência *The Collected Works of John Stuart Mill*, (org.) John M. Ronson, 33 vols. (Toronto: University of Toronto Press, 1963-91). De agora em diante citadas como CW.

contribuem para o seu valor. Bentham argumenta que apenas a quantidade de felicidade produz o seu valor, enquanto Mill contrapõe que a qualidade ou o tipo de felicidade também conta para a avaliação do seu valor. Mill sustenta que as formas de felicidade mais valiosas são aquelas que desenvolvem e exercem as capacidades humanas superiores e a excelência. Esta tese insere-o explicitamente na linhagem da ética das virtudes, que faz do exercício da excelência humana, ou das virtudes, um aspecto central da ética e da política. O capítulo também faz um apanhado das críticas ao hedonismo. Algumas objecções consistem em afirmar que é inconsistente com o hedonismo incluir a qualidade dos prazeres na avaliação do valor. Outras objecções têm origem em desafios externos. Os pluralistas do valor, por exemplo, rejeitam a ideia segundo a qual apenas a felicidade é intrinsecamente boa e argumentam que há outras coisas, como a virtude, o conhecimento e o amor, que podem ser consideradas valiosas por si mesmas, fora de qualquer relação essencial com a felicidade.

No capítulo 3, abordo os aspectos nucleares da visão de Mill sobre a correcção, ou a obrigação, e o estatuto das regras morais. Avalio em que medida será a teoria de Mill mais correctamente classificada como utilitarismo dos actos ou utilitarismo das regras e exploro as dificuldades com que se depara qualquer tentativa de o fixar numa ou noutra categoria. A discussão sobre o utilitarismo dos actos e o utilitarismo das regras relaciona-se com o modo como se deve compreender o princípio da utilidade; se como avaliação de acções particulares caso a caso, ou como avaliação de quais as regras morais que são geralmente as mais benéficas na produção de consequências boas. Exploro a objecção segundo a qual o princípio da utilidade está em conflito com as exigências da justiça. Ao responder a esta objecção, analiso a relação entre a utilidade e a justiça na arquitectura da teoria de Mill, bem como o lugar central, no seu sistema, dos direitos fundados na utilidade. Argumento que a compreensão da estrutura da teoria de Mill é um instrumento indispensável para determinar as suas intenções. O fundamento da estrutura teórica de Mill é a Arte da Vida, que delineia o domínio específico da Moralidade nas suas relações com as esferas associadas da Prudência ou da Política e da Virtude ou da Estética. Temos de compreender o *âmbito* da Moralidade, bem como o lugar das regras de obrigação e dos direitos na *estrutura* da sua filosofia moral e prática antes de podermos abordar razoavelmente a questão do estatuto das regras de obrigação e dos princípios de justiça.

O capítulo 4 é sobre a liberdade. O famoso princípio da liberdade de Mill em *Sobre a Liberdade* afirma que «o único fim para o qual as pessoas têm justificação, individual ou colectivamente, para interferir na liberdade de acção do outro é a autoprotecção.» (*Sobre a Liberdade*, p. 39 / CW 8:223) Só pode haver interferência na liberdade para prevenir o dano dos outros. Esta tese clássica levanta inúmeras questões. Qual a extensão legítima do poder que o Estado e a sociedade podem exercer sobre os outros membros da sociedade? Até que ponto é prejudicial ser construído de modo a impor fronteiras claras aos limites da coerção social para proteger efectivamente os interesses vitais e os direitos de liberdade de expressão, acção, individualidade e desenvolvimento pessoal? Tudo fica no lugar, defendo, se nós usarmos a estrutura da teoria de Mill tal como é apresentada no capítulo 3 e reconhecermos que o princípio da liberdade é um princípio de justiça, com o imperativo de proteger os interesses humanos mais vitais dos malefícios das incursões da compulsão e do controlo. Mill invoca uma distinção básica entre a liberdade, que é um valor liberal fundamental, e o poder, que é um incentivo prejudicial à opressão e ao despotismo. O liberalismo de Mill afirma publicamente a liberdade ao mesmo tempo que rejeita as tendências despóticas para adquirir o controlo e o poder sobre os outros. Esta distinção ilumina toda a sua filosofia. Sublinho neste capítulo a centralidade do direito à liberdade de desenvolvimento pessoal. Exploro a importância da liberdade em algumas das suas manifestações mais importantes, tal como a liberdade de pensamento e de expressão, a autonomia e a individualidade. Os seus modelos de deliberação pública e de liberdade de expressão e de acção são particularmente adequados a sociedades diversificadas e pluralistas e apresentam um ideal de progresso moral humano e social. Irei analisar minuciosamente o próprio exemplo dado por Mill do casamento poligâmico nas comunidades mórmones do seu tempo, com o fim de testar os limites da aplicação do princípio da liberdade. Este caso serve como primeira forma de olhar para as tensões suscitadas pela necessidade de equilibrar a individualidade e a comunidade.

O capítulo 5 concilia as obrigações do utilitarismo e da ética das virtudes com o igualitarismo liberal na filosofia da educação de Mill. Os liberais históricos como Mill atribuem uma grande importância à educação dos membros da sociedade. No sistema de Mill, a educação é uma das principais artes morais, a par da ciência moral da etologia (a ciência da formação do carácter). Na sua filosofia política liberal, a educação é concebida, muito genericamente, como a arte da formação do carácter e, assim, os seus ideais e objectivos tornam-se a socialização adequada dos membros da sociedade, crianças e adultos. Mill dedica muitas das suas obras à análise da educação apropriada vista como um processo de desenvolvimento e de desenvolvimento pessoal das capacidades humanas particulares e da sua excelência. Os seres humanos estão privados da oportunidade de ter uma vida mais feliz, a menos que lhes seja concedida a oportunidade de desenvolverem e usarem essas capacidades. Ser um «agente competente» é outro nome que Mill dá a ser-se um agente que teve a oportunidade de ser submetido a um processo de desenvolvimento durante a infância e de desenvolvimento pessoal em adulto. Ter-se desenvolvido pessoalmente é tanto um elemento essencial como uma condição prévia para apreciar os tipos de felicidade com mais valor. Deste modo, é-nos dado o direito, e nós temos esse direito, fundado num interesse vital, de sermos assim educados durante a infância (se tivermos nascido numa sociedade com meios para tal) e de atingir pelo menos um primeiro patamar de desenvolvimento pessoal na idade adulta. Estas capacidades que permitem o desenvolvimento pessoal combinam uma quantidade equilibrada de autonomia, de individualidade, de compaixão, de cuidado e de cooperação social. Esta concepção tem ressonâncias de e está em plena harmonia com as concepções sobre o carácter da ética das virtudes. As mesmas faculdades são necessárias para um compromisso como cidadãos responsáveis no domínio político para cooperarem e promoverem o bem comum.

O capítulo 6 é dedicado a alguns aspectos nucleares da filosofia política de Mill, nomeadamente o liberalismo e igualitarismo, e respectivas aplicações à sua visão do governo representativo e à democracia política e económica. A discussão da educação abre o caminho a uma análise das potencialidades e dos dilemas do liberalismo igualitarista. Os teóricos liberais contemporâneos, como Amy Gutmann, comprometem-se com concepções liberais de democracia que se harmonizem com os objectivos da educação para a democracia. Gutmann diz que «à semelhança da educação democrática, a democracia é um *ideal* político – de uma sociedade cujos membros adultos sejam, e continuem a ser, preparados pela sua educação e autorizados pelas estruturas políticas a partilharem o poder.» (Gutmann 1987, xi). O liberalismo de Mill fornece um modelo de análise para assuntos como a educação democrática adequada, sendo particularmente adequado às sociedades multiculturais e pluralistas contemporâneas. O seu compromisso com a democracia participativa actuante é outro exemplo de uma procura de caminhos para a prática das virtudes no domínio público que está relacionado com as teorias da virtude. A teoria de Mill propõe uma visão da política democrática participativa e deliberativa que é tão radical nos nossos dias como o foi no seu tempo.

A esperança confiante de Mill no futuro de uma educação liberal para a prática e para o progresso democráticos enfrentou objecções relativas às limitações do seu liberalismo para lidar com problemas como a desigualdade e o elitismo. Irei explorar as tensões entre a tendência elitista e a tendência igualitarista da filosofia de Mill e apresentar argumentos para defender que o compromisso com o igualitarismo é mais fundamental e predominante. O direito à liberdade do desenvolvimento pessoal é o direito que uma pessoa tem de que as suas capacidades e as suas faculdades se desenvolvam na infância, de modo a ser capaz de assumir o processo de desenvolvimento pessoal quando atinge a idade adulta. Trata-se de um direito básico, uma vez que o desenvolvimento destas capacidades é uma condição prévia do compromisso com e da apreciação das virtudes morais e intelectuais, ou do tipo de prazeres que, na idade adulta, são considerados mais valiosos. Esta ideia central constitui a base de algumas respostas àquelas objecções. Os longos ensaios de Mill com a análise do potencial democrático e educativo das instituições sociais, políticas e económicas norteiam-se por aquele compromisso. Mill defende as associações e as corporações participativas e democráticas, esperando que dessem origem à «conversão da ocupação diária de cada ser humano numa escola das afinidades sociais e da inteligência prática» (CW 3:792).

No capítulo 7, este espírito é transposto para o feminismo liberal clássico de Mill e para os argumentos a favor da igualdade sexual. Em *A Sujeição das Mulheres*, Mill desenvolve um argumento feminista liberal a favor da igualdade e afirma que a família deve ser «uma escola de simpatia em igualdade, de uma vida em comum com amor, sem poder de um lado e obediência do outro.» (*A Sujeição das Mulheres*, p. 116 / CW 21:295). A sua teoria é defendida por alguns devido aos aspectos inovadores da sua perspectiva no caminho da igualdade entre homens e mulheres e à sua compreensão clara dos efeitos brutais do poder opressivo e da violência doméstica. Mill é um defensor clássico do feminismo liberal, tanto em teoria como na sua prática activista. Examino alguns pormenores da sua análise, incluindo a dissecação da brutalidade da violência doméstica, a compreensão dos efeitos corrosivos da opressão patriarcal sobre a felicidade e a liberdade das mulheres, bem como a análise do modo como as formas subtis disto tudo induzem o conformismo sem recurso à violência. Estas teses foram criticadas por algumas filósofas feministas contemporâneas, que vêem no trabalho de Mill aquilo que defendem ser as fraquezas num bom exemplo de quadro conceptual feminista e liberal. Examino a objecção segundo a qual a defesa que Mill faz da divisão do trabalho por género aponta mais para a diminuição do que para a eliminação do modelo patriarcal.

No capítulo 8, exploro o contributo de Mill para a filosofia do ambiente. Mill é frequentemente citado nas discussões da ética ambiental como um aliado histórico do desenvolvimento sustentável na medida em que apoia o estado estacionário da economia e se opõe à ideia de que o crescimento económico permanente seja desejável. Esta tese progressiva deve ser considerada a par com a visão expressa no seu ensaio «Nature», no qual apela a intervenções humanas moderadas na natureza a fim de melhorar as possibilidades de futuro humano. A sua perspectiva sobre o ambiente não é discutida tão amplamente no tratamento da sua teoria moral e política. Analiso a sua teoria do valor e como esta se adequa com os compromissos dos ambientalistas radicais contemporâneos que defendem teorias não-atropocêntricas. Analiso o modo como a sua teoria do valor serve como fundamento a uma tese de apreciação correcta da natureza que está, em parte, ligada ao caminho que conduz ao ambientalismo radical. Finalmente, vejo o modo como as suas ligações com o romantismo realçam a sua apreciação do mundo selvagem e da natureza.

Introdução à Segunda Parte

A LÓGICA, A METAFÍSICA E A EPISTEMOLOGIA DE MILL

RICHARD FUMERTON

Durante a sua vida, a influência de Mill na lógica, na filosofia da linguagem, na metafísica e na epistemologia foi talvez tão significativa como a sua influência na filosofia ética e política. Contudo, não se pode dizer de forma plausível que a importância do seu trabalho no âmbito das primeiras tenha sido tão duradoura. O seu monumental *System of Logic* (*Sistema de Lógica*) não é apenas sobre lógica, mas também sobre filosofia da ciência, filosofia da linguagem, metafísica e epistemologia. Porém, algumas das suas teses estão pura e simplesmente desactualizadas. A lógica formal é uma das (relativamente poucas) áreas da filosofia em que não parece controverso que se tenham feito enormes progressos desde o tempo em que Mill escreveu. Do mesmo modo, na filosofia da linguagem foram feitas algumas distinções que tornaram mais acessíveis os termos dos vários debates, e até mesmo a intensidade desses debates. Em *An Examination of Sir William Hamilton's Philosophy* (*Uma Análise da Filosofia de Sir William Hamilton*), o esforço heróico de Mill para reduzir o discurso significativo a afirmações que sejam verificáveis pela experiência através de indução enumerativa directa foi amplamente rejeitado, quer no pormenor, quer na teoria (ainda que alguns de nós ainda simpatizem com a teoria). Nem se pode dizer tão-pouco que Mill tivesse sido sempre o pensador mais original nestas áreas. Muitas das suas ideias têm as suas raízes nos primeiros empiristas britânicos, como Berkeley e Hume.

No entanto, ainda que as afirmações anteriores sejam verdadeiras, não devemos subestimar a importância de Mill no desenvolvimento da filosofia. Como defenderei, o trabalho de Mill foi em grande parte o *culminar* do empirismo britânico. Se Mill foi inegavelmente muito influenciado pelas perspectivas dos primeiros empiristas, ele desenvolveu estas perspectivas naquele tipo de detalhes que permitiu às gerações posteriores de filósofos ver mais claramente as suas implicações. Como resultado, a comunidade filosófica ficou muito mais bem posicionada para avaliar essas perspectivas. Por exemplo, a concepção de matéria de Mill como possibilidade permanente de sensação foi uma das inspirações para os positivistas reducionistas dos inícios do século xx. Por mais breve que tenha sido, o positivismo, no seu auge, tem uma enorme dívida para com John Stuart Mill. E mesmo depois de as versões radicais do positivismo terem sido amplamente rejeitadas, as suspeitas de Mill relativamente a uma metafísica intuicionista e a ênfase que deu à fundamentação das crenças justificadas na evidência empírica tiveram uma influência profunda que ainda hoje se mantém.

Na minha discussão da lógica, da metafísica e da epistemologia de Mill, não poderia fazer justiça à complexidade de muitas das suas perspectivas e dos seus argumentos. Em vez disso, tentei proporcionar ao leitor uma compreensão daquilo que entendo ser o *coração* da filosofia de Mill. Tentei trabalhar quase sempre com os textos principais e retirar deles as conclusões que penso serem aquelas que estava mais interessado em defender. A interpretação de Mill não é nunca tão directa quanto o meu discurso pode algumas vezes dar a entender. Os filósofos razoáveis podem discordar do modo como devem ser compreendidas as teses que lhe atribuo.

Como sugeri antes, não penso que seja possível compreender e apreciar Mill sem enquadrar o seu trabalho no primeiro empirismo. Com esse pano de fundo em mente, no capítulo 9 tento descrever aqueles aspectos centrais da metafísica e da epistemologia do empirismo britânico que dominam de tal maneira a concepção desses problemas por parte de Mill que têm de ser referidos. Concretamente, apresento com algum pormenor a ameaça do cepticismo que tanto preocupou filósofos como Berkeley e Hume.

No capítulo 10, tento explicitar os pressupostos epistemológicos do tipo de empirismo próprio de Mill, começando com algumas observações talvez um pouco surpreendentes e potencialmente significativas sobre a vontade que Mill tinha de permitir como fundação do conhecimento empírico quer as verdades sobre a experiência passada, quer as verdades sobre relações probabilísticas entre memórias aparentemente presentes e experiências passadas. A atitude liberal de Mill perante a incorporação de conhecimento do passado não indutivamente fundado não se expandiu certamente ao conhecimento do mundo externo. Mill estava firmemente no campo empirista que limitava o conhecimento empírico directo ao carácter fenomenicamente dado da sensação subjectiva e efémera. Ao contrário de Berkeley, que tentou combinar aquela perspectiva com um idealismo que reduzia os objectos a conexões de ideias actuais (quer nas mentes dos seres humanos, quer na mente de Deus), ou de Hume, que pareceu resignar-se a um cepticismo radical em relação à crença num mundo externo, Mill defendia que podemos encontrar um modo de compreender os objectos físicos que evita o cepticismo. Argumentava que o nosso pensamento sobre a realidade exterior é apenas pensamento sobre a «possibilidade permanente de sensações». A perspectiva de Mill constitui um esboço do fenomenalismo defendido por alguns positivistas do século xx. Como solução para o problema epistemológico de justificar a crença na realidade exterior não é mais plausível do que a redução dos objectos físicos a possibilidades permanentes de sensação, uma perspectiva que discuto em pormenor no capítulo 11.

No capítulo 10, junto as análises das perspectivas de Mill sobre a lógica e sobre a epistemologia, porque penso que para o próprio Mill os dois campos estão intimamente relacionados. Mill apresenta algumas teses verdadeiramente brilhantes sobre a subordinação do raciocínio dedutivo ao raciocínio indutivo. Uma dessas teses diz respeito ao estatuto do conhecimento matemático. Mill é um dos poucos filósofos que parece querer defender que mesmo as verdades aritméticas mais simples como $2+2=4$ são suportadas apenas indutivamente, uma tese idiossincrática que avalio de modo crítico.

Mill está tão entusiasmado com o lugar fundamental do raciocínio indutivo que, numa primeira leitura, até parece defender que todo o raciocínio *genuíno* é visto correctamente como indutivo. Enquanto, num sentido, a tese é claramente falsa, ela torna-se mais compreensível quando interpretada como uma tese *epistemológica*. A sua ideia, defendo eu, é que o raciocínio silogístico dedutivamente válido encobre as inferências subjacentes que estão implicadas na justificação de uma crença. Por o raciocínio indutivo ser tão central na compreensão que Mill tem da justificação epistémica, dedico uma secção do capítulo 10 à sua discussão do fundamento justificativo do nosso uso da indução.

Nenhuma discussão de Mill fica completa sem uma abordagem dos seus métodos famosos para descobrir as relações causais e eu levo a cabo uma análise das perspectivas mais abstractas de Mill sobre a indução, juntamente com um exame destes princípios epistemológicos mais usados.

No capítulo 11, volto-me para as perspectivas de Mill sobre metafísica, interpretando-as na generalidade de modo a incluir as suas teses sobre o modo como a linguagem representa o mundo. Mais uma vez, defendo que não é possível compreender verdadeiramente a metafísica de Mill sem compreender o seu empirismo radical, um empirismo radical conduzido pela convicção firme de que devemos confiar nas fundações empíricas que consistem na apreensão directa do «dado fenomenicamente». O problema consiste em saber como evitar o cepticismo num tal quadro conceptual. Como referi acima, a solução de Mill para o problema da percepção implica criticamente uma tese sobre o modo como compreender o conteúdo das teses sobre o mundo físico. Para reduzir com sucesso o falar de objectos físicos a um falar sobre a possibilidade permanente de sensações, não devemos permitir que a linguagem sobre os objectos físicos afecte a nossa caracterização das possibilidades permanentes de sensações. É insuficiente sugerir que ser bem sucedido neste caso é uma batalha muito difícil.

As perspectivas de Mill sobre a metafísica e a epistemologia estão tão intimamente ligadas como o estão as suas teses sobre a metafísica e a epistemologia da causalidade. No capítulo 11, apresento uma breve avaliação crítica da explicação de Mill da causalidade.

Como já foi referido sumariamente, houve uma espécie de ressurgimento do interesse nas perspectivas de Mill no âmbito da filosofia da linguagem, em grande parte devido a excertos de *A System of Logic* nas quais parece apoiar a teoria agora em voga da referência directa para os nomes. Embora nem tente fazer justiça à complexidade das muitas distinções que Mill faz entre sentido e referência, defendo que se deve ter muito cuidado antes de aceitar Mill como um precursor das teorias contemporâneas da referência directa.

Concluo a minha discussão da metafísica de Mill retomando o tema dos juízos éticos. Mill estava obviamente interessado sobretudo na teorização ética. Porém, para um filósofo manifestamente preocupado com a análise cuidadosa da concepção de outros tipos de teses (como as teses sobre o mundo físico), a escrita ética de Mill está surpreendentemente isenta da discussão metaética directa sobre o *conteúdo* das teses morais. Defendo que há traços de uma visão sobre o significado das afirmações éticas no utilitarismo, mas que há também alguns passos surpreendentes, geralmente ignorados, em *A System of Logic* que estão relacionados com a interpretação dos compromissos implícitos de Mill nesta área. Naquilo que pode parecer até certo ponto especulação delirante, proponho uma razão para o facto de Mill poder ter desejado manter na retaguarda a sua tese bem ponderada sobre esta matéria.

PARTE I

A FILOSOFIA MORAL E POLÍTICA DE MILL

Wendy Donner

Capítulo 2

UTILITARISMO: TEORIA DO VALOR ([3])

Introdução

O utilitarismo é uma filosofia moral invulgarmente intricada, com muitas facetas e aberta a uma pluralidade de leituras e de interpretações. Nesta paisagem multifacetada, a versão do utilitarismo de John Stuart Mill permanece como uma das mais complicadas. É um exemplo de complexidade e a sua estrutura intricada convida à reflexão e ao diálogo, numa diversidade de problemas teóricos e de questões sobre a sua plausibilidade e sobre qual a interpretação mais adequada. A teoria de Mill é rica e substancial. Está construída com o objectivo, se não com a missão, de aplicação imediata a um conjunto vasto de questões sociais e políticas. É, sem dúvida, uma teoria activista e reformista, correctamente seguida pelo próprio empenho de Mill nas campanhas sociais e políticas e nos problemas do seu tempo.

Apesar da sua complexidade, que nos surpreende e desafia, o essencial é de uma simplicidade cristalina e extremamente apelativo. O ponto de partida e a âncora são a realidade do sofrimento no mundo e a consciência que traz à vida ética. A tese fundamental consiste em afirmar que o ponto de partida da ética é o sofrimento e a aspiração e a obrigação que daí resultam na vida ética de aliviar o sofrimento e de promover a felicidade. A declaração

---

([3]) Uma versão anterior deste capítulo apareceu como «Mill's Theory of Value» em Henry West (org.), *The Blackwell Guide to Mill's Utilitarianism* (Oxford: Blackwell, 2006), pp. 117-38.

de Mill do princípio fundador do utilitarismo como teoria moral é inequívoca. «A doutrina que aceita como fundamento da moral a utilidade, ou o princípio da maior felicidade, defende que as acções são correctas na medida em que tendem a promover a felicidade, e incorrectas na medida em que tendem a gerar o contrário da felicidade.» (*Utilitarismo*, pp. 50-51 / CW 10:210). A teoria utilitarista clássica de Mill defende assim que as acções são julgadas correctas ou incorrectas de acordo com as suas consequências. O utilitarismo é uma forma de consequencialismo, porque é por referência às consequências das acções que as avaliamos moralmente. Numa teoria moral consequencialista como a de Mill, a correcção ou a incorrecção dos actos é determinada pelas suas consequências, especificamente, no caso do utilitarismo, as consequências que promovem a felicidade ou utilidade. Mill analisa e distingue o bem, ou o valor, como felicidade, e o mal como infelicidade ou sofrimento.

O princípio da utilidade funciona como padrão último e princípio fundador da moralidade. Contudo, no utilitarismo de Mill, o princípio da utilidade serve um propósito mais lato do que a simples fundação da moralidade. É um princípio geral do bem e cumpre integralmente a sua função como padrão último de todo o raciocínio prático, para toda a «prática de vida» (CW 8:951). Esta generalidade de funções tem implicações significativas, frequentemente ignoradas, no restante utilitarismo de Mill. Segue-se a exposição do princípio por Mill, que clarifica o seu estatuto como princípio do bem. «A doutrina utilitarista é que a felicidade é desejável, e a única desejável, enquanto fim; sendo todas as outras coisas apenas desejáveis como meios para esse fim.» (*Utilitarismo*, p. 89 / CW 10:234) Afirma ainda que «por felicidade entendemos o prazer e a ausência de dor; por infelicidade, a dor e a privação do prazer.» (*Utilitarismo*, p. 51/ CW 10:210) Amplia este significado ao afirmar que «o prazer e a ausência de dor são as únicas coisas desejáveis como fins; e (...) todas as coisas desejáveis (que são tão numerosas no esquema utilitarista como em qualquer outro) são desejáveis ou pelo prazer inerente a si mesmas, ou como meios para a promoção do prazer e a prevenção da dor.» (*Utilitarismo*, p. 51 / / CW 10:210).

A especificidade da teoria de Mill torna-se visível na análise das características da natureza do bem. O enorme alcance deste princípio do bem numa teoria utilitarista consequencialista não surpreende. Grande parte depende da concepção deste bem, pelo que passo agora a uma investigação acerca da natureza do bem.

Hedonismo Qualitativo

Jeremy Bentham, James Mill e John Stuart Mill são filósofos utilitaristas clássicos, que partilham conceitos essenciais, quadros conceptuais e princípios. Embora a singularidade de Mill seja inquestionável, na compreensão da sua especificidade não devemos ignorar esse núcleo essencial comum. Mill aderiu aos princípios básicos que Bentham defendeu e pensava que este tinha razão quanto ao essencial. É comum a ideia central de que o bem, para os seres humanos, consiste em experiências ou estados de consciência de prazer ou felicidade. O hedonismo sustenta que as únicas coisas intrinsecamente boas são os estados de experiência felizes ou agradáveis. Defendo que esta afirmação do pressuposto básico do hedonismo deixa em aberto outras questões e tem de ser explorada.

As diferenças surgem com a análise detalhada da natureza dos estados de prazer ou de felicidade. Todos estes filósofos se agarram a explicações da utilidade como um estado mental, localizando o seu valor em estados mentais, tais como prazer, felicidade, satisfação, gozo ou bem-estar. Em alguns casos, é conveniente rotular a teoria do valor de Mill como hedonismo qualitativo, em parte também para permitir uma comparação imediata com o conhecido hedonismo quantitativo de Bentham. No entanto, como o uso deste rótulo pode induzir em erro, é importante que eu assinale desde já, e com clareza, que o que interessa no debate filosófico depende de uma compreensão exacta do que é essencial na sua perspectiva e não do rótulo que lhe aplicamos. É também importante que, na explicação e na análise das perspectivas de Mill em *Utilitarismo*, eu faça um uso pleno e livre do seu extenso trabalho sobre este assunto noutros textos, a fim de mostrar as suas raízes e o seu contexto e ainda para proporcionar uma compreensão mais completa.

Mill foi o herdeiro oficial da linhagem da família filosófica do utilitarismo benthamista. O seu pai, James Mill, concebeu a sua educação infantil no sentido de o treinar para esta responsabilidade. Ainda assim, a sua própria teoria filosófica do valor é única, em grande parte devido à consciência profunda das limitações e das fraquezas da formulação filosófica ancestral do utilitarismo, bem como dos efeitos dessas limitações na sua própria educação e desenvolvimento (CW 1:137-92). Grande parte destas fraquezas é assinalada por Mill na teoria do valor de Bentham, especialmente na sua concepção do bem. Uma vez que, nesta tradição filosófica, os conceitos de natureza humana e de carácter estão intimamente ligados e relacionados com o conceito de bem para os agentes com essa natureza, o jovem Mill encontra as origens dos defeitos da perspectiva sobre o valor intrínseco na representação benthamista do carácter e da natureza humana (CW: 10:5-18; 94-100). Estes estão relacionados intimamente e não podem ser separados. Também se distanciou do método de Bentham de medir a utilidade, o famoso cálculo da felicidade, que achava demasiado simples para ser um instrumento de medida rigoroso.

Um ponto de partida promissor para considerarmos as diferenças entre Mill e Bentham é o comentário de Mill em *Utilitarismo* segundo o qual os críticos do hedonismo não gostam deste e o caracterizam como uma «doutrina digna apenas de porcos» (*Utilitarismo*, CW 10:210). Ele responde:

> «[A] acusação supõe que os seres humanos são incapazes de prazeres além daqueles que os porcos são capazes (...) os prazeres dos animais não satisfazem as concepções de felicidade de um ser humano. Os seres humanos têm faculdades mais elevadas do que os apetites animais e, quando ganham consciência delas, nada encaram como felicidade que não inclua a satisfação das mesmas.» (*Utilitarismo*, p. 51 / CW 10:210)

Ao explicarmos o significado disto, chegamos ao cerne da discordância com o seu mentor. Pois foi confrontado com esta objecção e compreendeu que ela se poderia aplicar à teoria do valor de Bentham. Ao distanciar-se dela, abriu caminho para a sua própria apresentação daquilo que é bom para os seres humanos. Mill temia que o ramo do hedonismo de Bentham fosse vulnerável, porque o hedonismo de Bentham apenas permitia explicitamente uma única espécie de característica ou qualidade de fazer o bem – a saber, a quantidade – para ser tida em conta na avaliação do valor que se julga que determinado estado mental possui. Ao centrar-se unicamente na quantidade, a teoria de Bentham também tende a centrar-se nas sensações agradáveis simples e nos componentes da experiência. Mill distancia-se da teoria quantitativa de Bentham numa série de aspectos essenciais.

As coisas valiosas são estados de experiência ou consciência satisfatórios ou agradáveis. Mas a concepção alargada de bem que Mill tem, reconstituída para ultrapassar as limitações de Bentham, vai muito mais longe do que Bentham na primeira destas diferenças essenciais. Enquanto Bentham defende que a simples sensação de prazer é o paradigma do estado mental valioso, Mill discorda. Propõe que o valor esteja contido em estados de consciência complexos e heterogéneos que são produtos do trabalho das leis psicológicas de associação desses estados mentais simples. As sensações e as ideias são ligadas mediante associação e, no processo de desenvolvimento psicológico, esses estados mentais originariamente simples evoluem para estados de experiência mais complexos. Mill pensa que aquela associação opera frequentemente um processo quase químico para criar uniões químicas entre elementos nas quais as partes ou elementos originais se combinam num conjunto novo e complexo. Afirma:

> «Quando muitas impressões ou ideias operam em conjunto na mente, dá-se por vezes um processo semelhante ao de uma combinação química. Quando as impressões foram tantas vezes experimentadas em conjunto, de tal modo que cada uma chama imediata e instantaneamente as ideias de todo o grupo, estas ideias dissolvem-se e misturam-se umas com as outras, parecendo não muitas ideias mas apenas uma.» (CW 8:853)

Os complexos resultantes ocupam um lugar importante na psicologia moral de Mill e na sua teoria do valor. São os portadores paradigmáticos do valor, em vez de serem as ideias simples que os geraram.

Em segundo lugar, Mill defende que é erróneo limitar à sua quantidade as características fazedoras do bem dos estados valiosos. Argumenta que tanto a qualidade (ou tipo) como a quantidade são vistas, com razão, como propriedades fazedoras do bem que determinam o valor destes estados de consciência agradáveis. Em terceiro lugar, a medição da utilidade é uma preocupação central do utilitarismo. Os procedimentos para medir o valor dos estados de consciência que estão sob consideração aumentam a distância entre Bentham e Mill. O método de Mill para medir o valor assenta no juízo de «agentes competentes». Um problema central é, assim, a explicitação daquilo que Mill entende por agente competente. Defendo que a noção que Mill tem de agente competente é a de um agente que passou por uma educação que se entende melhor como processo de desenvolvimento e de desenvolvimento pessoal. Esta concepção de um agente competente está no cerne da teoria ética de Mill. Analiso este problema central no capítulo 5, «Filosofia da Educação» (ver também Donner, 1991, 1998).

Para facilitar a compreensão, ajuda ter em mente que, embora os portadores de valor sejam os estados mentais de prazer, aquilo que procuramos promover e medir é a utilidade ou valor. No sistema de Mill, os estados mentais complexos são as entidades-padrão que são valiosas. Como são complexas, têm uma multiplicidade de características que podem ser observadas mediante a introspecção consciente. As pessoas podem ser treinadas e educadas para se tornar competentes e capazes de observar as suas diversas propriedades e componentes. Neste escrutínio introspectivo, muitas das propriedades a que se presta atenção não têm que ver com o valor da experiência. E outras chamam a atenção como aquelas que são fazedoras do bem e contribuem para o valor da experiência. Bentham sustenta que apenas a quantidade (principalmente a intensidade e a duração) conta para calcular o valor das experiências agradáveis. Mill defende que, além da quantidade, a qualidade ou tipo de experiência conta também para o cálculo do valor. A base comum consiste no facto de ambos defenderem que estas características referidas têm uma natureza e uma função dual. Ambas são características empíricas, isto é, características da consciência que podem ser reconhecidas empírica e fenomenicamente por uma consciência exercitada e capaz de discernimento. Mas, ao mesmo tempo, são ambas normativas, ou fazedoras do bem, ou produtoras de valor. Esta capacidade de discernimento pode ser usada melhor ou pior, bem ou mal, dependendo do cultivo e educação desta competência. Este treino da capacidade de discernimento e de apreciação de certas propriedades da experiência é um dos pilares básicos da educação e da formação dos agentes competentes no sistema de Mill. Tal significa que são reconhecidas ou discernidas, adequada e correctamente, como bases do valor, por uma mente introspectiva treinada. Enquanto o valor se funda nestas características empíricas e fenoménicas, as quais fornecem uma base empírica do valor, as características não são idênticas ao valor e não constituem valor.

Uma vez que poucas pessoas discordariam do facto de que, em muitos casos típicos, uma quantidade maior de felicidade ou de satisfação é melhor do que uma quantidade menor, os juízos implicados na avaliação do 'montante' da quantidade no sistema de Bentham poderão parecer demasiado óbvios para serem tidos em conta. Contudo, é útil fazer aqui uma pausa no sentido de compreender a proposta de Mill. Quando analisamos o fazedor do bem de Bentham e a característica empírica da quantidade, descobrimos que não existe uma característica simples de quantidade. Pelo contrário, o cálculo da felicidade de Bentham, o seu método para medir o valor, divide a quantidade em diversas componentes. Embora refira sete «circunstâncias que devem ser tidas em conta ao calcular o valor de um prazer ou de uma dor» (Bentham, 1970, 38), a maior parte dos comentadores ignora-as e centra-se nas duas primeiras, designadamente, a intensidade e a duração. Neste aspecto, deixo de lado muitos dos problemas em torno da medição há muito associados ao cálculo da felicidade. Centro a minha atenção no momento em que se faz apelo à discriminação treinada, necessária até para julgar de uma maneira geral e imediata a quantidade de intensidade, pelo menos. Mas mesmo supondo que os juízos adequados de intensidade, com as unidades definitivas requeridas pelo sistema de Bentham, estão disponíveis, requer--se um juízo explicitamente normativo para atingir todo o valor do prazer.

Isto acontece porque não há quantidade *simpliciter*; há, ineluta-velmente, apenas propriedades tais como a intensidade e a duração. Não há nenhuma propriedade simples da quantidade, empírica ou fenoménica, composta por um elemento que possa ser medido. A quantidade é, inevitavelmente, uma característica composta da experiência, abragendo pelo menos as características de intensidade e duração. Bentham supõe com demasiada rapidez que deveria ser dado igual peso a estas duas características de intensidade e duração. O que está subjacente, mas que deve ser posto em destaque para ser analisado e explicitado, é o juízo normativo assumido de Bentham segundo o qual a intensidade e duração de um prazer contam de igual modo na estimativa e no cálculo do seu valor. Mas isto não pode ser, simplesmente, dado como certo, pois trata-se de uma afirmação discutível. Podemos facilmente perguntar por que razão a intensidade e a duração devem ter o mesmo peso. É possível e até plausível construir cenários em que alguns períodos breves de felicidade extraordinária, ou de felicidade extática, são tidos como os momentos centrais que definem uma vida. Perante tais cenários, algumas pessoas iriam querer fazer enormes sacrifícios de outros períodos de felicidade com vista a alcançar e atingir estes momentos breves de satisfação intensa. A vida aventureira é, com plausibilidade, interpretada a esta luz. É também possível e plausível construir cenários nos quais a característica da duração tem mais peso. Em cenários deste género, os agentes escolhem evitar ou abster-se de prazeres intensos com vista a procurar e a proteger os prazeres tranquilos e calmos que são constantes e duradouros. Não é preciso que estes casos sejam típicos ou comuns para mostrar que o método de medição de Bentham não é simplesmente um cálculo directo. A partir destes cenários podemos concluir que agentes diferentes, ainda que educados e treinados de forma idêntica, podem diferir nos seus juízos, nas suas avaliações e nas ponderações que atribuem à intensidade e à duração. Defendo que se deve ter em conta que um juízo normativo sobre como pesar estas duas componentes distintas (porque não há uma propriedade simples de quantidade) é inevitável. Não se pode obter nenhum cálculo empírico directo da quantidade sem este juízo normativo de ponderação. Além disso, os agentes com carácter diferente e com contextos diferentes irão naturalmente divergir quanto ao melhor modo de ponderar estas características, consoante se trate de seres exuberantes e valentes à procura de emoções fortes, para citar um caso extremo, ou seres pacíficos e contemplativos, para citar o oposto. A pluralidade e a diversidade são inevitáveis.

Esta clarificação dos requisitos do cálculo de Bentham é útil para abordarmos as propostas de Mill. Este afirma que a qualidade, assim como a quantidade, é uma característica fazedora do bem da experiência agradável. Ele afirma que qualidade da experiência quer dizer tipo. Em *Utilitarismo* afirma,

> «É perfeitamente compatível com o princípio de utilidade reconhecer o facto de alguns tipos de prazer serem mais desejáveis e valiosos do que outros. Seria absurdo que a avaliação dos prazeres dependesse apenas da quantidade, dado que ao avaliar todas as outras coisas consideramos a qualidade a par da quantidade.» (*Utilitarismo*, p. 52 / CW 10:211)

> «O que há para decidir se vale a pena a prossecução de um determinado prazer à custa de uma determinada dor, excepto os sentimentos e o juízo de quem tem experiência? Quando, por conseguinte, esses sentimentos e juízo declaram preferíveis *em género* os prazeres derivados das faculdades mais elevadas, independentemente da questão da intensidade, àqueles prazeres que a natureza animal, separada das faculdades superiores, é susceptível, têm direito nesta questão ao mesmo tipo de consideração.» (*Utilitarismo*, p. 56 / CW 10:213)

> «Segundo o princípio da maior felicidade (…) o fim último (…) é uma existência tanto quanto possível isenta de dor e tão rica quanto possível em prazeres, tanto em quantidade como em qualidade.» (*Utilitarismo*, p. 57 / CW 10:214)

Mill segue Bentham ao sustentar que as propriedades relevantes das experiências são tanto empíricas como normativas. Grande parte da confusão acerca do que Mill quer dizer tem a sua origem numa falha dos críticos e dos comentadores em reparar que, na filosofia de Mill, a qualidade e o valor não são sinónimos. O valor, defende Mill, é aquilo que tentamos promover ou produzir, bem como o que medimos quando seguimos o princípio da utilidade. A qualidade da experiência agradável compreende-se melhor como um seu tipo e, na verdade, Mill diz, tão explicitamente quanto possível, que com qualidade pretende dizer tipo de prazer: «é de facto suficientemente compatível com o princípio de utilidade reconhecer o facto de alguns *tipos* de prazer serem (…) mais valiosos do que outros.» No sistema de Mill, o valor, ou bem, é produzido pelas duas propriedades básicas fazedoras do bem, a quantidade (intensidade e duração) e a qualidade (tipo). As experiências são ordenadas na escala de valores; por outras palavras, aquilo que é medido é o valor das experiências. As escalas não são numéricas, como no sistema de Bentham, porque Mill defende que algumas espécies de juízos de valor não se prestam à medição numérica. Mill permite que categorias diferentes de tipo sejam sujeitas ao método da medição. Nas suas teses mais elementares sobre a teoria, as qualidades ou os tipos de felicidade mais valiosos são aqueles que desenvolvem e exercitam as capacidades e as faculdades humanas superiores (veja-se Donner 1991; Brink 1992; Crisp 1997). Dito de outro modo, o exercício das virtudes intelectuais e morais, ou da excelência, exemplifica os tipos mais valiosos de felicidade. Esta tese liga explicitamente a teoria de Mill à linhagem da ética das virtudes, que faz do exercício da excelência humana, ou virtude, um aspecto central da ética e da política (veja-se Berkowitz 1999; Semmel 1984). O exemplo-padrão de Mill é «[são] preferíveis *em género* os prazeres derivados das faculdades mais elevadas.» (*Utilitarismo*, p. 56 / CW 10:213) Assim, os géneros, ou tipos, podem ser classificados como aqueles que resultam do exercício das faculdades humanas superiores. Porém, os tipos de prazer também são classificados segundo a causa ou origem e por diferenças fenoménicas na experiência. As propriedades causais e intencionais constituem a sua própria categoria de tipos. A teoria de Mill é caracterizada pela sua flexibilidade em parte porque identifica qualidade e tipo e também porque tem uma visão flexível das categorias de tipos.

O método de medição de Bentham combina juízos empíricos, factuais e distinções sobre a quantidade de intensidade e de duração com juízos normativos incontroversos sobre o modo como devem ser ponderados e seguidamente integrados na escala de valores principal, que é o que estamos a medir. O método de medição de Mill segue o de Bentham até certo ponto e depois toma uma direcção completamente nova. O procedimento de Mill deve dar conta da combinação das dimensões de intensidade e de duração, mas também deve conter um processo para integrar os juízos de qualidade (género) na escala de valores principal. Os agentes devem fazer juízos de valor normativos, não apenas sobre o modo como ponderam a intensidade e a duração, mas também sobre o modo como ponderam a vantagem da qualidade sobre a quantidade ao combiná-las na escala principal. Há uma componente normativa mais extensa no método de medição de Mill. O juízo normativo posterior a que o procedimento de Mill apela consiste em alguns tipos (qualidades) de satisfação serem mais valiosos e, como tal, deveriam ser ordenados na parte superior da escala de valores central. As referências frequentes de Mill aos prazeres «superiores» compreendem-se melhor como significando prazeres de um tipo (qualidade) que é mais valioso. O método de medição conduz Mill numa nova direcção, que consiste na obtenção dos juízos dos agentes competentes para resolver, determinar e chegar um juízo global sobre o valor das experiências agradáveis. Estes juízos compreendem-se melhor como testemunhais e, como tal, podem estar errados – na verdade, a expectativa de Mill sobre o progresso ao longo dos tempos incluiu a expectativa segundo a qual se descobre regularmente que os juízos estão errados. O método permite o voto entre os juízes nos casos de desacordo, no domínio público. À medida que a diversidade e o pluralismo das sociedades contemporâneas aumentam, é plausível e útil uma filosofia que permite explicitamente e espera a diversidade entre os agentes educados e exercitados; aquela que espera o conformismo não o é. Roger Crisp afirma:

> «Porque as perspectivas dos juízes são só testemunhais, é certamente concebível que possam estar enganados, o que Mill aceita implicitamente ao permitir o desacordo entre eles (…). Mill não defende que a maioria *deva* ter razão, mas apenas que é razoável respeitar a decisão da maioria.» (Crisp 1997, 36-7)

A preocupação com esta tese está, como é evidente, naqueles aspectos da vida defendidos em *Sobre a Liberdade*, onde as acções não afectam os interesses vitais dos outros, devendo os juízos dos indivíduos ser respeitados.

Estes percursos conduzem ao papel central de uma filosofia da educação para explicar a educação própria dos agentes desenvolvidos e dos agentes desenvolvidos pessoalmente. É indicativo das ligações profundas com a ética das virtudes. E esta direcção diferente e nova da teoria conduz directamente a algumas objecções frequentes ao hedonismo qualitativo de Mill.

Objecções ao Hedonismo Qualitativo de Mill: Inconsistência Interna e Pluralismo dos Valores

A revisão que Mill faz do hedonismo de Bentham, bem como a sua tentativa para se distanciar dos problemas de que se apercebeu na teoria do valor de Bentham, nem sempre foi bem recebida nas discussões sobre a sua teoria. Na verdade, o seu revisionismo arrojado e a sua inclusão da qualidade como uma propriedade fazedora do bem enfrentaram críticas fortes. Ao afastar-se do hedonismo quantitativo, Mill produz uma teoria notável ou brilhante pela sua complexidade e a sua abertura a uma diversidade de leituras e interpretações. O seu método para medir o valor é igualmente intrincado e complexo, bem como aberto a um conjunto amplo de interpretações e de objecções com elas relacionadas. Defendo, no entanto, que uma parte das críticas a Mill mais persistentes e mais frequentes são mal-entendidos e estão baseadas em confusões. Um resultado deste foco de objecções confusas, penso eu, foi o de afastar, erradamente, a atenção das objecções à teoria do valor de Mill, que são ainda mais difíceis e constituem um desafio e um problema mais profundos. Estas objecções mais substanciais são levantadas pelos pluralistas do valor, que argumentam que há outras coisas valiosas em si próprias além da felicidade.

Uma das objecções mais pertinentes é aquela segundo a qual o hedonismo qualitativo de Mill é em si mesmo inconsistente, ou, em alternativa, que a teoria de Mill abandona o hedonismo ao incluir a qualidade na ponderação do valor da experiência agradável. Segundo esta perspectiva, se uma pessoa é hedonista, então a única propriedade que pode contar na ponderação do valor é a quantidade, ou quanto existe de experiência agradável. Esta objecção é feita sem rodeios por F. H. Bradley:

> «Se uma pessoa vai preferir um prazer maior do que um menor sem referência à quantidade – então, acaba completamente o princípio que coloca a ponderação no aumento do prazer para toda a criação senciente.» (Bradley 1962, 119)

Embora esta objecção apresentada por Bradley seja persistentemente levantada, a sua persistência não reflecte a sua força. Baseia-se numa interpretação errada da tese essencial do hedonismo, segundo a qual a experiência agradável é a única coisa boa em si mesma. Defendo que se trata de uma questão à parte, a de saber quais as dimensões ou propriedades destas experiências que produzem o seu valor e que devem ser tidas em conta na medição do seu valor. Esta objecção à teoria do valor de Mill é afectada pelo erro de misturar duas questões distintas: (a) quais as coisas que são intrinsecamente valiosas (estados mentais agradáveis) e (b) quais as propriedades destes estados mentais que são produtoras do seu valor. Uma tomada de posição sobre a primeira questão deixa, por enquanto, a segunda questão indeterminada.

Ao assumir a própria tese que precisa de ser defendida, nomeadamente, a tese segundo a qual apenas a quantidade interessa na avaliação da totalidade do valor do prazer, Bradley comete, simplesmente, uma petição de princípio contra Mill. Este tem uma resposta clássica que antecipa esta objecção que tem ocupado um lugar proeminente na bibliografia sobre o assunto. A sua resposta é sucinta mas convincente. Mill afirma:

> «Seria absurdo que a avaliação dos prazeres dependesse apenas da quantidade, dado que ao avaliar todas as outras coisas consideramos a qualidade a par da quantidade.» (*Utilitarismo*, p. 52 / CW 10:211)

Na verdade, é absurdo pressupor, como ponto de partida, que se uma pessoa avalia as experiências de satisfação, então a única coisa que nelas interessa seja quanto ou que quantidade temos. Poucos, ou mesmo nenhuns, agentes morais racionais se preocupam apenas com a quantidade de felicidade que têm. A teoria do valor de Mill está construída como um guia para agentes reais viverem vidas que valham a pena. Percebe claramente que a quantidade não capta tudo e constrói uma explicação que reflecte e guia com mais rigor os juízos da razão prática. Roger Crisp encontra semelhanças entre a perspectiva de Mill e a explicação da virtude aristotélica:

> «Aqueles que podem julgar correctamente o valor das experiências são aqueles sensíveis não só às características relevantes dessas experiências, particularmente à sua intensidade e natureza, mas também capazes de relacionar com essas características o peso avaliativo que merecem.» (Crisp 1997, 39)

Da tese de base do hedonismo não se segue simplesmente que, primeiro, as únicas coisas intrinsecamente valiosas sejam as experiências de felicidade e, segundo, que estejamos comprometidos com a tese seguinte, segundo a qual apenas a quantidade de felicidade conta. Trata-se claramente de um erro. Mais ainda, está em completo desacordo com a forma como as pessoas que reflectem fazem as escolhas comparativas sobre as coisas boas, as coisas belas e outras escolhas de valor semelhantes. Em tais escolhas, tanto o género como a quantidade são normalmente tidos em conta quando se faz juízos de valor. A perspectiva anómala sobre estes juízos práticos e racionais na vida quotidiana é a abordagem segundo a qual apenas a quantidade interessa. ([4]) Há desafios e objecções substanciais e persistentes à teoria do valor de Mill de que não nos conseguimos livrar facilmente. Os leitores mais cuidadosos irão dar por si a meditar sobre eles. O pluralismo dos valores constitui um desafio desse género para todas as formas de hedonismo. O pluralismo dos valores sustenta que todas as formas de hedonismo são demasiado limitadas, desde a lista de coisas permitidas até à lista das coisas intrinsecamente valiosas. De certeza que, argumentam os pluralistas, outras coisas como a virtude, o conhecimento, a sabedoria ou a compreensão são, pelo menos em algumas ocasiões, valiosas em si mesmas, independentemente de qualquer relação com a felicidade ou a satisfação ou da presença destas.

A resposta de Mill assenta na sua teoria psicológica do associacionismo. Usa a virtude como exemplo:

> «Para ilustrar melhor este ponto, poderemos recordar que a virtude não é a única coisa que começa por ser um meio e que, se não fosse um meio para algo mais, seria e permaneceria indiferente, mas que, por associação com aquilo para que é um meio, se torna desejada por si mesma.» (*Utilitarismo*, pp. 91-92 / CW 10:235)

O que Mill pretende dizer é que, por associação psicológica, a virtude se torna parte da nossa felicidade. Começamos por desejar a virtude como meio para a felicidade mas, por associação psicoló-

---

(4) Para uma discussão digna de nota sobre estas questões, veja-se Scarre 1997; Brink 1992; Crisp 1997; Riley 1988; West 2004; Skorupski 1898; Long 1992; Hoag 1992; Berger 1984.

gica, a virtude torna-se agradável e, deste modo, uma componente da felicidade. A virtude é agradável especialmente quando uma pessoa desenvolveu e exercitou as capacidades morais e intelectuais. Defendo que o desenvolvimento e o treino das virtudes estão de tal maneira relacionados com a felicidade no sistema de Mill que esta resposta se torna plausível. Um teste maior ao seu sistema é o exemplo do conhecimento. Embora o desenvolvimento e o exercício das virtudes intelectuais esteja também intimamente relacionado com a felicidade, podemos conceber exemplos de conhecimento humano que parecem não ter esta ligação com o bem-estar humano e que até parecem estar bastante relacionados com a dor e o sofrimento profundo de uma grande quantidade de pessoas. Um exemplo imediato disso é o conhecimento que conduziu à construção da bomba atómica. O horror infligido sobre Hiroxima parece ser um exemplo claro de conhecimento distinto e apartado do bem-estar humano. Outros exemplos são a proliferação de bombas nucleares e de outras armas horrorosas de destruição maciça. Podemos acrescentar ao conhecimento apartado do bem-estar alguns exemplos como as actividades especializadas que destroem o meio ambiente. Vistos nesta perspectiva, os exemplos de conhecimento apartado do bem-estar e da satisfação são imensos. Porém, será isto que os pluralistas do valor tencionam propor? Não é a este tipo de contra-exemplos do hedonismo que recorrem. A objecção dos pluralistas consiste antes em procurar um conhecimento que seja valioso em si, e o conhecimento que conduz à destruição em massa não parece preencher esse requisito. Levanta-se, neste ponto, a questão de saber a quem compete a prova, bem como a de saber qual o impacto destes exemplos. O opositor do hedonismo responderá que o tipo de exemplos que tem em mente é definitivamente aquele que não causa sofrimento profundo (que também tem uma ligação com o bem-estar, embora seja uma ligação negativa). Os tipos de exemplos são, antes de mais, valiosos em si próprios, independentemente da felicidade, e não como meios para uma coisa qualquer, como seria o caso do conhecimento enquanto valioso instrumentalmente em vez de o ser intrinsecamente.

 Terá Mill razão ao estabelecer esta ligação essencial à felicidade vivida dessas outras coisas tidas como boas? A favor dela, pode apresentar-se um exemplo muito forte de como, nos casos de outras coisas boas, se a relação com a felicidade não estiver presente somos levados a pôr em causa a natureza intrínseca do valor. Em que medida se aplica isto a todos os exemplos assim propostos é uma boa questão para ponderar. É o tipo de questão para a qual parece ser difícil encontrar uma resposta definitiva, tanto por aqueles que defendem como por aqueles que se opõem ao hedonismo qualitativo.

Porém, embora possam ser construídos contra-exemplos à teoria de Mill nos quais a relação com a felicidade pode parecer natural, não teremos direito de exigir mais aos pluralistas do valor? Constituirão os exemplos, na ausência de uma teoria alternativa mais completa, uma objecção convincente a Mill? Para que as teses do pluralismo dos valores sejam convincentes, precisamos do aparato de uma teoria e não de meros exemplos isolados de uma estrutura teórica. Também é necessário construir uma argumentação contrária que mostre como a virtude e o conhecimento são valiosos, independentemente da sua relação com a felicidade. O que acontece geralmente nestas discussões é os pluralistas do valor apontarem para os exemplos propostos sem apresentarem uma explicação positiva e exaustiva da pretensão de que são bons em si mesmos. Seria necessário incluir uma análise do modo como o conhecimento pode ser valioso em si mesmo nos casos em que o resultado é o sofrimento em massa. Porque se, na realidade, o conhecimento tiver valor em si mesmo, não deverá então ser valioso mesmo nos casos em que não tem qualquer relação com a felicidade, tal como naqueles em que o resultado é um grande sofrimento? Talvez se trate de um requisito demasiado rígido. Mas deverá existir, pelo menos, uma análise semelhante à apresentada por Mill, mostrando as características fazedoras do bem do conhecimento, ou uma estrutura alternativa. Assim, o argumento de Mill segundo o qual deverão existir ligações com a felicidade para afirmar que o conhecimento é valioso é reforçado pelos contra-exemplos ao pluralismo dos valores.

Talvez o pluralista dos valores responda que não sabemos quais são as consequências boas que este conhecimento trará no futuro. Porém, esta linha de resposta apoia o hedonismo, uma vez que acaba por apelar a uma melhoria da felicidade humana e enfraquece a objecção. Será que o pluralismo defende que o conhecimento é bom mesmo que conduza a um sofrimento terrível? Ou simplesmente que há alguns exemplos de conhecimento que são neutros no que respeita ao bem-estar, ainda que sejam bons apesar de tudo? Podemos ser levados a concluir que o exemplo de Mill é de longe muito mais forte que o dos seus adversários.

O Juízo dos Agentes Competentes: Desenvolvimento Pessoal e Medição do Valor

Uma compreensão detalhada da teoria do valor de Mill carece de uma análise, não apenas das suas perspectivas sobre a natureza do valor, mas também da sua abordagem à medição do valor no coração do seu sistema. Mill elabora uma concepção do bem e desenvolve um método para medir o valor das experiências agradáveis que está em consonância com esta visão alargada. O método de Mill para medir o valor assenta no juízo dos agentes competentes que passaram por uma educação que se compreende melhor como processo de desenvolvimento e de desenvolvimento pessoal. Mill apresenta o seu método para medir o valor em *Utilitarismo*. Afirma:

> «Se me perguntarem o que quero dizer com diferença de qualidade nos prazeres, ou o que torna um prazer mais valioso do que outro, apenas enquanto prazer, exceptuando o ser maior em quantidade, há apenas uma resposta possível. De dois prazeres, se houver um ao qual todos ou quase todos os que tiverem experiência de ambos dão uma preferência determinada, à margem de qualquer sentimento de obrigação moral para o preferirem, esse é o prazer mais desejável. Se um dos dois é colocado, por aqueles que estão completamente familiarizados com ambos, tão acima do outro que seriam capazes de preferi-lo mesmo sabendo que seria acompanhado de uma maior insatisfação, e não abdicariam dele por quantidade alguma do outro prazer de que a sua natureza é capaz, temos justificação para atribuir ao prazer preferido uma superioridade em qualidade que ultrapassa de tal maneira a quantidade que a torna, por comparação, de escasso interesse.» (*Utilitarismo*, pp. 52-53 / CW 10:213)

> «Considero que não pode haver recurso deste veredicto dos únicos juízes competentes. Numa questão sobre qual de dois prazeres é mais digno de ter, ou sobre qual de dois modos de vida é mais agradável aos sentimentos, independentemente dos seus atributos

morais e das suas consequências, o juízo dos que são qualificados por conhecerem ambos, ou, se divergirem, o da maioria entre eles, deve aceitar-se como definitivo.» (*Utilitarismo*, p. 56 / CW 10:213)

Mill não está preocupado principalmente com os juízos sobre prazeres e satisfações particulares. O essencial da sua teoria é muito mais sobre o carácter bom e sobre a vida boa do que sobre as satisfações particulares. Devido ao âmbito geral da sua preocupação e dada a educação requerida para se ser um agente competente, ele dedica grande atenção nas suas obras à sua filosofia da educação. Analiso isto no capítulo 5.

Mill acredita que os agentes que tenham sido socializados e educados adequadamente estão mais bem preparados para ter vidas satisfatórias e valiosas na esfera privada, bem como para se envolverem como cidadãos activos e responsáveis no domínio público. Todos temos o direito aos recursos sociais e a aceder aos meios cooperativos que nos permitem ter vidas de desenvolvimento pessoal como adultos. O desenvolvimento pessoal é tanto um elemento essencial como uma condição prévia essencial para apreciar os tipos de felicidade mais valiosos. Os membros da sociedade a quem foi negada a educação básica necessária para se tornarem agentes desenvolvidos pessoalmente, ou agentes competentes com a formação e a capacidade de fazerem juízos de valor astutos, foram enganados pela sua sociedade. Assim, na teoria de Mill uma grande parte do peso teórico é posto na filosofia da educação. A forma de liberalismo político conforme à teoria do valor de Mill é o igualitarismo (Donner 1991, 160-87). As pessoas têm o direito à liberdade do desenvolvimento pessoal e são prejudicadas se impedidas de ter uma educação adequada.

A sua perspectiva sobre o desenvolvimento pessoal também tem implicações significativas na forma de liberalismo de Mill, como exploro no capítulo 6, no liberalismo e na democracia. Se, como sustenta Mill, é necessário atingir um determinado grau de desenvolvimento pessoal para se ter uma vida boa, então negar a alguém a oportunidade de desenvolvimento pessoal viola alguns dos seus interesses mais vitais – e, deste modo, os seus direitos básicos. Uma vez que quase todos os membros da sociedade têm potencial para atingir o estado de desenvolvimento pessoal, o contexto social e as instituições têm uma influência enorme na determinação da medida em que essa potencialidade se desenvolve. De acordo com a filosofia social e política de Mill, as pessoas têm o direito à liberdade do desenvolvimento pessoal, e os seus direitos são violados se a sua sociedade os barrar activamente ou se não agir com vista a providenciar os meios para desenvolver e exercitar as capacidades humanas.

As avaliações de valor baseadas nos juízos dos agentes desenvolvidos individualmente têm alguma legitimidade ou autoridade. Porém, a autoridade dos juízos não é, a longo prazo, final ou definitiva, assim como estes juízos podem estar errados ou mudar completamente numa avaliação posterior. Na verdade, a fé de Mill no progresso moral e social constitui uma parte fixa da sua teoria. Os juízos podem ser contestados e são progressivos; neles espera-se a mudança, o melhoramento e o progresso ao longo do tempo. Também se espera o desacordo, a disputa, a discordância, a pluralidade e a diversidade de perspectivas e de juízos. Este processo, bem como os agentes e respectivos juízos, por mais superiormente educados que sejam, são todos falíveis, como os argumentos de *Sobre a Liberdade* se esforçam por estabelecer (CW 18:216-310). Contudo, os agentes instruídos são os que estão mais bem colocados e aqueles que têm a melhor oportunidade de fazer distinções e juízos correctos.

Interpreto o método de Mill para avaliar o valor das satisfações como apresentando uma abordagem abrangente que permite, em princípio, a inclusão e a comparação do conjunto completo das características fazedoras do bem dos prazeres. Este conjunto completo inclui aquelas áreas da vida quotidiana que caem sob aquilo a que Mill chama a Arte da Vida – a moral, a prudência e a nobreza, ou «O Correcto, o Expediente e o Belo ou o Nobre, na Conduta e nas Obras humanas.» (CW 8:949) Também inclui um vasto conjunto daquilo a que Mill chama as artes morais – todas as artes práticas do viver quotidiano. A minha interpretação é coerente com a própria compreensão que Mill tem do vasto alcance do princípio da utilidade como o princípio geral do bem que guia e justifica todos os juízos práticos sobre as finalidades da vida. O princípio da utilidade é um princípio geral do bem com uma jurisdição vasta sobre todas as áreas da vida pública e privada e sobre todas as artes da vida. As implicações disto são inúmeras, porque, se é para o princípio cumprir a sua função, as concepções de bem que estão na sua base devem ser no geral suficientes para alcançar para todas estas áreas da vida pública e privada. Os juízos de valor e as avaliações das satisfações e daquilo que se procura devem ser adequadas a todas as áreas da vida, e os juízos de valor têm de ser adequados de uma forma sensível aos diferentes contextos sob análise. A educação requerida para fazer tais juízos sobre o bem adquire uma importância central como fulcro da teoria.

Esta abordagem não poderia, assim, sem abandonar o espírito do princípio de utilidade e o conjunto de áreas sob sua jurisdição, restringir o domínio dos tipos de satisfação que podem ser escrutinados e comparados a partir do seu valor ou desvalor. O próprio Mill encara indubitavelmente o prazer da actividade intelectual e da procura de justiça como os principais exemplos dos prazeres valiosos mais elevados que desenvolvem e exercitam as faculdades humanas superiores. No entanto, penso que é importante interpretar os seus comentários sobre o valor superior destes prazeres como fornecendo simplesmente exemplos duradouros da aplicação dos princípios da sua teoria. Uma vez que a teoria do valor é uma teoria geral, é um erro restringir ou tentar determinar à partida as propriedades fazedoras do bem que irão ser avaliadas e comparadas. ([5])

([5]) A leitura que Jonathan Riley faz de Mill sobre os valores dos diferentes tipos de prazeres é um exemplo de uma interpretação com propensão para ser demasiado restritiva. A leitura de Riley só permite quatro tipos de prazeres: «'utilidades da justiça' (...) 'utilidades privadas' (incluindo 'utilidades estéticas') (...) 'utilidades da caridade' e (...) utilidades meramente convenientes'» (Riley 1988,87). Estas categorias fixas são demasiado rígidas para dar conta com rigor da complexidade da verdadeira posição de Mill sobre a miríade de tipos de satisfação de que se pode usufruir e que podem ser avaliados. A interpretação de Riley é ainda restritiva ao defender o domínio lexical de alguns tipos de utilidades ou de prazeres e é especialmente problemática ao afirmar que os diferentes tipos de utilidades não podem ser comparados. Riley argumenta que «cada tipo de utilidade é não comparável com outros tipos em termos de quantidade ou de intensidade» (1966). Contudo, é difícil sustentar o argumento como uma abordagem geral à medição do valor, faltando-lhe plausibilidade. Durante a sua vida quotidiana, os agentes são constantemente chamados a fazer comparações daquele género e fazem-se com sucesso, ainda que de uma maneira geral e imediata. A intenção de Mill é argumentar a favor de um método geral e abrangente que possa ser utilizado na construção dos planos de vida efectivos dos agentes e como guia efectivo das avaliações de valor.

Desenvolvimento Pessoal e Ética das Virtudes

O compromisso de Mill para com uma concepção progressiva da natureza humana e com um conceito do bem orientado fundamentalmente para o desenvolvimento pessoal liga a sua teoria à tradição da ética das virtudes. A atenção centrada no desenvolvimento e no exercício da excelência humana como procura contínua de uma vida é uma reminiscência das prioridades da ética das virtudes. O que não surpreende, tendo em conta a prioridade dada, na sua própria educação, à exposição à filosofia grega clássica. O espírito das virtudes éticas aristotélicas prevalece na ética de Mill e impregna-a, realçando este a poderosa influência desta na sua visão do mundo em *Autobiography* (CW 1:9-53). A explicação exaustiva de Mill do processo educativo de desenvolvimento e de desenvolvimento pessoal pode ser lida como a apresentação de um programa para cultivar, inculcar e desenvolver as virtudes espirituais e morais essenciais. Embora Mill dê a estas ideias aristotélicas um aspecto igualitarista liberal, segue Aristóteles ao propor a tese segundo a qual uma vida humana boa deve ser aquela que permita o desenvolvimento e a excelência humana espiritual e moral (veja-se Berkowitz, 1999; Crisp e Slote 1997; Urbinatti 2002). Escreve exaustivamente sobre as actividades que desenvolvem estes traços tanto no domínio público como no privado. Desenvolvo estes temas mais à frente, no capítulo 4 (Liberdade), no capítulo 6 (Filosofia Política: Liberalismo e Democracia) e no capítulo 7 (Igualdade Sexual e a Sujeição das Mulheres).

Os fundamentos da teoria de Mill são utilitaristas, porque a habituação e a prática das virtudes fornecem o melhor meio para promover a felicidade para todos. Porém, a caracterização da felicidade humana está relacionada essencialmente com a virtude. Roger Crisp e Michael Slote perguntam em que medida é «possível aos utilitaristas (…) ampliar as suas próprias teorias para incorporarem as vidas dos agentes como um todo, as suas características bem como (…) as suas acções» (Crisp e Slote 1997, 3). O utilitarismo de Mill apresenta uma resposta claramente afirmativa. Seria incompreensível para Mill tentar compreender o bem para os seres humanos sem antes ter assegurado um lugar importante aos traços de carácter virtuosos e às faculdades. As virtudes são traços de carácter admiráveis, geralmente produtores do bem, que se tornaram habituais, pela associação com o prazer. O desenvolvimento de traços de carácter admiráveis que se tornaram habituais pela prática e pela participação é uma marca crucial de uma ética das virtudes.

Uma segunda marca da ética das virtudes é o uso de exemplos ou modelos a imitar pelos estudantes nas suas práticas. Estes modelos incorporam e ensinam ideais que os outros podem escolher para usar como exemplos a seguir. O próprio Mill dá muitos exemplos para ilustrar as suas intenções no que respeita aos modelos ou exemplos adequados das virtudes intelectuais e morais. No ensaio «Theism», Mill propõe Cristo como um ideal de virtude para os outros imitarem. Atenta naqueles que usaram Cristo «como o ideal representativo e o guia da humanidade» (CW 10:488). Acrescenta «nem mesmo agora seria fácil, mesmo para um não crente, encontrar uma tradução melhor da regra da virtude do abstracto para o concreto do que esforçar-se para viver de tal modo que Cristo aprovasse a nossa vida» (CW 10:488). Tais modelos e exemplos podem ser mais pessoais, como demonstra Mill na dedicatória à sua mulher, Harriet Taylor Mill, e na descrição que dela faz como sua inspiração. Ela é «a amiga e esposa cujo elevado sentido de verdade e rectidão foi o meu mais forte incentivo» (*Sobre a Liberdade*, p. 26 / CW 18:216). *Sobre a Liberdade* usa um conjunto de exemplos como Cristo e Sócrates e exemplos gerais de pessoas com uma individualidade superiormente desenvolvida como modelos. Explica que

> «na medida em que os muitos soberanos se deixaram guiar (...) pelos conselhos e influência de um, ou de uns poucos, mais altamente dotados e instruídos (...). A honra e a glória da pessoa mediana é que é capaz de seguir essa iniciativa; que pode responder internamente a coisas sábias e nobres e ser conduzido a elas de olhos abertos» (*Sobre a Liberdade*, p. 120 / CW 18:269)

Mill acrescenta imediatamente que está a defender a imitação dos modelos e não a propor a «veneração de heróis» ou a imposição forçada de valores. «Tudo o que pode exigir é liberdade para apontar o caminho. O poder de obrigar os outros a seguirem-no não só é incoerente com a liberdade de desenvolvimento de todos os outros, como também corrompe a própria pessoa forte.» (*Sobre a Liberdade*, p. 120 / CW 18:269)

A riqueza da abordagem que Mill faz da educação entendida como desenvolvimento pessoal explica a razão pela qual confia no método de medição proposto na sua teoria e no juízo dos agentes competentes para avaliar e medir o valor. A sua filosofia liberal da educação é muito sólida. Porém, as dúvidas permanecem. O método de Mill para medir o valor e a filosofia da educação a que obriga levantam um conjunto de questões a ponderar e de objecções a ter em conta.

Uma contestação significativa é a objecção segundo a qual o sistema de Mill é elitista. Se o desenvolvimento e o exercício das capacidades humanas mais nobres e a necessária educação constituem pré-requisitos para apreciar as satisfações mais valiosas, então o argumento elitista a ser proposto era o de que aqueles que tivessem tido esta educação seriam mais capazes de julgar e de apreciar o valor e mesmo de impor os seus juízos aos outros. Trata-se de uma contestação à teoria de Mill e eu retomo este assunto complexo no capítulo 6. Mas a resposta preliminar é dada pelos mais profundos compromissos de Mill e pelo igualitarismo fundamental da sua teoria. Segue-se da tese central da sua teoria, que as pessoas são defraudadas se lhes for recusada essa educação e são, assim, duplamente defraudadas se o seu desenvolvimento pessoal tiver sido depois prejudicado por uma imposição do juízo dos outros em vez de ser oferecido simplesmente como um modelo. O argumento de *Sobre a Liberdade* dá mais força à resposta ao elitista, porque os benefícios da individualidade e da autonomia não se podem obter com o modelo elitista.

Outra objecção forte a Mill é aquela segundo a qual, embora o processo de educação seja concebido para produzir juízos de valor autónomos e fiáveis, ainda assim o próprio processo de educação terá favorecido algumas espécies de prazeres (mais especificamente os intelectuais) e assim existirá um sentimento constituído ou uma determinação prévia para que os agentes individualmente desenvolvidos favoreçam alguns prazeres em detrimento de outros. Isto leva-nos a enfrentar a questão basilar de como educar os cidadãos para que tenham vidas autónomas. Trata-se de um problema comum a todas as democracias liberais, que tem como única resposta e contraponto encorajar o tipo de educação para a liberdade que Mill propõe e regressar ao compromisso com o desenvolvimento efectivo da autonomia. A teoria de Mill não consegue fugir a este problema comum a todas as filosofias da educação democráticas e, no entanto, o seu compromisso essencial com a educação para a autonomia de todos os cidadãos proporciona os caminhos mais promissores para enfrentar estes desafios.

A teoria do valor de Mill continua a ser um desafio e a intrigar os estudiosos contemporâneos de filosofia política e moral. A sua teoria constitui um desafio à categorização fácil e a sua complexidade é concebida para viver bem e para fornecer um quadro estruturado à sabedoria prática. É uma teoria activista, construída para ser usada e testada à luz das suas aplicações na vida quotidiana. Se a vida ética for tão complexa como parece ser nas comunidades contemporâneas pluralistas e diversificadas, então iremos precisar de uma teoria tão sofisticada como a de Mill para guiar a nossa reflexão e os nossos juízos. A minha discussão nos últimos capítulos irá ilustrar a teoria do valor de Mill nas suas ligações e aplicações.

Sugestões de Leitura

Brink, David O., «Mill's Deliberative Utilitarianism», *Philosophy and Public Affairs* 21, n.º 1 (1992), 67-103.

Crisp, Roger, *Mill on Utilitarianism* (Londres, Routledge, 1997).

Donner, Wendy, *The Liberal Self: John Suartt Mill's Moral and Political Philosophy* (Ithaca: Cornell University Press, 1991).

Griffin, James, *Well-Being: Its Meaning, Measurement, and Moral Importance* (Oxford: Claredon Press, 1986).

Hoag, Robert W., «Happiness and Freedom: Recent Work on John Stuart Mill», *Philosophy and Public Affairs* 15, n.º 2 (1986), 188-99.

Long, Roderick T., «Mill's Highest Pleasures and the Choice of Character», *Utilitas* 4, n.º 2 (1992), 279-97.

Riley, Jonathan, «On Quantities and Qualities of Pleasure», *Utilitas* 5, n.º 2 (1993), 291-300.

Skorupski, John, *John Stuart Mill* (Londres: Routledge, 1989).

Summer, L. W., «Welfare, Happiness and Pleasure» *Utilitas* 4, n.º 2 (1992), 199-206.

West, Henry, *An Introduction to Mill's Utilitarian Ethics* (Cambridge: Cambridge University Press, 2004).

West, Henry, *The Blackwell Guide to Mill's Utilitarianism* (Oxford: Blackwell, 2006).

Capítulo 3

UTILITARISMO: MORALIDADE, JUSTIÇA E A ARTE DA VIDA

Introdução

Neste capítulo vou abordar os principais problemas colocados pelas perspectivas de Mill sobre o certo e o errado, a obrigação, os direitos e a justiça, e ainda as questões relacionadas com o estatuto das regras morais. Considero em que medida ou até que ponto a teoria de Mill pode ser classificada como um utilitarismo dos actos ou um utilitarismo das regras. Uma objecção comum à filosofia moral de Mill é a de que o princípio da utilidade está em conflito com as exigências da justiça. Ao responder a esta objecção, analiso a relação entre a utilidade e a justiça na arquitectura da teoria de Mill, bem como o lugar central no seu sistema dos direitos fundados na utilidade.

Em *Utilitarismo*, Mill estabelece o princípio básico da sua teoria moral, o princípio da utilidade, o qual «defende que as acções são correctas na medida em que tendem a promover a felicidade, e incorrectas na medida em que tendem a gerar o contrário da felicidade.» (*Utilitarismo*, pp. 50-51 / CW 10:210). O princípio da utilidade é o princípio último do utilitarismo. Este princípio é um princípio do bem ou valor e, como tal, rege os fins de todas as artes práticas ou morais do viver. O princípio da utilidade serve para justificar e fundar os princípios morais do direito e da obrigação, incluindo aqueles princípios de justiça que dizem respeito aos direitos dos indivíduos particulares. É este o território da Moralidade na Arte da Vida de Mill. É agora altura de voltar a nossa atenção para as diferentes posições que foram sendo adoptadas acerca do papel desempenhado pelo princípio da utilidade na moralidade. Qual é a relação entre o bem e o correcto ou o obrigatório? Tal como os utilitaristas podem advogar diferentes posições relacionadas com a natureza do bem, também divergem em torno do problema da relação do princípio da utilidade com as regras morais que dão origem às obrigações. As discussões das últimas décadas tenderam a limitar esses debates classificando as posições apresentadas como utilitarismo dos actos e utilitarismo das regras. Não se trata de termos que o próprio Mill tenha usado e está em aberto a questão de saber se ele teria aceitado bem a ideia de ser alinhado com uma destas duas perspectivas e também em que medida estas categorias captam as suas intenções. Há uma vasta bibliografia sobre estas questões, que não dá sinais de enfraquecer, mesmo se, entre os estudiosos de Mill, tem vindo a aumentar a consciência de que o problema de captar Mill naquele esquema pode não ser nunca resolvido de forma satisfatória. E tal não se deve apenas à natureza da investigação filosófica. Pode também acontecer que Mill não seja um jogador muito cooperante neste jogo.

A teoria de Mill não encaixa de forma confortável nem no campo do utilitarismo dos actos nem no do utilitarismo das regras, sendo necessário algum esforço para o colocar num dos dois moldes. É pertinente esclarecer se a finalidade é revelar fraquezas na teoria de Mill ou as limitações no modo como estas teorias têm sido classificadas, concebidas ou configuradas nos debates mais recentes. O meu objectivo nesta discussão é, assim, reflectir sobre qual a teoria que se presta a ser mais compatível com a teoria de Mill.

As categorias e os debates acerca do utilitarismo dos actos e das regras surgiram sobretudo nos debates do século xx. O próprio Mill não usa estas palavras e provavelmente não tinha consciência deste método particular de classificar as teorias consequencialistas e utilitaristas. Deste modo, o escrutínio da prova textual e o cuidado na sua interpretação são essenciais para a tarefa de reflectir sobre se a teoria de Mill é mais bem classificada como utilitarismo dos actos ou como utilitarismo das regras. [6] O debate é animado, com

---

[6] A bibliografia sobre esta questão é volumosa. Algumas obras importantes, por ordem cronológica, são as seguintes: Harrod 1936; Harrison 1952-3; Urmson 1953; Stout 1954; Rawls 1955; Smart 1956; Mabbott 1956; McCloskey 1957; Lions 1965; Brandt 1967; Cupples 1972; Brown 1973, 1974; Copp, Summer 1979; Berger 1984; Lyons 1994; Crisp 1997; West 2004; Skorupski 2005, 2006; Fuchs 2006; Eggleston e Miller 2007.

comentadores recentes que continuam a defender que Mill é um utilitarista dos actos, que é um utilitarista das regras, ou que esta teoria não se encaixa de forma confortável em nenhuma das categorias. É preciso cuidado com o procedimento, devendo a prova textual para estas leituras concorrentes ser achada no contexto de uma compreensão da estrutura da filosofia moral de Mill. Na verdade, defenderei que a *estrutura* da filosofia moral de Mill, muitas vezes negligenciada durante as discussões, enfraquece radicalmente as perspectivas de muitas destas interpretações enquanto candidatas a fornecerem leituras exactas desta teoria. Central nesta estrutura teórica é a Arte da Vida de Mill, que traça o domínio próprio da Moralidade nas suas relações com as esferas associadas da Arte da Vida. Assim, uma compreensão do *âmbito* da Moralidade, bem como do lugar das regras da obrigação e dos direitos na *estrutura* da sua filosofia moral, é um instrumento essencial para a investigação sobre o estatuto das regras da obrigação e dos princípios da justiça.

Há um aspecto essencial subjacente que está em jogo – a questão da *força* das regras morais na filosofia moral de Mill. A preocupação relevante consiste em as regras morais deverem ser suficientemente fortes para evitar a sua fácil destruição; porém, não tão fortes que, da rigidez de lhes aderir em circunstâncias extremas, resulte uma catástrofe no caso de essa regra ser seguida. Em tais casos, por mais raros que sejam na vida real, requer-se reflexão para analisar em que medida, do ponto de vista moral, devem as regras ser seguidas. Uma preocupação prática mais comum surge porque a vida moral realça inevitavelmente os casos em que as regras entram em conflito e nós devemos reflectir sobre qual a regra que temos o dever de seguir nessas circunstâncias. Mill defende que todas as regras morais têm excepções e salienta que é irrealista esperar que as regras morais (ou quaisquer regras para a prática do viver) não tenham excepções.

A questão substantiva é importante, porque poderá fornecer uma objecção ao utilitarismo de Mill se não for respondida. Há uma objecção geral ao utilitarismo (genérico) que afirma que esta teoria permite ou sanciona os casos de injustiça que estão em desacordo com as intuições morais dos agentes morais reflexivos. Um exemplo clássico, adaptado de H. J. McCloskey por Roger Crisp, é o seguinte:

«Uma cidade do Faroeste tem sido atormentada por uma série de crimes violentos. O xerife é confrontado por uma delegação liderada pelo presidente da câmara. A delegação diz-lhe que, a menos que ele enforque o vagabundo que tem na prisão, que toda a cidade acredita ser o criminoso, irá sem dúvida acontecer um terrível motim, no qual muitas pessoas irão ser de certeza mortas ou gravemente feridas. Este vagabundo não tem amigos nem família. O xerife sabe que ele está inocente». [7]

Crisp prossegue com a questão de saber em que medida «violando as regras normais de justiça, segundo as quais as pessoas têm direito a um julgamento justo e aqueles que se sabe serem inocentes não devem ser castigados, ele poderia produzir o melhor resultado» (Crisp, 1997, 118). Crisp afirma que Mill rejeitaria esta linha de raciocínio e continuaria a acreditar na regra devido às consequências negativas de a contrariar. Neste caso, o intuito do xerife poderia mesmo vir a ser descoberto, mas a sua tese mais geral é a de que «não é muito claro, na prática, em que medida, num caso particular, uma pessoa pode maximizar violando a regra» (118). Além disso, a ignorância e a incerteza relativas aos resultados futuros deveriam fazer-nos seguir as regras da moralidade convencional. Há outras considerações importantes que podem também ser aduzidas na defesa da adesão às regras. Por exemplo, despertar os maus instintos das pessoas no emprego, por meio de alcovitice, pode trazer consequências perturbadoras. Esta linha de pensamento recupera o exemplo geral utilitarista para seguir regras ajudando-nos, assim, a responder à objecção. Porém, o ramo particular do utilitarismo de Mill tem uma resposta de maior alcance. A teoria de Mill, ao contrário da de Bentham, atribui um lugar central aos direitos, os quais protegem interesses vitais – e tal fornece uma resposta bem mais robusta aos críticos que afirmam que o utilitarismo sanciona a injustiça em cenários daquele tipo.

A exploração do estatuto das regras morais na teoria de Mill, ou seja, a questão importante de saber se a teoria de Mill é mais bem classificada como um utilitarismo dos actos ou um utilitarismo das regras, complica-se pelo facto de o utilitarismo de Mill ser uma variante complexa desta família de teorias. Grande parte das

---

[7] Crisp, 1997, 118. Adaptado de H. J. McCloskey, 1957.

objecções que são dirigidas contra formas mais simples de utilitarismo falham o alvo quando aplicadas à teoria de Mill. Por outro lado, a forma complexa que Mill defende enfrenta objecções e levanta problemas que não afectam as formas mais simples. Antes de podermos analisar de forma produtiva o utilitarismo dos actos e o utilitarismo das regras, devemos assentar numa compreensão da estrutura intrincada da filosofia moral de Mill, bem como no âmbito da Moralidade na sua concepção.

A Arte da Vida e Moralidade

A filosofia moral de Mill é intrincada. É uma forma indirecta de utilitarismo no qual a utilidade é promovida indirectamente, através da adesão às regras que produzirão o maior bem-estar se forem praticadas pela maior parte das pessoas. A estrutura da variedade de Mill é explicada com algum pormenor no capítulo 5 de *Utilitarismo*, «Sobre a conexão entre justiça e utilidade». O seu enquadramento essencial pode ser encontrado no Livro VI de *A System of Logic*, no qual Mill explica a função do princípio da utilidade como princípio fundamental de teleologia, constituindo a base de todas as artes morais ou práticas. Há um número elevado de artes morais e práticas da natureza humana e da sociedade, sendo o princípio da utilidade o princípio fundacional que as governa a todas. Há aqui espaço para alguma confusão, devido em parte à própria terminologia de Mill. Usa geralmente as palavras «artes e ciências morais» para se referir a toda a extensão das artes práticas da vida e o termo «moralidade» para remeter para um departamento específico daquelas, nomeadamente, o domínio do direito, dever e obrigação. Em primeira instância, esta categoria da Moralidade é uma das três componentes daquilo que apresenta como a Arte da Vida.

Como primeiro estádio da explicação da arquitectura da sua teoria, Mill apresenta os três departamentos da Arte da Vida fundamental. Tal como Mill explica, a Moralidade ocupa apenas uma parte desta Arte da Vida. Os três departamentos são: «Moralidade, Prudência, ou Política, e Estética; o Correcto, o Expediente, e o Belo, ou Nobre, na Conduta Humana e nas Obras» (CW 8:949). As outras artes práticas, que são muitas, estão subordinadas à Arte da Vida. Por exemplo, no Livro VI de *Sistema de Lógica*, Mill analisa em profundidade uma quantidade de outras artes e ciências morais significativas, incluindo psicologia, etologia (a ciência da formação do carácter), educação, política, governo, economia, sociologia, economia política e história. A lista é extensa. As artes práticas do viver assentam todas na arbitragem e nos poderes de justificação do princípio geral da teleologia para decidir as questões de precedência quando surge a discordância e para determinar a ordenação dos fins de todas as esferas da conduta. Sustenta que o raciocínio prático requer um princípio de teleologia. «Deve haver algum padrão por onde determinar a bondade ou a maldade, absoluta ou comparativa, dos fins, ou dos objectos de desejo» (CW 8:951). Argumentando contra os seus opositores do século XIX, os teóricos do sentimentalismo moral, afirma que os princípios das suas teorias, ainda que verdadeiros,

> «serviriam apenas para aquela parte do campo da conduta a que se chama propriamente moral. Para a restante prática da vida, devemos procurar alguns princípios gerais, ou padrões; e, se esse princípio for escolhido correctamente, ver-se-á que, entendo eu, serve perfeitamente bem como princípio último da Moralidade, assim como da Prudência, da Política ou do Gosto.» (CW 8:951)

Defende que este princípio geral, e padrão, é o da «facilitação da felicidade da humanidade (...) a promoção da felicidade é o princípio último da Teleologia» (CW 8:951). Quando Mill afirma que devemos promover a felicidade, está, em muitos casos, a falar de um valor geral do dever e não apenas de um dever moral. É apenas no domínio específico da Moralidade que o dever a que se refere é moral. Nas primeiras páginas de *Utilitarismo*, Mill afirma que o utilitarismo é entendido rigorosamente como «uma teoria da vida na qual esta teoria da moralidade se baseia» (*Utilitarismo*, p. 51 / CW 10:210). O utilitarismo é uma teoria acerca de como viver uma *vida boa*. Viver a *vida moral*, isto é, seguir regras morais justificadas, cumprir o seu dever, respeitar os princípios de justiça e os direitos dos outros, e assim por diante, é uma parte essencial de viver a vida boa. Contudo, se inflacionarmos a importância desta componente da vida boa, não damos aos outros compartimentos da vida boa o que lhes é devido e arriscamo-nos a tornarmo-nos na «polícia moral» ou nos «moralistas profissionais» que Mill tanto critica por serem aqueles agentes cujas acções e preconceitos enfraquecem alguns dos elementos mais essenciais do bem-estar humano. (CW 18:284).

Em *Utilitarismo*, o primeiro passo de Mill consiste em separar a esfera das regras da moralidade ou obrigação da classe mais ampla da promoção geral do bem. Explica que neste seu primeiro passo está também a demarcar a moralidade das suas esferas contíguas na Arte da Vida. A Moralidade demarca-se das «restantes províncias da Expediência e do Merecimento» (*Utilitarismo*, p. 109 / CW 10:247). Este último é o domínio da Nobreza ou Virtude. Este comentário clarificador é amiúde ignorado, deixando a confusão em seu lugar. A teoria moral de Mill separa o território das regras da obrigação das regras da promoção geral do bem *em todas as inúmeras áreas da vida prática*, como se segue:

> «Não chamamos a algo incorrecto a não ser que estejamos a sugerir que uma pessoa tem de ser punida de alguma forma por tê-lo feito; se não pela lei, pela opinião dos seus semelhantes; se não pela opinião, pela censura da sua própria consciência. E este parece o verdadeiro ponto de viragem da distinção entre moralidade e simples expediência. É parte da noção de dever em todas as suas formas que uma pessoa pode legitimamente ser obrigada a cumpri-lo (…) mas penso não haver dúvidas de que esta distinção está na base das noções de correcto e de incorrecto; que chamamos incorrecta a qualquer conduta (ou empregamos, em vez disso, um outro termo de desagrado ou desprezo), na medida em que pensamos que a pessoa devia, ou não, ser punida por ela; e dizemos que seria correcto fazer desta ou daquela maneira, ou apenas que seria desejável ou louvável, na medida em que queremos ver a pessoa em questão a ser forçada, ou apenas persuadida e exortada, a agir dessa maneira.» (*Utilitarismo*, pp. 108-109 / CW 10:246)

O argumento de David Lyons explicita que aqui Mill liga conceptualmente obrigação moral e castigo e, assim, a sua teoria da moralidade tem «um modelo baseado nas regras sociais coercivas» (Lyons 1994, 54). Lyons continua,

«Estas considerações supõem que Mill tinha a seguinte perspectiva. Chamar errado a um acto é dizer implicitamente que os sentimentos de culpa, e talvez outras sanções, seriam garantidos contra ele. Porém, as sanções pressupõem regras coercivas. *Mostrar um acto errado, portanto, é mostrar que uma regra coerciva contra ele seria justificada.* A justificação de uma regra social coerciva estabelece uma obrigação moral, cuja violação é errada.» (Lyons, 1994, 55)

As regras morais justificadas são aquelas que levariam a um peso maior da felicidade em relação ao peso do sofrimento se os agentes morais lhe obedecessem regularmente. A obediência tem os seus custos. E, assim, a justificação de Mill para as regras utilitaristas da obrigação tem em conta o que custa estabelecer e obrigar a uma regra moral coerciva; tais custos incluem a sanção ligada à violação da regra, assim como as restrições à liberdade que se lhe segue.

O primeiro passo de Mill consiste em delinear o campo das regras morais que estabelecem as obrigações. O passo seguinte distingue um subgrupo especial de regras no território da obrigação. Trata-se das regras morais da justiça, que defendem direitos. Afirma que as regras da justiça envolvem «a ideia de um direito pessoal – uma prerrogativa da parte de um ou mais indivíduos» (*Utilitarismo*, p.110 / CW 10:247). Define um direito da seguinte forma:

«Quando dizemos que algo é um direito de uma pessoa, queremos dizer que ela tem uma prerrogativa válida sobre a sociedade para proteger a sua posse disso, seja pela força da lei, seja pela da educação e opinião. Se essa pessoa tem o que podemos considerar uma prerrogativa suficiente, seja por que razão for, a ver algo assegurado pela sociedade, dizemos que tem direito a isso.

(…) Penso, pois, que ter um direito é ter algo cuja posse a sociedade tem o dever de defender. (*Utilitarismo*, pp.114-5 / CW 10:250)

É esta a análise que Mill faz do *conceito* de um direito. Segue--se a sua justificação *utilitarista* para os direitos. Ele afirma que «se o crítico perguntar, de seguida, por que razão deve a sociedade fazer tal coisa, não posso dar-lhe qualquer outra razão que não seja a utilidade geral». A justificação baseia-se no «tipo extraordinariamente importante e impressionante de utilidade que está em causa» (*Utilitarismo*, p. 115 / CW 10:250-1). Realça o facto de que a justiça e a utilidade não estão em conflito, já que as regras da justiça devem ser fundadas na utilidade. «Embora ponha em causa as pretensões de qualquer teoria que estabeleça um padrão imaginário de justiça não baseado na utilidade, considero a justiça que é fundada na utilidade a parte principal, e incomparavelmente a mais sagrada e vinculativa, de toda a moralidade.» (*Utilitarismo*, p. 122 / CW 10:255).

Os interesses protegidos pelos direitos são, como já referi, especiais ou impressionantes nos livros de Mill. Merecem a mais forte protecção e estão no santuário protegido no seio da estrutura da teoria de Mill. Não podem ser revogados ou postos de lado, excepto quando entram em conflito com conjuntos de interesses igualmente fortes: quase sempre direitos concorrentes. Mill explica o que acontece nos casos de excepção, que são raros:

> «a justiça é um nome para certos preceitos morais que, encarados colectivamente, se situam num plano mais elevado da escala social e são, por isso, de mais proeminente obrigação do que outros; embora possam ocorrer casos particulares nos quais outro dever social seja tão importante que revolucione qualquer uma das máximas gerais da justiça (…). Em tais casos (…) dizemos (…) que o que é justo em casos normais é, em virtude desse outro princípio, injusto nesse caso particular.» (*Utilitarismo*, p. 128 / CW 10:259)

Mill, evidentemente, *não* permite que as regras de justiça sejam revogadas, a não ser por outro «dever social». O exemplo que usa como ilustração é o do dever de tirar ou roubar a comida ou os medicamentos necessários para salvar a vida de alguém. Um aspecto de particular importância é o facto de aquelas regras de justiça não poderem ser revogadas para obter ganhos de pouca ou de moderada utilidade, mesmo que seja para uma grande quantidade de pessoas, como no exemplo de Crisp. (Acrescido da ideia crucial segundo a qual alimentar sentimentos injustificados ou de vingança é uma não-utilidade, e não uma utilidade, que alimenta os vícios e não as virtudes.) Os casos em que os pequenos benefícios de muitas pessoas se ganham violando os direitos de uma minoria, ainda que se trate de uma pequena minoria, são banidos pela própria *estrutura* da teoria de Mill. A complexa forma que tem o utilitarismo de Mill não é a mesma do utilitarismo geral, que é frequentemente o alvo de objecções que postulam cenários imaginativos pouco relacionados com os dilemas da vida real. Na teoria cuidadosamente construída de Mill, a afirmação dos direitos protege conceptualmente os indivíduos daqueles equilíbrios descuidados que permitiriam que os interesses vitais de alguns indivíduos fossem rejeitados em função da promoção de interesses mais triviais ou moderados de outras pessoas. Assim, os tipos gerais de exemplos que Crisp apresenta evocam uma resposta forte de Mill, estando a sua teoria muito bem protegida para os aguentar. Mill afirma que as regras da justiça que protegem os direitos são «incomparavelmente a [parte] mais sagrada e vinculativa de toda a moralidade. A justiça é um nome para certas classes de regras morais, que dizem respeito de forma mais próxima às coisas essenciais para o bem-estar humano, e são por isso de mais absoluta obrigação, do que quais outras regras para a orientação da vida» (*Utilitarismo*, p. 122 / CW 10:255). Mill afirma que os dois direitos mais fundamentais são o direito à segurança e o direito à liberdade (incluindo a liberdade do desenvolvimento pessoal). Reitera que os direitos são colocados no santuário protegido da sua teoria com vista a proteger os interesses humanos mais vitais, os mais essenciais ao bem-estar. No utilitarismo indirecto de Mill, tais direitos são consagrados e garantidos socialmente. As instituições sociais e políticas são instituídas e mantidas colectivamente para os assegurar (CW: 10:251). Os custos associados e que se prendem com a construção das regras sociais coercivas são amplamente compensados com o aumento radical do nível de felicidade humana que se obtém com a segurança e com o respeito pelos interesses humanos mais vitais. Uma vez que a própria análise do conceito de um direito implica que uma pessoa tenha uma pretensão válida à sua protecção social, seria incoerente sustentar, por um lado, que os direitos devem ser garantidos socialmente e, por outro, que seria moralmente permissível trocá-los por pequenos ganhos na felicidade dos outros, por muitos que fossem. Esta estratégia de tomada de decisão autodestrói-se, uma vez que garantiria praticamente que a miséria extrema, em vez da maior felicidade, poderia ser a sua consequência. Uma pequena reflexão, por mínima que seja, sobre o sofrimento que resultaria da possibilidade do tratamento insensível e da ameaça aos direitos mais importantes das pessoas, em cenários da vida real, leva inevitavelmente à conclusão de que os direitos não podem ser descurados. O utilitarismo indirecto construído cuidadosamente por Mill proíbe aquele tratamento insensível, protegendo vigorosamente os direitos. A sua filosofia da educação garante-o com prescrições para inculcar os sentimentos morais apropriados. Assim, as regras de justiça são «protegidas por um sentimento não apenas diferente em grau, mas também em género; e distinguidas do sentimento menos intenso que se liga à mera ideia de promover o prazer humano ou a conveniência, simultaneamente pela natureza mais definida das suas exigências e pelo carácter mais severo das suas sanções.» (*Utilitarismo*, p. 129 / CW 10:259). Os agentes educados de Mill, que agem de acordo com o seu carácter e também de acordo com as capacidades morais cultivadas adequadamente, não poderiam ser levados a agir do mesmo modo que os exemplos sobre o sacrifício de inocentes pressupõem. Não são apenas as regras do código moral que são interiorizadas. Os traços de carácter que garantem o código e asseguram o respeito por ele são também cultivados pelos processos educativos do desenvolvimento e do desenvolvimento pessoal. A razão e a antecipação racional concluem que os códigos morais não sobrevivem se forem tratados com displicência insensível em quase todos os cenários do quotidiano. Compaixão, bondade e empatia: todas elas recusam as tentações de sacrificar os interesses importantes dos outros.

A estrutura delineada no último capítulo de *Utilitarismo* é uma parte importante do quadro. Porém, é apenas uma parte, uma vez que se centra no domínio da Moralidade. Lembremo-nos que a Moralidade é apenas uma parte da Arte da Vida. Mill também pretende distinguir a esfera legítima da Moralidade com vista a evitar que invada os territórios vizinhos. Para ver como isto funciona, temos de nos voltar para outros escritos e para a crítica de Mill aos outros pensadores, a quem ataca com dureza por fazerem darem demasiada importância à moralidade. Por exemplo, Mill tem pouca consideração por Auguste Comte, por ser um homem «inebriado pela moralidade» que não sabe como traçar limites razoáveis em torno da Moralidade, e que expande erradamente a autoridade legítima desta. Cada questão de vida prática, ou de vida boa, é transformada numa questão moral pelo mal informado Comte, que partilha com os calvinistas o erro de acreditar que

> «tudo aquilo que não é um dever é um pecado. Não percebe que entre a região do dever e a do pecado há um espaço intermédio, a região da dignidade positiva. Não é bom que as pessoas devam ser forçadas, pela opinião de outras pessoas, a fazer todas aquelas coisas pelas quais merecem louvor. Há um padrão para o altruísmo a que todos nós deveríamos ser chamados a chegar e um degrau acima, que não é obrigatório, mas meritório. É da incumbência de cada pessoa restringir a prossecução dos seus objectivos pessoais aos limites daquilo que é coerente com os interesses essenciais dos outros. O que sejam esses limites, cabe à ciência da ética determinar e manter todos os indivíduos e os conjuntos de indivíduos dentro deles é o ofício próprio do castigo e da culpa moral. Se, além de cumprir esta obrigação, as pessoas fazem do bem de outras um objecto directo de esforços desinteressados, adiando ou sacrificando-lhe mesmo os prazeres pessoais inocentes, merecem gratidão e honra, sendo objectos dignos de louvor moral. Desde que não sejam de modo nenhum obrigados a ter esta conduta por alguma pressão exterior, nenhum esforço é demasiado; porém, uma condição necessária é a espontaneidade (...). Esta espontaneidade não exclui de modo algum o encorajamento compreensivo (...). O objectivo deve ser estimular os serviços à humanidade mediante uma recompensa natural e não tornar a prossecução do nosso próprio bem numa tarefa impossível de outro modo, castigando-a com as críticas dos outros ou da nossa própria consciência. A tarefa específica destas sanções é assegurar-se de que todas as pessoas obedecem a uma determinada lei, a conduta necessária para dar a todas as pessoas a sua justa oportunidade: conduta que, em parte, consiste em não lhes fazer mal, não as impedir de nada que, sem fazer mal aos outros, seja bom para elas. A tudo isto deve-se certamente acrescentar que quando nos responsabilizamos por fazer mais, explícita ou implicitamente, estamos obrigados a manter a nossa promessa. E, tal como qualquer outra pessoa que avalia por si própria as vantagens da sociedade, leva os outros a esperarem dele tais ajudas positivas e boas e serviços desinteressados,

como o melhoramento moral atingido pela humanidade tornou habitual, ela merece censura moral se, sem justa causa, gorar essa expectativa. Mediante este princípio, o domínio do dever moral, numa sociedade em desenvolvimento, está sempre a expandir-se. Quando aquilo que era uma virtude rara se torna uma virtude comum, passa a constar das obrigações, enquanto um grau que excede o que se tornou comum permanece simplesmente meritório.» (CW 10:337-8)

Continua:

«Nada pedindo além disto, a sociedade, em circunstâncias toleráveis, obtém muito mais; porque a actividade natural da natureza humana, uma vez fechado o caminho de todas as direcções prejudiciais, expandir-se-á em direcções úteis (…). Mas acima deste padrão há um conjunto ilimitado de valor moral até ao heroísmo mais elevado, que deve ser promovido por todo o tipo de encorajamento, embora não convertido numa obrigação (…). Nem pode uma dor qualquer ser tida por óptima, para formar o hábito e desenvolver o desejo de ser útil para os outros e para o mundo, pela prática, independentemente da recompensa e de todas as considerações pessoais, da virtude positiva além dos limites do dever prescrito.» (CW 10:339)

Mill defende que Comte não é o único filósofo que amplia o domínio moral à custa de outras categorias da Arte da Vida. O seu colega Jeremy Bentham também comete este erro. A sua

«parcialidade pertence-lhe, não como utilitarista, mas como moralista profissional e em comum com quase todos os confessos moralistas, religiosos ou filosóficos: o de tratar a perspectiva *moral* das acções e dos caracteres, que é inquestionavelmente o primeiro modo de as olhar e o mais importante, como se fosse a única (…). Cada acção humana tem três aspectos: o seu aspecto *moral*, ou o de ser *correcta* ou *incorrecta*; o seu aspecto *estético*, ou o da sua beleza; o seu aspecto *empático*, ou o do seu encanto. O primeiro dirige-se à nossa razão e consciência, o segundo à nossa imaginação, o terceiro à nossa solidariedade humana. De acordo com o primeiro, nós aprovamos ou desaprovamos, de acordo com o segundo, admiramos ou desprezamos, de acordo com o terceiro, amamos, temos pena ou odiamos. A moralidade de uma acção depende das suas consequências previsíveis; a sua beleza e o seu encanto dependem das qualidades de que são manifestações (…). Não é possível que um qualquer sofisma confunda estes três modos de ver uma acção; porém, é bem possível aderir exclusivamente a um deles e perder de vista os restantes. O sentimentalismo consiste em pôr os últimos dois à frente do primeiro; o erro dos moralistas, em geral, e o de Bentham, em particular, é o de afundar completamente os dois últimos. É este sobretudo o caso de Bentham: ele escreveu e sentiu como se o padrão moral devesse não só ser primordial, mas também único; como se tivesse de ser o senhor de todas as nossas acções e mesmo dos nossos sentimentos.» (CW 10:112-13).

O domínio da Moralidade é crucial para a vida boa, mas está restringido ao território da protecção dos interesses vitais. A teoria de Mill liga conceptualmente o dever moral, o castigo e as sanções coercivas. O custo de instituir uma regra social coerciva inclui estas sanções. Por definição, as acções moralmente erradas estão sujeitas ao castigo. Segue-se desta análise que *nem todas as acções que fracassam na maximização do bem são moralmente erradas*. Muitas objecções erróneas ao utilitarismo de Mill pressupõem, erradamente, que há uma obrigação moral permanente de maximizar a utilidade em toda a nossa conduta. A objecção segundo a qual o utilitarismo exige que sejamos moralmente santos em todas as ocasiões é errónea e fracassa por completo na compreensão da perspectiva de Mill segundo a qual esta atitude mostra estar inebriada pela moralidade. A objecção surge da visão errada de que a moralidade tem autoridade numa vasta área da vida prática. Esta visão não consegue reconhecer o significado da distinção entre a Moralidade e as esferas vizinhas da Arte da Vida. Ao restringir a autoridade moral à protecção dos interesses vitais, Mill propõe a teoria da vida segundo a qual as sanções estão deslocadas nestas outras esferas vizinhas. Afirma que ao «não exigir mais do que isto, a sociedade (…) obtém muito mais.» Tudo isto permite expandir o domínio daquilo a que Mill se refere por diversas ocasiões como o domínio da Virtude, da Nobreza, da Beleza ou do Merecimento positivo. Dá espaço à liberdade, à individualidade e à autonomia para se expandirem sem restrições. Mill tem uma doutrina da Virtude que complementa a sua teoria da Moralidade. Em «Thornton on Labour and its Claims», Mill é bastante explícito acerca da investigação do território. Afirma:

> «a moralidade utilitarista reconhece plenamente a distinção entre o território do dever positivo e o da virtude, mas sustenta que o padrão e a regra de ambos é o interesse geral. Do ponto de vista utilitarista, a distinção entre eles é a seguinte: – Há muitos actos e um ainda maior número de qualidades de paciência e compreensão, cuja prática permanente por todos é tão necessária ao bem-estar geral que as pessoas devem ser responsabilizadas por ela, seja pela lei, seja pela pressão social. Estes actos e qualidades de paciência e compreensão constituem o dever. No exterior destas fronteiras está a inúmera diversidade de modos segundo os quais estes actos dos seres humanos são quer uma causa, quer um impedimento, quer um bem para os seus semelhantes, mas que, no seu conjunto e para o interesse geral, devem ser deixados em liberdade, sendo apenas encorajados, pelo elogio e pelo respeito, à realização de tais acções benéficas (…). Esta esfera mais alargada é a do Mérito ou Virtude.» (CW 5:650:51)

Um erro semelhante destrói o domínio da obrigação moral e do supererrogatório. Este erro pressupõe que a teoria de Mill ignora o supererrogatório e que não há espaço, na sua teoria, para a noção de acções que estão acima e para além da chamada do dever. Porém, este pressuposto é claramente falso, já que Mill traça explicitamente um espaço bastante rico para estas acções. Os textos citados acima estabelecem esta tese sem qualquer sombra de dúvida. Mill não ignora o supererrogatório; estas acções, segundo o esquema de Mill, estão confinadas à esfera do Merecimento ou Virtude na Arte da Vida. Não estamos obrigados moralmente a praticá-las, mas merecemos louvor, respeito e gratidão pela sua prática. E são uma parte essencial do nosso bem, já que a prática de tal excelência humana, embora não nos seja exigida, integra o processo do desenvolvimento pessoal e do desenvolvimento da mais elevada excelência humana.

A perspectiva muito difundida sobre o utilitarismo de Mill como estando comprometido com a promoção da felicidade em *todas* as esferas da Arte da Vida capta com rigor a visão de Mill, ainda que levante alguns problemas aborrecidos sobre o modo como se equilibram as exigências e os direitos destas diferentes categorias de acções, que têm como fim a promoção da vida boa. Porém, é certo que as exigências da Moralidade, bem como as sanções ligadas às violações das regras coercivas, não podem ser exportadas para as outras esferas da vida. Nestas outras esferas, os incentivos do encorajamento, o elogio, o respeito, a honra e a gratidão substituem as sanções e os castigos. A promoção da felicidade permanece firmemente como a justificação, a base e o mecanismo de controlo das acções, das regras, do carácter, das vidas e dos inúmeros objectos em apreciação e em avaliação. É claramente um erro interpretar Mill como se este sustentasse que há uma obrigação moral fixa de maximizar a felicidade e que, como tal, estamos sempre «de prevenção» no nosso dever moral de maximizar o bem. Se aceitarmos esta posição, então fazemos o papel dos moralistas profissionais. Vamos muito além das exigências efectivas de Mill e trabalhamos em detrimento do bem-estar em diversas ocasiões.

No capítulo 4, analiso com maior profundidade as implicações deste esquema da Arte da Vida para a liberdade. O princípio da liberdade proposto naquele ensaio tem o propósito anunciado de fixar os limites legítimos da coerção social e política sobre os indivíduos e de a permitir apenas nos casos em que se causa dano aos outros mediante a violação do dever para com o outro. Aqui o meu argumento é concebido para explorar o âmbito do dever e da obrigação. Assim, não é descabido sublinhar que a liberdade é o beneficiário da tese fundamental de Mill segundo a qual a coerção e a compulsão só têm lugar nos casos do dever. Muitas filosofias morais concorrentes estabelecem um lugar fixo aos deveres morais para consigo próprio. Isso permitiria a coerção do domínio privado. Porém, este caminho está vedado na teoria de Mill, uma vez que ele nega enfaticamente qualquer lugar à noção de dever relativo ao eu, ou dever para consigo próprio. Em *Sobre a Liberdade* Mill contrasta fortemente a violação dos deveres morais com os

> «Defeitos que só a si dizem respeito (...) que não são propriamente imoralidades e, independentemente do grau a que sejam levados, não constituem maldade. Podem ser provas de

qualquer quantidade de insensatez, ou falta de dignidade pessoal e amor-próprio; mas são apenas alvo de reprovação moral quando envolvem uma quebra de dever para com outros (...). Os chamados deveres para connosco não são socialmente obrigatórios, a não ser que as circunstancias os tornem ao mesmo tempo deveres para com os outros. O termo dever para connosco, quando significa algo mais do que prudência, significa respeito por nós mesmos e desenvolvimento de nós mesmos; e ninguém pode responder perante os seus semelhantes por qualquer destes, pois nenhum é para o bem das pessoas perante quem de responder.» (*Sobre a Liberdade*, pp.138-39 / CW 18:279)

Enquanto Mill repudia os *deveres para consigo próprio*, aceita e promove as *virtudes para consigo próprio*. As virtudes para consigo próprio têm o seu lugar atribuído no domínio do Merecimento e Virtude na Arte da Vida e, com o tal, as regras de compromisso são as daquela esfera.

«Os seres humanos têm obrigação de se ajudar mutuamente a distinguir as coisas melhores das piores e de se encorajarem a escolher as primeiras e a evitar as segundas. Deviam estar sempre a incentivar-se mutuamente para exercerem cada vez mais as suas faculdades superiores (...). Mas nem uma pessoa nem qualquer quantidade de pessoas tem o direito de dizer a outra pessoa, maior de idade, que não fará com a sua vida, tendo em vista o seu benefício, o que muito bem entender (...) Por isso, nesta área da actividade humana, a individualidade tem o seu próprio campo de acção (...) Poder-lhe-ão ser oferecidos (...) comentários para auxiliar o seu juízo e exortações para favorecer a sua vontade; mas a juíza final é ela. Todos os erros que é provável que cometa indo contra conselhos e avisos são em muito contrabalançados pelo mal de permitir a outros que a forcem a fazer o que consideram ser bom para ela.» (*Sobre a Liberdade*, pp. 135-36 / CW 18:277)

As regras de compromisso da esfera da Moralidade – a coerção e as sanções – estão deslocadas na outra esfera da Virtude. Voltando ao território da obrigação moral, temos uma melhor compreensão do seu âmbito próprio (a esfera da Moralidade) e do seu papel (protecção dos interesses humanos vitais). Com estes instrumentos, podemos retomar a questão do utilitarismo dos actos e do utilitarismo das regras.

Moralidade: Utilitarismo dos Actos e Utilitarismo das Regras

Mill é muitas vezes interpretado quer como utilitarista dos actos, quer como utilitarista das regras. Alguns comentadores recentes defendem que a teoria de Mill, em rigor, não é nem um utilitarismo dos actos nem um utilitarismo das regras, ou que existem problemas em fixá-lo num destes campos. Estas discussões ocorrem frequentemente com a consciência da importância da Arte da Vida como estrutura teórica de Mill [8]. A questão do utilitarismo dos actos e do utilitarismo das regras deve ser analisada no contexto da estrutura da filosofia moral de Mill naquele esquema teórico. Primeiro precisamos de trabalhar as definições de utilitarismo dos actos e de utilitarismo das regras. Depois podemos continuar com algumas provas textuais das leituras.

Tanto o utilitarismo dos actos como o utilitarismo das regras são formas de consequencialismo, de acordo com o qual a correcção ou a incorrecção dos actos é determinada pelas suas consequências, especificamente, no caso do utilitarismo, as consequências que promovem a felicidade ou a utilidade. Segundo o utilitarismo, o padrão ou teste para a correcção ou incorrecção das acções baseia-se na promoção da felicidade ou utilidade e na minimização da infelicidade ou sofrimento que resultam dessas acções. Tanto um como outro tipo de utilitarismo recorrem ao princípio da utilidade para fundamentar as suas decisões. Segundo o utilitarismo de Mill, também apreciamos ou avaliamos muitas coisas, como regras morais, carácter, os fins de todas as artes morais práticas da vida social e política, e assim por diante, mediante este teste ou padrão de utilidade. Na questão da apreciação moral da acção, o consequencialismo é contrastado com as teorias deontológicas que sustentam que certas classes de acções, como o assassínio, a mentira, a quebra de uma promessa, e por aí adiante, são

---

[8] Veja-se West 2004; Skorupski 2005, 2006; Fuchs; Eggleston and Miller 2007.

más em si mesmas e não simplesmente em virtude das más consequências que produzem.

Os utilitaristas dos actos defendem que decidimos o que é moralmente correcto ou incorrecto examinando as consequências de praticar um acto particular numa situação ou num conjunto de circunstâncias. Emprega uma metodologia caso a caso para determinar a acção correcta e a obrigação moral. O utilitarismo dos actos é uma forma directa de consequencialismo. A tomada de decisão requer agentes que façam o escrutínio das opções disponíveis ou dos possíveis cursos alternativos de acção e escolham o curso de acção que tem mais probabilidade de produzir a maior felicidade. Os agentes do utilitarismo dos actos estão obrigados a prosseguir o curso de acção que tem mais probabilidade de produzir o maior bem. O utilitarismo das regras defende que os agentes morais realizam acções segundo regras morais gerais e que estas regras são elas próprias regras morais justificadas. São estas as regras a que Mill se refere como princípios morais secundários, tal como a regra que proíbe o homicídio. As regras são, por sua vez, justificadas pelas consequências, nomeadamente, as consequências de serem geral ou amplamente adoptadas. As regras são justificadas se produzirem a maior quantidade de felicidade em relação ao sofrimento ao terem a adesão dos agentes morais. Como veremos, isto tem várias cambiantes.

O princípio da utilidade fornece o teste ou padrão para determinar a acção moralmente correcta. Contudo, a questão de saber qual a melhor estratégia de procedimento com vista a produzir a maior felicidade é uma questão distinta. Está ainda em aberto. A estratégia mais comum adoptada pelos utilitaristas dos actos consiste em seguir as regras morais convencionais, tais como aquelas que proíbem o homicídio e o roubo, e recomenda que se mantenha as promessas e que se diga a verdade. Esta estratégia é de longe preferível àquela que tenta decidir em cada ocasião aquilo que irá maximizar directamente a felicidade. Assim, uma «concepção estratégica» das regras morais está normalmente associada ao utilitarismo dos actos. *Na prática* existe uma certa sobreposição destas duas abordagens. O utilitarismo dos actos pode supor, e muitas vezes supõe, que a maximização da utilidade em casos particulares fornece o *teste* certo para a acção correcta e também que a melhor *estratégia de decisão* a adoptar é a de seguir regras morais em vez de tentar calcular a utilidade de cada curso possível de acção caso a caso. Na verdade, a maior parte dos utilitaristas dos actos adoptam de facto a estratégia de seguir regras justificadas, que encaram como um método prático. Irão seguir as regras morais secundárias ou convencionais. Mill afirma que estas regras podem ser invalidadas e fazer-se um apelo directo ao princípio da utilidade em casos excepcionais. Podemos encontrar-nos em circunstâncias extraordinárias quando temos de considerar até que ponto violamos uma regra moral secundária bem fixada com vista a impedir uma catástrofe. É raro encontrar uma forma de teoria moral, utilitarista ou não, que não considere a não adesão a uma regra moral a fim de evitar a catástrofe. Além, do mais, em circunstâncias em que as regras entram em conflito, temos de determinar qual a regra que deve prevalecer numa dada situação.

Há inúmeros tipos de utilitarismo das regras. Para o que nos interessa, as duas versões mais importantes e promissoras são os tipos de utilitarismo das regras da «generalização utilitarista» e do «código moral». Por sua vez, as teorias do «código moral» são de dois subtipos: códigos morais reais ou convencionais e ideais. Contudo, um ponto a assinalar é que todos os tipos de utilitarismo das regras sustentam que as regras têm tal força que não é permitido aos agentes violarem ou quebrarem uma regra moral justificada num caso particular por julgarem que um ligeiro aumento da felicidade irá resultar dessa violação. Em todos os tipos de utilitarismo das regras, as regras justificadas são concebidas para terem força suficiente para resistirem a dar permissão à não adesão quando se trate de obter apenas um aumento modesto na utilidade resultante em determinadas circunstâncias.

O utilitarismo dos actos tem um lugar para as regras morais, mas estas são percebidas como orientações gerais que condensam o resultado da acumulação da sabedoria e da experiência humana. Em *Utilitarismo*, Mill responde duramente à objecção de que o utilitarismo é errado, uma vez que requer que tomemos uma decisão moral baseando-nos nas consequências da acção e «que não há tempo, antes da acção, para calcular e avaliar os efeitos de uma linha de conduta na felicidade geral.» (*Utilitarismo*, p. 72 / / CW 10:224). A objecção pressupõe que os agentes utilitaristas irão perder demasiado tempo a calcular as consequências dos cursos de acção disponíveis e muito pouco tempo a agir efectivamente.

Uma objecção adicional afirma que têm propensão para o erro, porque as capacidades racionais não são capazes de antecipar todas as consequências que podem resultar das opções disponíveis. A resposta de Mill mostra a sua dependência das regras secundárias ou corolários do princípio da utilidade. Responde que as pessoas aprenderam as tendências das acções ao longo da história humana e sabem muito bem que o assassínio e o roubo são prejudiciais à felicidade. Mill não fica impressionado com a objecção. «É, na verdade, um capricho da fantasia supor que, se a humanidade concordasse em considerar a utilidade do teste da moralidade, continuaria sem concordar quanto ao que é útil, e não tomaria medidas para ensinar as suas noções aos mais jovens, e impô-las por meio da lei e da opinião.» (*Utilitarismo*, pp. 72-3 / CW 10:224). Os seres humanos adquiriram uma competência considerável nos efeitos dos tipos de acções sobre a felicidade. Porém, há ainda muito para melhorar e progredir. Mill sublinha que considera as regras morais, tal como os outros preceitos da Arte da Vida, aperfeiçoáveis e espera o progresso moral. «Mas considerar que as regras da moralidade são aperfeiçoáveis é uma coisa; passar completamente por cima das generalizações intermédias, e empenhar-se em testar cada acção individual directamente pelo primeiro princípio, é outra. É uma estranha noção que o reconhecimento de um primeiro princípio [seja] incoerente com a admissão de princípios secundários.» (*Utilitarismo*, p. 74 / CW 10:224). Os críticos estão, neste caso, a dizer disparates, afirma. A educação adequada garante o conhecimento das bases do correcto e do incorrecto, da sabedoria e da loucura. «Seja qual for o princípio fundamental da moral que adoptemos, são necessários princípios subordinados para o aplicar; a impossibilidade de passar sem eles, sendo comum a todos os sistemas, não pode fornecer argumentos contra nenhum em particular.» (*Utilitarismo*, p. 74 / CW 10:225).

Mill aceita claramente que as *regras* morais são indispensáveis. Então, a questão é: qual o seu estatuto? São as regras do utilitarismo dos actos, ou as regras mais fortes do utilitarismo das regras?

Mill também faz ver que as regras morais absolutas que não permitem excepções são uma fantasia inatingível na vida real. Todas as doutrinas morais sustentadas por «pessoas racionais», afirma, admitem que a vida real nos apresenta regularmente situações de considerações morais em conflito. As questões humanas são tão complicadas

> «que as regras de conduta não [podem] ser estruturadas de tal forma que não requeiram excepções, e que dificilmente se [pode] estabelecer qualquer tipo de acção como sempre obrigatória ou sempre condenável. Não existe qualquer doutrina ética que não tempere a rigidez das suas leis, permitindo uma certa margem de manobra, sob a responsabilidade do agente, para dar conta das peculiaridades das circunstâncias... Não existe sistema moral algum sob o qual não ocorram casos inequívocos de obrigações contraditórias.» (*Utilitarismo*, pp. 74-5 / CW 10:255)

Tais situações complicadas de conflito são uma parte essencial da vida moral; não podemos pretender que uma qualquer filosofia moral as faça desaparecer. Ser confrontados com cenários da vida real, ter recorrido a um padrão último para arbitrar só pode, portanto, ser encarado como útil pelas pessoas racionais. Quando os conflitos confrontam os agentes, também os seus traços habituais de sabedoria e de virtude são úteis.

A explicação de Mill acerca da resolução do conflito moral tem implicações no problema de saber qual a classificação plausível da sua teoria. A explicação de Mill vai no sentido oposto da solução do utilitarismo dos actos. Quando os agentes envolvidos na deliberação moral enfrentam deveres e direitos em conflito, invocam o princípio da utilidade. Mill argumenta que o utilitarismo tem aquilo que falta a muitos outros sistemas morais, nomeadamente, um juiz para decidir qual o princípio secundário que tem autoridade e está determinado que seja obrigatório. Mill postula firmemente que o papel e a autoridade do princípio de utilidade em tais casos é arbitrar os conflitos entre os princípios secundários. Esta posição tem um forte pendor de utilitarismo das regras. Não temos nenhuma obrigação moral fixada para maximizar simplesmente a utilidade, como poderia sugerir em teoria o utilitarismo dos actos. Mill afirma que «devemos recordar que apenas nestes casos de conflito entre princípios secundários é requerido o apelo a primeiros princípios. Não há caso algum de obrigação moral no qual não esteja envolvido algum princípio secundário; e, se for apenas um, dificilmente haverá dúvidas sobre qual é»

(*Utilitarismo*, p. 75 / CW 10:226). Por outras palavras, não temos um dever continuado de maximizar sempre a utilidade, ou de quebrar uma regra moral estabelecida simplesmente por calcularmos que ao fazê-lo iremos aumentar ligeiramente a utilidade. O papel de árbitro do princípio da utilidade está restringido a determinar qual é a regra moral que tem autoridade ou precedência em situações de conflito. A sua autoridade não se alarga ao ponto de permitir violações das regras para obter pequenos benefícios. Este cenário particular do conflito moral, tal como é pintado pelos seus oponentes, não se aplica à versão da deliberação utilitarista de Mill.

A questão da força das regras do utilitarismo é o tema de muitos debates. Devem as regras ser abandonadas com ligeireza sempre que pareça ser possível ganhar alguma utilidade, por pouca que seja, quebrando-as? Se a resposta for afirmativa, os críticos do utilitarismo enfrentam um alvo fácil. Se as regras puderem ser facilmente descartadas, então as regras morais de um sistema desses serão muito instáveis. O comportamento dos agentes que confiem num tal sistema para a deliberação moral não seria fiável nem digno de confiança. A confiança na instituição das regras morais e o respeito por essas regras deve ser assegurado. Os utilitaristas das regras argumentam que os agentes devem seguir regras geralmente úteis, porque existe o perigo real de enfraquecer a confiança na expectativa razoável de que as regras se morais sejam respeitadas se os agentes forem encorajados a quebrá-las em determinadas situações. Os utilitaristas das regras sustentam que nós devemos aderir a uma regra mesmo que, numa ocasião particular, segui-la não tenha conduzido às melhores consequências. Claro que, como já referi, os utilitaristas dos actos farão muitas vezes exactamente o mesmo. Apesar desta convergência na prática, este factor é muitas vezes compreendido como a linha que divide os utilitaristas das regras dos utilitaristas dos actos. É assim, porque a metodologia caso a caso dos utilitaristas dos actos poderá aparecer, pelo menos em teoria, como uma inclinação para quebrar a regra em ocasiões particulares e para seguir a conduta que garantirá um pequeno ganho na utilidade neste conjunto.

Uma outra questão requer alguma elaboração. O utilitarismo das regras constrói um método para mediar conflitos entre regras morais, quando estes surgem. Que a teoria preveja a existência de um árbitro na forma do princípio de utilidade é um dos seus pontos fortes, defende Mill. Porém, há muito espaço para diferentes leituras acerca do problema de saber como concebe Mill este processo de mediação. Concebe-o como um processo no qual o princípio de utilidade determina a regra *mais forte*, a regra que tem precedência, ou concebe-o em termos de determinação do *âmbito* de cada regra em competição, com excepções e complexidades acrescidas? Nos casos de conflito entre estas regras morais, há duas maneiras de ver como procede a teoria de Mill na adjudicação. Que papel desempenha o princípio de utilidade quando é invocado na resolução destes conflitos? Pesa as utilidades que se espera que resultem da adesão a uma ou outra dessas regras? Ou o princípio desempenha o papel de analisar o âmbito de cada uma das regras em conflito, determinando qual delas, naquela circunstância, tem a jurisdição? Esta questão interpretativa é difícil de resolver de forma concludente, uma vez que a exposição de Mill usa uma linguagem que apela simultaneamente ao peso e à precedência, por um lado, e ao âmbito e limitação, por outro. Pior ainda, esta linguagem dúplice está por vezes presente no mesmo passo.

Como Mill explica, mesmo as regras morais essenciais têm excepções. Primeiro, estabelece que as regras secundárias da moralidade são uma parte essencial do seu sistema e completamente compatíveis com o papel do princípio da utilidade como fundamento último. Depois, explica que mesmo as regras que são centrais à moralidade, como aquelas que proíbem a mentira e exigem que se diga a verdade, têm excepções, sendo algumas delas admitidas pelos moralistas. Mill usa o exemplo daquela excepção à regra contra a mentira que é agir deliberadamente para ocultar informação a uma pessoa, como por exemplo, um «malfeitor» ou uma pessoa gravemente doente, quando isso evite um «grande e imerecido mal» (*Utilitarismo*, p. 72 / CW 10:223). Ocultamos a alguém que está entre a vida e a morte devido a um acidente que um ente querido morreu nesse mesmo acidente, e mantemos a mentira até que esteja livre de perigo. Ou, caso estejamos a dar abrigo a uma mulher que fugiu do marido que ameaçava matá-la, mentimos caso ele venha a nossa casa procurá-la. Depois Mill acrescenta,

> «Mas, de maneira a que a excepção não possa alargar-se para lá do necessário, e possa ter o menor efeito possível no

enfraquecimento da confiança na veracidade, essa excepção devia ser reconhecida e, se possível, os seus limites definidos; e, se o princípio de utilidade serve para alguma coisa, deve servir para comparar entre si estas utilidades em conflito e assinalar a zona na qual uma ou outra tem preponderância. (*Utilitarismo*, p. 72 / / CW 10:223)

O problema de interpretação ressurge, porque Mill usa palavras neste passo que pertencem *tanto* ao peso *como* ao âmbito. Em «Whewell on Moral Philosophy», volta a dizer que todas as regras morais têm excepções, mas que o aspecto essencial é o de que a excepção deve ser integrada numa regra mais complexa que determina o âmbito da regra moral e limita a sua autoridade fora desta área:

> «O essencial é que a excepção deve ser ela própria uma regra geral, de modo a que, sendo de extensão definida e não deixando as conveniências com os juízos parciais do agente no caso individual, pode não abalar a estabilidade da regra mais ampla nos casos em que a razão da excepção não se alarga. (CW 10:183)».

Persiste, assim, uma certa incerteza quanto ao melhor modo de interpretar o procedimento de ajuizar de Mill quando empregamos o princípio de utilidade nos casos de conflito aparente de regras. O princípio pesa os resultados de cada regra, ou determina o âmbito da autoridade legítima de cada regra ao determinar qual delas devemos seguir?

Com esta caracterização e tendo em mente as discussões prévias, chegou a altura de procurar as provas textuais para interpretar Mill como um utilitarista dos actos. Há alguns passos de *Utilitarismo* que parecem apoiar esta leitura. De forma mais destacada, a apresentação inicial do princípio de utilidade tem a aparência de utilitarismo dos actos. Lembremo-nos que Mill afirma que «a doutrina que aceita como fundamento da moral a utilidade, ou o princípio da maior felicidade, defende que as acções são correctas na medida em que tendem a promover a felicidade, e incorrectas na medida em que tendem a gerar o contrário da felicidade.» (*Utilitarismo*, pp. 50-51 / CW 10:210). Contudo, embora haja passos nos escritos de Mill que podem legitimamente ser lidos como favorecendo a interpretação utilitarista dos actos, há uma razão poderosa e mesmo definitiva contra a aceitação desta leitura como a mais rigorosa interpretação de Mill. O utilitarismo dos actos parece ser eliminado da competição pela própria estrutura da filosofia moral de Mill, que estabelece limites firmes ao âmbito da moralidade e da obrigação no interior deste edifício. Se o âmbito da moralidade está restringido e limitado, então não nos pode ser exigido *moralmente* que maximizemos a utilidade em toda a ocasião ou que tenhamos a obrigação permanente de o fazer, como já defendi antes. Nos domínios contíguos da Arte da Vida, não somos *obrigados* a maximizar a felicidade. Na verdade, não temos qualquer obrigação, embora tenhamos compromissos voluntários. E, contudo, é precisamente esta obrigação moral permanente, nomeadamente a que exige aos agentes, em *todas* as ocasiões, que realizem aquela acção que maximize a utilidade, que constitui uma exigência essencial do utilitarismo dos actos. No entanto, esta exigência do utilitarismo dos actos é específica e repetidamente rejeitada por Mill. A objecção habitualmente apresentada contra o utilitarismo dos actos, que requer que sejamos «santos morais», lutando para maximizar a utilidade em cada acção que empreendemos, não se aplica ao utilitarismo de Mill. Ele rejeita aquilo a que desdenhosamente chama o «inebriamento com a moralidade». Embora o próprio Mill não use os termos utilitarismo dos actos e utilitarismo das regras, a sua argumentação parece enfraquecer decisivamente qualquer tentativa de o classificar como um utilitarismo dos actos, tal como este tipo de utilitarismo é habitualmente classificado.

Se a estrutura da teoria de Mill põe de lado qualquer possibilidade de uma interpretação de utilitarismo dos actos, quais são as possibilidades dos dois ramos mais importantes do utilitarismo das regras? A primeira versão, a generalização utilitarista, também parece promissora à primeira vista. Mill faz uso dela. Por exemplo, em *Utilitarismo*, afirma que

> «No caso das abstinências – de coisas que as pessoas se podem abster de fazer por razões morais, embora as consequências num caso particular pudessem ser benéficas – seria realmente indigno de um agente inteligente não ter uma consciência lúcida de que a acção pertence a uma classe de acções que, se praticadas de modo

generalizado, seriam prejudiciais para todos, e que esse é o fundamento da obrigação de se abster dela.» (*Utilitarismo*, p. 67 / CW 10:220)

Embora Mill empregue ocasionalmente expressões da forma de utilitarismo das regras que é a generalização utilitarista, também esta forma é posta de lado. Noutros passos, Mill afirma explicitamente que a generalização das regras deixa de fora os elementos e os factores que têm de ser ponderados por agentes numa deliberação moral. Por exemplo, Mill censura Bentham especificamente por limitar a consideração de tais generalizações à reflexão moral. Ele afirma que há erros em Bentham porque este «forma habitualmente a sua opinião sobre a aprovação ou a censura graças a um tipo particular de acção, calculando apenas as consequências às quais aquela mesma acção, se praticada generalizadamente, iria levar.» (CW 10:8). Mill refere os traços de carácter como sendo as características que Bentham deixa de fora do quadro. Por exemplo, a prática generalizada do roubo ou da mentira acarreta más consequências

> «[M]as essas consequências más estão longe de constituir a totalidade das atitudes morais dos vícios de roubar ou de mentir. Teremos uma perspectiva imperfeita da relação destas práticas com a felicidade geral, se supusermos que existem por si só e isoladas. Todos os actos supõem certas disposições e hábitos da mente e do corpo, que podem ser, em si mesmas, estados de alegria ou de mal-estar, e que devem ser frutíferos *noutras* consequências, além desses actos particulares. Nenhuma pessoa pode ser um ladrão ou um mentiroso sem ser algo mais: e se os nossos juízos morais e sentimentos relativamente a uma pessoa a condenam por um ou outro vício unicamente baseados nas tendências perniciosas de roubar e de mentir, então serão parciais e incompletos.» (CW 10:8)

Além disso, acrescenta, é um erro não considerar em que medida um acto ou um hábito são prova de um carácter perverso, que seja deficitário em traços que conduzem à felicidade. Em suma, Mill critica Bentham por ignorar a importância do carácter. Em

Utilitarismo Mill dá ênfase à inter-relação entre a acção e os hábitos e caracteres que são dignos de respeito e de confiança.

> «Mas, na medida em que cultivar em nós mesmos um sentimento vivo quanto à veracidade é uma das coisas mais úteis, e o enfraquecimento desse sentimento uma das mais prejudiciais, para as quais a nossa conduta pode ser instrumental; e, na medida em que qualquer desvio da verdade, ainda que involuntário, leva na mesma proporção ao enfraquecimento da fiabilidade das afirmações humanas (...) sentimos que a violação de uma regra de tão transcendente conveniências para obter um ganho não é conveniente.» (*Utilitarismo*, p. 71 / CW 10:223)

Assim, a teoria de Mill encaixa provavelmente de forma mais equilibrada no segundo tipo de utilitarismo das regras, o utilitarismo do «código moral». A versão do «código moral» assenta na determinação das obrigações e dos deveres considerando o seu lugar num código moral completo, um conjunto abrangente de regras morais. O código moral é aquele que exibe o grupo ou conjunto de regras da moralidade que produz a maior felicidade se a maior parte dos membros da sociedade interiorizar o código e seguir as regras nele prescritas. Os códigos morais, por sua vez, pertencem a duas categorias: real, ou convencional, e ideal. Em ambos, a ênfase de Mill na educação e no desenvolvimento como estando essencialmente unidos à moralidade pode ser vista no sentido de fornecer as condições necessárias, a formação essencial e a inculcação, de modo a que as regras sejam interiorizadas e adoptadas pela maioria. Deste modo, levará em conta aquilo de que Mill se queixava que Bentham deixava de fora, nomeadamente o carácter e a educação dos agentes morais. Este processo educativo integra o programa para cultivar os traços que levam à rectidão e fidedignidade, à compaixão e à empatia. Os agentes morais compreendem a importância do respeito por e da protecção dos interesses vitais de todas as pessoas, as mesmas para quem as regras morais foram concebidas no sentido de providenciarem garantia social. A filosofia da educação de Mill é concebida para fornecer este apoio social e institucional necessário para a obediência ao código moral.

E no que respeita às possibilidades do código moral real *versus* código moral ideal? Ao tentar determinar qual destes dois candidatos oferece a melhor leitura de Mill, enfrentamos um dilema. O dilema surge da confiança básica de Mill no progresso humano, que inclui o progresso moral. Se esperamos dos códigos morais que melhorem com o tempo, tanto o código ideal como o código real esbarram nesta progressão antecipada. A leitura do código moral ideal é a de que o código, no essencial, é todo o conjunto de regras que produziriam a maior felicidade se aceites e adoptadas pela maioria. O problema que esta leitura enfrenta é o de a concepção das regras já ser ideal, isto é, considera-as como sendo as melhores possíveis nos seus efeitos na felicidade humana. Porém, Mill espera que haja *progresso* contínuo nas regras da moralidade, tal como espera progresso continuado na maior parte dos assuntos humanos. Em *Utilitarismo* diz que os «corolários do princípio de utilidade, como os preceitos de qualquer arte prática, permitem um aperfeiçoamento sem limites e, num estado progressivo da mente humana, o seu aperfeiçoamento está permanentemente em curso» (*Utilitarismo*, p. 73 / CW 10:224). Em «Auguste Comte», lembremo-nos, defende que «o domínio do dever moral, numa sociedade em desenvolvimento, está sempre a expandir-se. Quando aquilo que era uma virtude rara se torna numa virtude comum, passa a constar das obrigações, ao passo que quando excede um pouco o que se desenvolveu em comum permanece simplesmente meritório (CW 10:338). Mas se a teoria aceita como verdadeira uma expectativa de aperfeiçoamento, então as suas regras dificilmente podem ainda ser concebidas como *ideais*. Assim, a leitura do código ideal deve ter em conta este dilema. Uma interpretação plausível é a de que a conduta que trabalha para o progresso está situada no terreno da Virtude ou Nobreza, como Mill defende claramente em «Auguste Comte». Quando o aperfeiçoamento que conduz a uma conduta que se torna maioritariamente aceite, e as regras evoluem de tal maneira que se tornam parte do código moral convencional real de uma sociedade, então, e só então, são retiradas novamente do terreno da Virtude ou Nobreza para o da Moralidade. Deste modo, a conduta dos reformadores morais como Mill nas suas batalhas activistas pode ser concebida como fornecendo modelos de actividade virtuosa, habitualmente acima e para além daquilo que a Moralidade exige. Tais são os exemplares de individualidades que Mill elogia em *Sobre a Liberdade*. Trabalhando para o progresso, os reformadores seriam guiados, como o próprio Mill, pelo espírito de que, com o tempo, a sua «virtude rara» se tornaria suficientemente comum, de tal modo que a conduta entraria no reino da Moralidade.

As regras convencionais ou populares, geralmente aceites, interiorizadas, e às quais se aderiu não enfrentam este problema. Contudo, a leitura do código moral convencional enfrenta a objecção de que os códigos morais reais de qualquer sociedade são notoriamente imperfeitos e débeis – e é por isso que Mill espera deles um aperfeiçoamento. Embora conceber a conduta dos reformadores morais como uma actividade virtuosa digna de respeito possa ser um compromisso razoável, é de algum modo insatisfatório defender que as batalhas activistas de Mill, por exemplo, para ultrapassar a repressão e o abuso domésticos contra as mulheres e as crianças, possam ser concebidas como meramente virtuosas. Uma implicação perturbadora parece ser a de que a violência doméstica não é moralmente errada até ao momento em que uma regra que proíba tal violência se torne uma parte do código convencional de uma sociedade. Contudo, esta implicação perturbadora não resulta da distinção entre Moralidade e Virtude. Os direitos fundamentais que protegem a segurança e a liberdade já proíbem a opressão e a violência contra as mulheres e as crianças por que Mill batalhou. Esses direitos já faziam parte integrante do código moral da sociedade de Mill. A batalha activista pode ser concebida de forma plausível como dizendo respeito à sua aplicação, sendo destinada a tornar as pessoas conscientes de que os direitos aceites não estavam a ser aplicados de forma razoável, e ainda a alertar para a necessidade de alargar esses direitos. Esta interpretação do processo de reforma moral ajuda a enfraquecer o dilema que o progresso moral representa para as interpretações do código moral convencional ou ideal da teoria moral de Mill. Assim, as regras morais convencionais, geralmente aceites, interiorizadas e às quais também se aderiu parecem conciliar-se melhor com a concepção de Moralidade de Mill, tal como apresentada nesta secção. Tudo isto deve ser posto no contexto da Arte da Vida, na qual a promoção da Virtude é uma companhia da Moralidade.

Ficou apresentada a teoria moral de Mill, bem como a relação entre as esferas contíguas da Moralidade (incluindo a justiça) e a Virtude ou Nobreza. Há problemas associados na determinação da relação adequada entre as áreas da Arte da Vida, quando estão em tensão ou empurram em direcções diferentes. Na esfera da moralidade, o território dos interesses básicos e vitais, a Moralidade prevalece. Porém, nas pontas e nas áreas cinzentas, as questões permanecem. A filosofia moral e política de Mill está construída para ser testada, refinada e melhorada na aplicação e na prática. Os debates sobre liberdade, educação, política e democracia, e igualdade de género que levo a cabo nos próximos capítulos irão proporcionar mais clarificações e avaliações do seu utilitarismo.

SUGESTÕES DE LEITURA

BERGER, Fred, *Happiness, Justice, and Freedom: The Moral and Political Philosophy of John Stuart Mill* (Berkeley: University of California Press, 1984).
CRISP, Roger, *Mill on Utilitarianism* (Londres, Routledge, 1997).
EGGLESTON, Ben, e Dale E. Miller, «India House Utilitarianism: A First Look», *Southwest Philosophy Review* 23, n.º 1(2007), 39-47.
FUCHS, Alan E., «Mill's Theory of Morally Correct Action», in Henry West (org.), *The Blackwell Guide to Mill's Utilitarianism* (Oxford: Blackwell, 2006), 139-58.
HARE, R. M., *Moral Thinking: Its Levels, Method, and Point* (Oxford: Claredon Press, 1981).
LYONS, David, *Forms and Limits of Utilitarianism* (Oxford: Oxford University Press, 1965).
LYONS, David, *Rights, Wellfare, and Mill's Moral Theory* (Oxford: Oxford Claredon Press, 1994).
SKORUPSKI, John, *John Stuart Mill* (Londres: Routledge, 1989).
SUMMER, L. W., «The Good and the Right», in Wesley E. Cooper, Kai Nielsen, e Steven C. Patten (orgs.), *New Essays on John Stuart Mill and Utilitarianism, Canadian Journal of Philosophy, Supplementary Vol. 5* (1979), 99-114.
SUMMER, L. W., *The Moral Foundations of Rights* (Oxford: Oxford Claredon Press, 1997).

WEST, Henry, *An Introduction to Mill's Utilitarian Ethics* (Cambridge: Cambridge University Press, 2004).

WEST, Henry, *The Blackwell Guide to Mill's Utilitarianism* (Oxford: Blackwell, 2006).

Capítulo 4

LIBERDADE

Introdução

O ensaio de Mill *Sobre a Liberdade* é muitas vezes o primeiro texto com o qual se deparam os seus leitores. O fulcro do ensaio consiste numa defesa apaixonada das principais liberdades liberais e, no entanto, a argumentação desta obra está intrinsecamente interligada com o tecido da filosofia moral e política de Mill. Ele enuncia o princípio da liberdade nas páginas iniciais. Afirma que o tema do ensaio é a defesa do princípio que deveria regular a extensão do uso legítimo da coerção e do controlo por parte da sociedade sobre os seus membros.

> «É o princípio de que o único fim para o qual as pessoas têm justificação, individual ou colectivamente, para interferir na liberdade de acção de outro, é a autoprotecção. É o princípio de que o único fim em função do qual o poder pode ser correctamente exercido sobre qualquer membro de uma comunidade civilizada, contra a sua vontade, é o de prevenir dano a outros. (*Sobre a Liberdade*, pp. 39-40 / CW 18:223)

A seguir a esta formulação inicial como princípio único, Mill faz algumas clarificações. O princípio da liberdade é explicado nos moldes de uma demarcação conhecida.

«O seu próprio bem, quer físico quer moral, não é justificação suficiente. Uma pessoa não pode correctamente ser obrigada a fazer ou a deixar de fazer algo porque será melhor para ela que o faça, porque a fará feliz, ou porque, na opinião de outros, fazê-lo seria sensato, ou até correcto. Estas são boas razões para criticar, para debater com ela, para a persuadir, ou para a exortar, mas não para a forçar (...).» (*Sobre a Liberdade*, p. 40 / CW 18:223-4)

Esta é a bem conhecida formulação do princípio da liberdade, mas não é a única apresentação que Mill faz dos princípios orientadores da liberdade. Alguns capítulos mais tarde, explica que a doutrina do ensaio pode ser resumida em duas máximas:

«As máximas são, em primeiro lugar, que o indivíduo não é responsável perante a sociedade pelas suas acções caso estas não digam respeito aos interesses de qualquer outro indivíduo senão ele mesmo. A sociedade só pode justificadamente expressar o seu desagrado ou desaprovação pela sua conduta através de conselhos, ensinamentos, persuasão e evitar da sua companhia por parte de outros se o acharem necessário para o bem deles próprios. Em segundo lugar, que o indivíduo é responsável pelas acções que são prejudiciais para os interesses dos outros, e pode ser sujeito tanto a punições sociais como legais, se a sociedade for da opinião de que uma ou outra são necessárias para sua protecção.» (*Sobre a Liberdade*, pp. 159-60 / CW 18:292)

Existe actualmente uma extensa bibliografia que examina e levanta questões sobre a análise do conceito de dano que se encontra no centro do princípio da liberdade. Se o conceito de dano não for definido com rigor, então o princípio da liberdade torna-se tão amorfo e nebuloso que a sua utilidade para proteger um domínio da liberdade é questionável. Mas esta visão pessimista das possibilidades do princípio central torna-se insustentável quando percebemos que se enquadra perfeitamente na estrutura da filosofia moral de Mill. É significativo que ele apresente o princípio orientador da liberdade contendo numa formulação o conceito de dano e numa segunda utilizando o conceito de interesses. Significa que Mill encara o dano e os interesses como estando solidamente interligados. Ele próprio dá a resposta a esta questão no capítulo 5 de *Utilitarismo*. O princípio da liberdade é um princípio de justiça, que protege o núcleo sagrado dos interesses humanos mais vitais dos danos causados por incursões de compulsão e controlo. No capítulo 3, dedicado à moralidade, debrucei-me sobre a estrutura da filosofia moral de Mill, apresentando os alicerces da Arte da Vida. Nele defendi que a estrutura da teoria de Mill tem influência significativa na liberdade. O princípio da liberdade é um princípio de justiça, com o mandato expresso de garantir alguns dos interesses mais vitais, consignados como direitos que ocupam o lugar central no núcleo sagrado da teoria. O princípio da liberdade assinala a fronteira e limite legítimos da coerção social e política sobre as pessoas. Tal coerção só é permitida em casos de dano para outros, sendo este encarado na forma de violações dos direitos ou de deveres significativos relativos aos outros (fundados nos interesses vitais). Esse princípio não pode ser alvo de concessões nem ignorado apenas para assegurar pequenos ganhos de felicidade para os outros, mesmo que se trate de muitas pessoas. Este tipo de concessão é posto de parte pela estrutura da teoria de Mill. A liberdade é considerada um dos interesses humanos mais vitais e os direitos e princípios de justiça são os seus protectores designados. Mill afirma:

> «As regras morais que proíbem os seres humanos de fazer mal uns aos outros (nas quais nunca devemos esquecer-nos de incluir a interferência incorrecta na liberdade uns dos outros) são mais vitais para o bem-estar humano (...). Assim, as regras morais que protegem cada indivíduo de ser prejudicado pelos outros (...) mediante o impedimento da prossecução do seu próprio bem, são simultaneamente as que ele próprio considera fundamentais, e aquelas que tem o mais forte interesse em divulgar e impor por palavras e actos.» (*Utilitarismo*, pp. 122 -3 / CW 10:255-6)

Assim sendo, a zona da liberdade é inviolável, excepto nos casos em que um direito concorrente ou uma obrigação especialmente relevante relativa aos outros esteja em causa. O princípio da liberdade assinala o território no seio do qual a compulsão não é legítima.

No capítulo 3 examinei os argumentos gerais para limitar as intromissões no território da moralidade envolvendo coerção. Em *Sobre a Liberdade* a justificação utilitarista geral de Mill sobre a importância dos interesses na liberdade e autonomia tem seguimento no capítulo 2, «Sobre a liberdade de pensamento e discussão», e no capítulo 3, «Sobre a individualidade como um dos elementos do bem-estar». Nestes capítulos, Mill explica e defende detidamente o seu postulado de que a liberdade, nas suas muitas formas, é uma componente central e uma condição prévia do bem-estar humano, merecendo, por isso, protecção enquanto interesse vital do tipo daqueles em que os direitos se fundam. O direito ao livre desenvolvimento pessoal, e em especial os direitos à individualidade e autonomia, recebem atenção especial. O seu empenho na defesa da autonomia, da individualidade e, de forma mais geral, do desenvolvimento pessoal, contam-se, seguramente, entre as características mais familiares da sua filosofia moral e política. Uma vez que todos os membros da sociedade têm direito ao livre desenvolvimento pessoal, e são prejudicados se lhes forem negadas oportunidades de desenvolvimento para levar uma vida própria e não imposta por outros, a defesa destas formas de liberdade está na raiz da sua filosofia moral e política.

Liberdade de pensamento e de expressão

O eloquente tributo de Mill à liberdade de pensamento e de expressão no capítulo 2 de *Sobre a Liberdade* constitui leitura obrigatória do cânone liberal. A liberdade de pensamento e expressão é uma pedra angular do liberalismo. A liberdade é multifacetada e este valor central desempenha um papel com várias dimensões na filosofia de Mill. O princípio da liberdade desempenha um papel estrutural na sua teoria, assinalando algumas das fronteiras da teoria da justiça. A autonomia e a individualidade são virtudes e excelências humanas centrais. E são elementos-chave e condições prévias do bem-estar. A liberdade é indispensável para procurar e encontrar a verdade. As pessoas que aspiram a defender e seguir a liberdade de pensamento estão no caminho do desenvolvimento intelectual. O empenho no espírito da investigação livre e o compromisso com o espírito inquisitivo constituem, segundo Mill, o fulcro e a força motriz do progresso e da melhoria em todos os assuntos humanos.

A defesa de Mill da liberdade de pensamento e de expressão pondera o seu valor em diversos cenários. O seu argumento em favor da liberdade de pensamento tem duas ramificações principais. Defende dois postulados fundamentais, que «nunca podemos ter a certeza de que a opinião que procuramos amordaçar seja falsa; e, mesmo que tivéssemos, amordaçá-la seria, ainda assim, um mal» (*Sobre a Liberdade*, p. 51 / CW 18:229). Abertura de espírito, tolerância e consideração pelos méritos das várias facetas («*many-sidedness*») dos casos em questões polémicas, bem como paciência e empatia com os opositores, são todas elas atitudes leais para cultivar as virtudes da razão e do intelecto. Abertura de espírito e capacidade de ser razoável a aceitar a diversidade de opiniões são sinais da atitude liberal. Esta atitude liberal combina o empenho apaixonado e o espírito de investigação com a paciência, com a aceitação do debate e, até, com o gosto por este. O próprio Mill encarnou estas atitudes liberais, e o trabalho da sua vida pode ser encarado como uma batalha sem quartel contra o dogmatismo e o despotismo nas suas múltiplas formas. O seu ataque ao «despotismo dos hábitos» enquanto inimigo da liberdade e do progresso é parte de uma batalha sistemática contra o despotismo em geral (*Sobre a Liberdade*, p. 125 / CW 18:272). O dogmatismo tenta desacreditar ou silenciar os opositores e é inimigo da liberdade de pensamento. Igualmente inquietantes são os danos resultantes da repressão da livre investigação e discussão. Isto está relacionado com o dogmatismo, a intolerância e até, em casos extremos, com o ódio aos opositores. Anula ou retarda o progresso e o aperfeiçoamento. As excelências individuais não se acumulam, segundo Mill, produzindo, ao invés, benefícios que se filtram para toda a sociedade. Nas palavras de Mill, «o mal particular em silenciar a expressão de uma opinião é que constitui um roubo à humanidade» (*Sobre a Liberdade*, p. 51 / CW 18:229)

O primeiro ramo do seu argumento debruça-se sobre o cenário no qual a sociedade tenta suprimir uma perspectiva que é efectivamente verdadeira. Mill é um falibilista. Defende que os seres humanos são criaturas falíveis, propensas a errar nos seus juízos. Como referiu John Skorupski, Mill «assume a atitude falibilista segundo a qual *todas* as coisas que pensamos saber, por mais seguras que se nos afigurem, podem revelar-se, afinal, erradas no decurso das nossas investigações» (Skorupski 2006, 8). Qualquer juízo ou opinião que defendamos, por mais seguros que possamos estar da sua verdade, pode, ainda assim, ser falso. Precisamos, por isso, de estar de sobreaviso quanto à nossa falibilidade e, estando conscientes dela, devemos tomar precauções. Devemos permitir a discussão mais completa, livre e aberta de todas as questões, especialmente das mais controversas, para assegurar que, caso a tese controversa seja, de facto, verdadeira, a sociedade não se veja privada dos frutos do conhecimento da verdade. Alguns dos mais reputados sábios e pensadores das suas épocas estavam enganados quanto às suas estimadas convicções. A infalibilidade é uma característica tão pouco própria das épocas e das culturas quanto dos indivíduos. Assim sendo, ele prevê que muitas perspectivas aceites de forma generalizada no seu tempo serão rejeitadas no futuro. A convicção da época de Mill de que o casamento é para a vida inteira e que o divórcio está moralmente errado, mesmo em casos de extrema infelicidade e de violência doméstica, é agora considerada, no mínimo, dúbia.

Quando a acção é necessária os benefícios da busca da liberdade não o são menos. Pelo contrário, afirma Mill, «a própria condição que nos dá justificação para presumir a verdade da nossa opinião para efeitos de acção é uma liberdade completa para a contradizer e provar a sua falsidade» (*Sobre a Liberdade*, p. 55 / / CW 18:231). O sinal distintivo de uma pessoa razoável consiste na sua capacidade para reconhecer e corrigir os erros. Os seres humanos podem ser falíveis mas os erros são passíveis de correcção. A experiência, a discussão livre e a argumentação tendem a trazer os erros à tona, a expô-los à luz do dia. O juízo de um sábio merece confiança e assume autoridade somente se essas condições forem respeitadas. «O hábito constante de corrigir e completar a sua opinião, cotejando-a com as opiniões dos outros, está longe de lhe causar dúvida e hesitação quando o põe em prática, constituindo, ao invés, a única fundação estável para uma confiança justificada nela» (*Sobre a Liberdade*, p. 56 / CW 18:232).

As pessoas razoáveis convidam abertamente os outros para debaterem e porem em causa os seus juízos, para argumentarem com eles. Reconhecendo a sua falibilidade, buscam uma confiança razoável nas próprias opiniões, assegurando-se que as suas convicções estão abertas a um repto e debate directos. Ao remover assim as restrições as dúvidas face à suas convicções acabam por atingir a confiança possível num mundo complexo de pessoas falíveis e perspectivas diversas. Sócrates e Cristo ocuparam ambos, nas suas épocas, a margem errada das opiniões populares e foram condenados pelas autoridades por exprimir perspectivas consideradas ímpias e blasfemas, embora ambos tivessem atingido o cume da sabedoria e da virtude. Mill sublinha que o prejuízo causado pela supressão das perspectivas menos ortodoxas não recai apenas sobre os heréticos. Pelo contrário, «o maior mal é feito aos que não são hereges, e cujo inteiro desenvolvimento mental é limitado, e a sua razão intimidada, por medo de heresia» (*Sobre a Liberdade*, p. 74 / CW 18:242).

Mill avança agora para a segunda parte do argumento em defesa da liberdade, traçando o cenário no qual a opinião ortodoxa ou popular é verdadeira. O cerne do seu argumento é que, mesmo no caso de uma opinião verdadeira, «se não for frequentemente discutida por inteiro e sem medo, será mantida como um dogma morto e não como uma verdade viva» (*Sobre a Liberdade*, p. 76 / CW 18:243). Os estudantes de filosofia sabem muito bem que escrever um ensaio filosófico no qual apenas um lado do argumento é defendido merece fraca nota. Uma característica que distingue aqueles que defendem crenças verdadeiras de forma razoável dos que as defendem de forma preconceituosa ou dogmática é a forma como compreendem e respondem de forma completa, ou não, às objecções e perspectivas opostas. Conhecer a verdade, ater-se a ela de forma racional e desenvolver o intelecto, requer que os motivos e as objecções a estas crenças sejam amigos igualmente familiares. Isto leva-nos a recordar as condições referidas por Mill em *Utilitarismo* para se poder ser um juiz competente do valor. A diferença entre a sabedoria de Sócrates e a falta dela nos insensatos consiste em que estes «apenas conhecem o seu lado da questão» (*Utilitarismo*, p. 54 / CW 10:212). Em *Sobre a Liberdade* complementa este ponto declarando que «aquele que conhece apenas o seu lado da questão, sabe pouco acerca do seu lado» (*Sobre a Liberdade*, p. 79 / CW 18:245). Em matérias de tal importância a sociedade devia, pois, agradecer àqueles que estão dispostos a defender opiniões minoritárias e agradecer aos advogados do diabo pelos serviços que prestam ao debate público sempre que fornecem os argumentos mais fortes em defesa de concepções impopulares quando nenhum apoiante dessas concepções se apresenta para as defender.

A vitalidade das convicções depende de estas serem sujeitas a um escrutínio e um questionamento intensos. O questionamento é necessário para que a convicção «possa entrar nos sentimentos e conquistar um domínio efectivo sobre a conduta» (*Sobre a Liberdade*, p. 83 / CW 18:247). Nos casos em que isto não acontece essas crenças mortas são separadas dos sentimentos, imaginação e entendimento e deixam de ter o poder da convicção. A frase «o mercado de ideias» é utilizada por vezes para exprimir o modelo de Mill de debate público, que é destinado a fomentar a melhor oportunidade para a descoberta da verdade. O próprio Mill exalta os benefícios do diálogo socrático para desvendar quer o erro quer a crença dogmática. O seu contraponto é a diversidade de opiniões, defendidas por pessoas dispostas a argumentar e a bater-se por elas. A verdade mantida como dogma não tem poder para afectar o desenvolvimento de hábitos e carácter virtuosos mas é uma influência perturbadora na ferramenta intelectual.

Em cenários da vida real, afirma Mill, poucas crenças, mesmo as verdadeiras, constituem toda a verdade. Mill elogia a multiplicidade de perspectivas. As questões complexas possuem muitas facetas e as crenças minoritárias contêm amiúde uma parte da verdade ausente no ponto de vista mais comum. Em tais casos, «é apenas através do conflito de opiniões opostas que o resto da verdade tem alguma hipótese de vir ao de cima» (*Sobre a Liberdade*, pp. 100-1 / CW 18:258). Apesar da tendência do espírito humano para se ater a uma visão unilateral, «a verdade, nas grandes preocupações práticas da vida, é de tal modo uma questão de conciliar e combinar opostos, que muito poucos têm espíritos suficientemente amplos e imparciais para fazer uma rectificação que se aproxime da resposta certa» (*Sobre a Liberdade*, p. 94 / CW 18:254). A este respeito, o modelo do mercado de ideias é enganador, pois no mercado económico o mais forte vence a concorrência, mas Mill afirma que na esfera do debate público as concepções minoritárias deveriam ser encorajadas, a fim de permitir uma defesa justa de todas as perspectivas. A natureza multifacetada da verdade só pode emergir da reflexão e do debate fundados em hábitos de abertura de espírito.

Em resumo, existem duas linhas interligadas na defesa de Mill da liberdade de pensamento. A procura da verdade é uma missão importante da investigação aberta. Mas é igualmente importante o impacto do espírito de livre investigação no desenvolvimento mental, emocional e imaginativo. Se a procura de liberdade de expressão não penetrar as emoções e produzir convicção, fez apenas parte do trabalho. Mill defende que a liberdade está ligada aos «os interessas permanentes das pessoas enquanto seres em desenvolvimento», especialmente os interesses humanos vitais no desenvolvimento mental e moral (*Sobre a Liberdade*, p. 41 / CW:224). O desenvolvimento mental e moral assenta no desejo intenso, até mesmo apaixonado, de viver uma vida de reflexão. A ausência destes desejos impede o processo de desenvolvimento.

O desenvolvimento pessoal está ligado à liberdade. Mas Mill pensa que o progresso social está também claramente ligado a estas actividades. Noutras obras suas, nomeadamente em *A System of Logic*, manifesta esperança num progresso continuado da humanidade graças ao desenvolvimento mental de indivíduos notáveis e aos modelos que estabelecem para a sociedade. Nessa mesma obra defende que os principais elementos determinadores do progresso social são «a especulação, a actividade intelectual e a busca da verdade» (CW 8:926). As actividades de busca da verdade e de exercer as capacidades mentais estão completamente interligadas e reforçam-se mutuamente. Quando a sociedade reprime uma opinião minoritária, causa um duplo prejuízo ao cercear o desenvolvimento individual e social e ao pôr em causa as investigações conducentes à verdade.

Autonomia e individualidade

Estudar as bases para valorizar um ramo da liberdade – de pensamento e debate – é uma boa forma de começar a investigar a defesa da liberdade em geral. Mill enceta de seguida a defesa da liberdade de acção, e no centro desta encontram-se argumentos em favor do valor e dos benefícios da autonomia e da individualidade para a felicidade.

Autonomia e individualidade são componentes fulcrais da concepção de desenvolvimento pessoal de Mill. São, em seu entender, excelências interligadas. A individualidade implica desenvolver uma identidade que seja autêntica para a pessoa e a autonomia é claramente essencial para esse projecto. Ser autónomo é ser autodeterminado e livre da vontade dominadora dos outros. O despotismo e a opressão são os inimigos. Estar na posição de ter a vida determinada por outros e em situação de servilismo face à sua vontade significa ser governado por outros em vez de por si mesmo. A defesa que Mill faz da participação apoia-se nos resultados dessas actividades para desenvolver as virtudes. Em sentido oposto, afirma que ser excluído de participar nos processos de decisão e estar sujeito às ordens de outros relativamente a aspectos íntimos e cruciais da identidade corrói o espírito. Este despotismo assume muitas formas e pode ser directo ou indirecto. No livro *A Sujeição das Mulheres*, a preocupação imediata de Mill é com o modelo de ordem e obediência das relações maritais ao abrigo do qual maridos patriarcais e despóticos dominam as suas esposas. Em *Sobre a Liberdade* exprime preocupação com «o despotismo dos costumes» que actua com frequência de forma indirecta para desviar a individualidade e induzir um conformismo estupidificante (*Sobre a Liberdade*, p. 125 / *CW* 18:272). A conformidade mecânica ao que é habitual na sociedade é uma das principais vias para o cercear dessas excelências cruciais que são condições prévias da felicidade. A autonomia pode, é certo, conciliar-se inteiramente com a *influência* dos outros, especialmente com a das pessoas do nosso círculo íntimo, e ainda com o estabelecimento de diálogo e a abertura à persuasão por parte dos outros. Este processo é, como vimos, essencial ao espírito inquiridor da liberdade e à busca da verdade. Os agentes autónomos estão, em geral, profundamente imersos nas comunidades e em relação íntima com os outros. O que distingue o agente autónomo do agente determinado por outros é que o primeiro faz as suas escolhas na conclusão do diálogo – embora com a devida preocupação com o bem-estar de outros que sejam relevantes. Apesar de existirem diversas variedades de autonomia, Mill defende a autonomia liberal, que se organiza em torno de capacidades de autenticidade, reflexão, deliberação e autodeterminação. Os agentes autónomos escrutinam e reflectem sobre as suas opções, frequentemente em diálogo com outros. Este processo reflexivo leva-os a confirmar e escolher o seu plano de vida, a sua concepção do bem, os seus compromissos, as suas comunidades e, acima de tudo, o seu carácter. A autonomia e a individualidade são capacidades relacionadas e combinam-se para permitir às pessoas a construção de identidades fundadas em princípios. Estas vidas pessoais não são vidas isoladas, envolvendo geralmente inter-relações com outras pessoas – por livre escolha, não por imposição. E, uma vez que Mill espera diversidade nos planos de vida, uma vida de solidão livremente escolhida é uma das variedades das vidas boas.

A argumentação de Mill em defesa do valor da autonomia e da individualidade é, em parte, motivada pela sua apreensão perante a ameaça das forças poderosas do conformismo. As pessoas têm o profundo desejo de pertencer às suas famílias e comunidades e de estar em harmonia com elas. No entanto, há um lado sombrio nestas necessidades. Estes desejos louváveis de ligação e pertença podem ser manipulados por déspotas e opressores, de maneira que a autonomia e a individualidade são postas em risco com frequência. A autonomia e a individualidade saudáveis não entram em conflito com as formas autênticas de intimidade, pertença e identidade de grupo. As manifestações saudáveis de autonomia e individualidade, de pertença e ligação reforçam-se mutuamente. Mas há formas encobertas que mascaram a opressão e a tirania e são estas que Mill receia e combate. Os seus argumentos em favor da liberdade constituem uma defesa segura dos imensos benefícios desta, mas alertam também, de maneira determinada, para aquelas formas de pertença e de vida em comunidade que não são saudáveis. Elas actuam para diminuir a individualidade por meio de apelos manipulativos a formas questionáveis de ligação que corroem o bem-estar. O contexto cultural pode aumentar e apoiar a autonomia e a individualidade, ou pode ameaçá-las. Os argumentos de Mill em defesa da individualidade no seio da comunidade põem em destaque algumas questões prementes para o liberalismo, que trato de forma breve recorrendo ao exemplo da poligamia na sociedade mórmon do seu tempo.

A individualidade e a liberdade de acção seguem o guia definido pelo princípio da liberdade. A individualidade de cada membro da sociedade deve ser acarinhada e não sofrer entraves, desde que qualquer risco afecte apenas os próprios e a sua conduta não prejudique terceiros. O dano causado a terceiros é analisado como uma violação aos deveres para com os outros, especialmente os seus direitos, tal como determina a teoria da justiça. Ninguém pensa, afirma Mill, que as acções deveriam ter o mesmo grau de liberdade das opiniões. «Pelo contrário, até as opiniões perdem a sua imunidade quando as circunstâncias em que são expressas são tais que a sua expressão constitui efectivamente uma instigação a um acto danoso» (*Sobre a Liberdade*, p. 105 / CW 18:260). Se a liberdade de expressão se torna uma instigação efectiva, ou um incitamento, para fazer mal a outros perde o seu estatuto protegido. As opiniões expressas com a intenção de incitar uma multidão à violência, em vez de procurarem levá-la a exprimir os seus pensamentos e emoções de modo não violento, embora apaixonado, constituem exemplos de expressão livre que vai demasiado longe e se torna uma conduta danosa.

Os actos que causam dano a outros podem ser legitimamente restringidos e a sua liberdade limitada, mas os actos que não causam dano encontram-se na zona de protecção da liberdade. A diversidade de convicções tem paralelo na diversidade de estilos de vida; possuem ambos os objectivos comuns de aumentar a felicidade, o progresso humano e a busca da verdade. A individualidade requer mais que simples tolerância para poder desenvolver-se; merece e necessita de reconhecimento positivo. É fomentada pela vontade das pessoas de se empenharem em experiências de vida diversas. Mill afirma que «se se sentisse que o livre desenvolvimento da individualidade constituía um dos elementos principais do bem-estar; que não era apenas um elemento que pertencia à mesma categoria do que se designa pelos termos civilização, instrução, educação e cultura, mas que é, em si, uma parte e uma condição necessárias de todas essas coisas, não haveria qualquer perigo de subestimar a liberdade» (*Sobre a Liberdade*, p. 107 / CW 18:261). Mill tem especial consideração pelas qualidades de espontaneidade e actividade, uma vez que funcionam como antídoto do conformismo.

Mas, infelizmente, está longe de ser vencida a batalha para levar as pessoas a reconhecerem que a individualidade é, realmente, uma componente essencial da felicidade e do progresso. Se o seu valor fosse devidamente reconhecido não seria difícil discernir a fronteira legítima entre a individualidade e a zona de controlo social. Mas interpõem-se no caminho amplamente partilhadas atitudes alargadas de indiferença e de hostilidade face à individualidade. Esta, quando devidamente entendida, não entra em conflito com o saber acumulado da experiência humana. Mill tem o cuidado de dar a devida atenção às lições aprendidas com a experiência e a História. Mas as pessoas não deveriam ser condicionadas por essas experiências se elas já não servem os objectivos da felicidade, e especialmente se não estão em harmonia com o carácter e os sentimentos de determinada pessoa. A escolha autónoma deve ser exercida para fazer escolhas em favor do que está em harmonia com a natureza da pessoa, e não do que os outros desejam para nós. Os costumes podem ser óptimos para pessoas comuns, mas não servem de modelo a pessoas muito peculiares, criativas e até excêntricas. Até mesmo bons costumes que se harmonizam bem com o nosso carácter individual podem anquilosar-se e tornar-se dogmas mortos se não forem sujeitos a experiências e a questionamento. Se a individualidade não for reconhecida arriscamo-nos a criar uma cultura de autómatos e de macacos de imitação. Mill refere, com frequência, a distinção entre máquinas e coisas espontâneas, vivas e orgânicas. Os padrões de conduta robóticos, que seguem a moda apenas porque sim, podem ter um impacto estupidificante no carácter e degenerar no exacto oposto da virtude.

> «[Uma pessoa] conformar-se ao costume, meramente *enquanto* costume, não a educa ou desenvolve nela quaisquer das qualidades que constituem o dom natural típico de um ser humano. As faculdades humanas de percepção, juízo, discernimento, actividade mental, e até preferência moral, são usadas apenas quando se faz uma escolha. Aquele que faz algo porque é o costume, não faz qualquer escolha. Não ganha qualquer experiência, quer a discernir, quer desejando o que é melhor. Os poderes intelectuais e morais, tal como os musculares, só se desenvolvem quando são usados.» (*Sobre a Liberdade*, p. 109 / CW 18:262)

Por outras palavras, habituar-se às virtudes de autonomia e individualidade requer uso activo. Assim como não deveríamos fazer certas coisas simplesmente porque outros as fazem, não deveríamos acreditar só porque outros acreditam. Se deixamos os outros estabelecerem o nosso carácter e planos de vida comportamo-nos como macacos de imitação em vez de como agentes autodeterminados. A autonomia e a individualidade unem-se para criar uma vida nossa, que seja autêntica em relação ao nosso carácter e sentimentos. Podemos muito bem ser considerados os autores da nossa própria vida desde que isso seja entendido como um processo – um longo processo – de compromisso prévio com outras pessoas, no qual existam elementos dialogais e reflexivos. Trata-se de um processo individualizado, mas não isolado, de criação de si mesmo. Usamos e exercemos todas as nossas faculdades distintamente humanas quando determinamos, e depois autodeterminamos, os contornos da nossa vida. Se nos deixarmos guiar indevidamente pela autoridade de outros, então, mesmo que acabemos por chegar ao destino certo, isso será acidental. E acontecerá à custa do sacrifício da nossa dignidade e valor. As palavras fortes de Mill nestas poucas páginas de *Sobre a Liberdade* constituem um dos mais conhecidos passos da sua obra.

> «Quem deixa que o mundo, ou a sua parte do mundo, escolha o seu plano de vida por si, não necessita de qualquer outra faculdade além da faculdade simiesca de imitação. Quem escolhe o seu plano por si emprega todas as suas faculdades. Tem de usar a observação para ver, o raciocínio e o juízo para prever, a actividade para recolher materiais para a decisão, o discernimento para decidir, e, quando já decidiu, a firmeza e o autocontrolo para seguir a decisão tomada. (...) É possível que esteja bem encaminhada e se mantenha fora de perigo sem qualquer destas coisas. Mas qual será o seu valor comparativo enquanto ser humano? É realmente importante não apenas o que as pessoas fazem, mas também o tipo de pessoas que o fazem. Entre as obras do ser humano, que a vida humana se dedica justamente a aperfeiçoar e tornar belas, a mais importante é, seguramente, o próprio ser humano.» (*Sobre a Liberdade*, pp. 109-110 / CW 18: 262-3)

Mill é muito crítico para com aqueles que caracteriza como autómatos humanos. Podem levar a cabo as tarefas diárias habituais, mas são, apesar disso, espécimes esfomeados e mirrados, e não aquilo que podiam ser. Os autómatos e as máquinas não são modelos desejáveis. Este ponto aplica-se igualmente aos sentimentos, paixões e desejos. Paixões fortes indicam energia e as qualidades enérgicas são preferíveis à indolência passiva. Na verdade, Mill afirma que as pessoas que não possuem estas qualidades têm falta de carácter.

«Diz-se que uma pessoa cujos desejos e impulsos sejam seus – sejam a expressão da sua própria natureza, tal como foi modificada e desenvolvida pelo que ela própria cultiva – tem um carácter. Alguém cujos desejos e impulsos não são seus tem tanto carácter como uma máquina a vapor.» (*Sobre a Liberdade*, pp. 111-2 / CW 18:264)

Isto poderia adequadamente ser considerado a própria essência da individualidade. Faltando isto, não há verdadeiro carácter. «A natureza humana não é uma máquina para ser construída segundo um modelo, e para se pôr a fazer o trabalho que lhe é estabelecido, mas sim uma árvore que precisa de crescer e de se desenvolver em todos os aspectos, de acordo com a tendência das forças internas que fazem dela um ser vivo.» (*Sobre a Liberdade*, p. 110 / CW 18:263).

O ideal calvinista é um dos seus alvos favoritos e um dos principais espécimes de natureza humana atrofiada e reprimida. Aqueles que crêem num Ser supremo, afirma ele, deveriam ter fé em que este Ser deu às pessoas capacidades que deveriam ser cultivadas em vez de eliminadas. Ao rejeitar o ideal calvinista de negação de si e de abnegação, Mill dá o seu apoio ao ideal grego alternativo de desenvolvimento pessoal. Contrariamente às afirmações conformistas pouco sensatas, a beleza e nobreza humanas aperfeiçoam-se através do cultivo da individualidade, com o devido respeito pelos direitos dos outros.

O desenvolvimento pessoal determina que as escolhas de valor impostas de fora às pessoas, não escolhidas por elas para si mesmas, diminuem o valor de uma vida boa. Diferentes experiências de vida asseguram as condições diversas necessárias para promover o desenvolvimento em sociedades plurais. O que poderá ser um obstáculo, ou embaraço, para uma pessoa, pode revelar-se um benefício para outra. Para os aventureiros e empreendedores, o estímulo e excitação são incentivos para agir. Porém, aos olhos dos contemplativos dados à reflexão, surgem, muito provavelmente, como fontes de desordem mental e distracções que afastam das buscas meditativas. Os seres humanos são tão diferentes que, «a não ser que haja uma correspondente diversidade nos seus modos de vida, nem obtêm a sua justa parte de felicidade, nem atingem o estatuto intelectual, moral e estético de que a sua natureza é capaz» (*Sobre a Liberdade*, p. 122 / CW 18:270).

Resumindo, Mill afirma que a individualidade é uma componente essencial do desenvolvimento pessoal e condição para uma vida humana feliz. Esta é a primeira parte da sua argumentação em defesa da individualidade. O segundo ramo desta defesa louva os seus benefícios sociais. A individualidade e a diversidade não são aprimoradas à custa da sociabilidade, com a qual devem manter-se em contacto e equilíbrio. Pelo contrário, o desenvolvimento pessoal incorpora a compaixão e a sociabilidade e fortalece os laços humanos. Os benefícios expandem-se generosamente para os outros. «Quanto mais cada pessoa desenvolve a sua individualidade, tanto mais se torna valiosa para si própria, e pode por isso ser mais valiosa par os outros» (*Sobre a Liberdade*, p. 115 / CW 18:266). Mill tem o cuidado de declarar que não defende o egoísmo, pois este é, em seu entender, um caminho garantido para a infelicidade. «Tal como não há uma necessidade intrínseca de qualquer ser humano ser um egoísta egocêntrico, destituído de todos os sentimentos e interesses, excepto os centrados na sua própria e miserável individualidade.» (*Utilitarismo*, p. 60 / CW 10:216). Respeitar os direitos e as regras da justiça cultiva os sentimentos sociais. Porém, uma restrição em áreas que não envolvem os direitos dos outros «entorpecerá e neutralizará a natureza inteira» (*Sobre a Liberdade*, p. 116 / CW 18:266). Esmagar a individualidade de outra pessoa é um despotismo insidioso.

O segundo ramo do argumento é que as pessoas individualmente desenvolvidas são de grande valor para os seus semelhantes. A sua originalidade e criatividade abrem de par em par as variedades de crenças, atitudes e estilos de vida prevalecentes numa qualquer época, pois elas têm dificuldade em integrar-se na variedade relativamente pequena de opções favorecida na sua cultura. Na ausência destes modelos criativos e originais, a sociedade corre o risco de estagnar e perpetuar a mediocridade colectiva. Mill espera que algumas pessoas escolham livremente apoiar e experimentar os modelos fornecidos por esses exemplos de individualidade. Muitas pessoas podem «responder internamente a coisas sábias e nobres, e ser conduzidas a elas de olhos abertos» (*Sobre a Liberdade*, p. 120 / CW 18:269). A condição de estar com «os olhos abertos» é essencial, pois sem isto as pessoas continuariam a ser imitadores em vez de agentes autodeterminados. Segue-se muito rapidamente a clarificação, e a exigência, de que isto não se transforme numa adulação de heróis, pois qualquer pessoa que tentasse impor aos outros juízos sobre o bem tornar-se-ia, por isso, um déspota. «Tudo o que pode exigir é liberdade para indicar o caminho. O poder de obrigar os outros a segui-lo não só é inconsistente com a liberdade de desenvolvimento de todos os outros, como também corrompe a própria pessoa forte.» (*Sobre a Liberdade*, pág. 120 / CW 18:269). Numa época de grande conformismo, a excentricidade, um certo tipo de individualidade, é especialmente bem-vinda para anular os seus efeitos. Os excêntricos e as pessoas de originalidade invulgar podem sugerir actividades de maior valor, ou formas de viver que criem um efeito em cadeia e se tornem mais geralmente aceites numa cultura. O vegetarianismo, por exemplo, era considerado um hábito de excêntricos, mas hoje já é praticamente um regime alimentar para a maioria das pessoas. Chamar a alguém «granola lover» ([9]) já não é um insulto. Pelo contrário, é um elogio ao gosto por uma vida saudável. O movimento de divulgação dos alimentos orgânicos criou, também, o gosto por estes produtos, de forma que hoje estes já podem ser encontrados, não só em lojas de produtos dietéticos, mas também nos supermercados comuns, onde ocupam cada vez mais espaço. Portanto, o valor da individualidade não beneficia apenas os excêntricos e os originais, sendo os seus efeitos em cadeia experimentados de forma alargada.

O argumento de Mill a favor da liberdade de expressão sublinha que a diversidade de opinião encoraja o progresso e o aperfeiçoamento. A diversidade de estilos de vida serve precisamente o mesmo objectivo, e a conformidade com os costumes, tal como a conformidade de opinião, impede igualmente o aperfeiçoamento nas questões humanas. O progresso decai quando a individualidade deixa de ser uma força motriz na sociedade. As ameaças são as mesmas que enfrenta a liberdade de expressão: a intolerância e o desejo de obrigar os outros a ser e a viver como os demais. Trata-se da tendência para nos transformar em moralistas profissionais, para expandir o lugar adequado das regras de conduta de forma a abarcar coisas encaradas, com razão, como estilos de vida ou esco-

---

([9]) À letra «amante de cereais». (*N. T.*)

lhas de modos de vida. Combater os excessos dos moralistas profissionais é um dos projectos mais acarinhados por Mill.

O impulso para ser um indivíduo diferente é uma motivação poderosa, até mesmo para gémeos ou trigémeos. Elisabeth Kübler-Ross, por exemplo, nasceu na Suíça como trigémea, mas a sua tendência para a individualidade levou-a a tornar-se uma pioneira na investigação da morte e do morrer. O seu sonho e projecto de infância era ser médica. O pai tinha outros planos para o seu futuro e pressionou-a a trabalhar no seu escritório até descobrir um marido conveniente e tornar-se esposa e mãe (Kübler-Ross 1997, p. 22) A muito custo e com grande esforço, recusou os planos do pai e lutou por uma vida delineada por si mesma. Ela própria descreve a sua invulgar história de vida.

> «Nunca poderia ter previsto, nem mesmo nos meus sonhos mais delirantes – e eles eram bem delirantes – que um dia viria a ser a famosa autora de *On Death and Dying*, um livro cuja exploração da última fronteira da vida me tornou o centro de uma controvérsia médica e teológica. Nem poderia ter imaginado que depois disso passaria o resto da vida a explicar que a morte não existe.» (Kübler-Ross 1997, p.15)

Ela é, sem dúvida, uma verdadeira original. A sua investigação pioneira e o seu trabalho clínico sobre o processo da morte ajudaram a destruir as atitudes culturais perante a morte que eram causa de sofrimento desnecessário e de indignidade para muitos doentes terminais. As atitudes prevalecentes ditavam a negação da morte, e os doentes terminais eram muitas vezes impedidos até mesmo de falar sobre a sua morte iminente, pois considerava-se preferível não lhes contar a verdade sobre o seu prognóstico. Kübler-Ross realizou investigações sobre o processo da morte que a levaram a fundar «Hospice Movement». O seu activismo contribuiu para uma transformação radical na atitude perante os doentes terminais e o seu tratamento, de tal forma que hoje em dia é considerado pouco ético negar-lhes a dignidade de falarem com outras pessoas sobre o seu estado de saúde. Kübler-Ross é um excelente exemplo em apoio do argumento de Mill segundo o qual encorajar a individualidade permite a emergência de «melhores modos de acção, e costumes mais dignos de adopção» (*Sobre a*

Liberdade, p.121 / CW 18:270). Ela é o exemplo de alguém que desenvolve a sua individualidade, resultando daí grandes benefícios sociais, a abertura de novos caminhos à sociedade e o desvanecer de práticas culturais ultrapassadas que deixaram de servir para promover a felicidade.

Autonomia, individualidade e comunidade: O caso da poligamia mórmon

As virtudes da individualidade e da autonomia, o direito a estas e a uma identidade autêntica, bem como a uma vida que seja nossa são essenciais à vida boa. O princípio de liberdade é um princípio de justiça, garantindo, na filosofia de Mill, estes direitos básicos. Ele defende com eloquência os princípios liberais fundamentais de liberdade de pensamento e debate, e a individualidade e a autonomia. A sua teoria é holística, e as excelências de individualidade e autonomia são contrabalançadas pelas de compaixão, cooperação e espírito comunitário. A estrutura da teoria define alguns limites claros às intromissões no domínio da liberdade. Mas noutros casos, especialmente nos extremos, a estrutura fornece, ao invés, um modelo para a deliberação. As coisas mudam no decorrer do tempo, e essas mudanças, que se espera sejam melhorias progressivas, trazem consigo novos dilemas e enigmas e novas formas de escrutinar as questões. O equilíbrio entre individualidade e autonomia, e os valores de cultura, comunidade e pertença, podem chocar uns com os outros e criar tensão ou até, por vezes, conflito extremo. O próprio Mill dá exemplos de aplicação da teoria nos derradeiros capítulos de *Sobre a Liberdade*, na sequência em que traça o princípio da liberdade e defende algumas das suas formas fulcrais de liberdade de pensamento e individualidade. Um desses exemplos constitui ponto de partida muito útil para explorar alguns dos dilemas e tensões criados pela necessidade de equilibrar a individualidade com a pertença à comunidade.

No capítulo 4 de *Sobre a Liberdade*, Mill analisa o caso dos casamentos polígamos nas comunidades mórmones do seu tempo. Recorre a este exemplo para testar os limites de aplicação do princípio de liberdade. Na época de Mill a comunidade mórmon tinha-se mudado para a então muito distante região do Utah. Mill afirma que essa remota comunidade mórmon era alvo de perseguições. Algumas pessoas defendiam mesmo o envio de uma expedição britânica ao Utah para pôr fim, pela força, a essa prática marital.

Após a defesa determinada que Mill faz da individualidade e da autonomia, os seus comentários sobre a poligamia na comunidade mórmon afiguram-se algo surpreendentes. Tendo como pano de fundo os seus argumentos anteriores sobre o valor fundamental da autonomia e da individualidade para cada pessoa, e sobre os perigos do conformismo como resposta à pressão, a pergunta a fazer é: em que circunstâncias se poderia considerar que as mulheres desta comunidade manifestam individualidade e autonomia nas suas escolhas maritais? A escolha-padrão nesta comunidade é o casamento polígamo, no qual cada mulher é uma entre várias esposas. O cenário inverso, no qual um homem é um entre vários maridos, não tem lugar.

Mill afirma que «ninguém desaprova mais profundamente este costume mórmon do que eu» (*Sobre a Liberdade*, p. 157 / CW 18:290). Afirma, apesar disso, que a conduta das mulheres ao envolverem-se na poligamia é «voluntária». Paralelamente, admite que a instituição não está de acordo com o princípio da liberdade, pois «longe de ser aprovado pelo princípio da liberdade, constitui uma infracção directa a esse princípio – acorrenta meramente uma metade da comunidade e liberta a outra metade da reciprocidade de obrigação para com essa metade» (*Sobre a Liberdade*, p. 157 / CW 18:290). Não obstante, afirma, este tipo de união marital é tão voluntário como outras formas de casamento. Nesta comunidade, as únicas opções para as mulheres é ser uma de várias esposas ou permanecer solteiras. Uma vez que o grupo se mudou para um lugar afastado, Mill afirma que ao tentarem impedi-los de viver segundo o seu sistema diferente de casamento as pessoas de fora estariam a comportar-se de forma tirânica. As condições são que eles [mórmones] não ataquem outras comunidades e concedam aos dissidentes o direito de abandonarem a comunidade.

Mill afasta-se dos seus anteriores argumentos em *Sobre a Liberdade* e defende os direitos comunais do grupo, abandonando simultaneamente os direitos substantivos dos seus membros enquanto indivíduos. Olha-os através das lentes de um estranho, mantendo-os à distância, e perde de vista o óbvio – que este grupo é composto de indivíduos, não sendo uma massa homogénea. O argumento crucial de Mill em *Sobre a Liberdade* é que o mandato do direito à liberdade de desenvolvimento pessoal consiste em defender o direito de cada pessoa à autonomia e à individualidade dentro da sua sociedade, a fim de poder viver a sua vida segundo a sua maneira de ser. Em qualquer cultura, alguns dos seus membros sentir-se-ão satisfeitos, após reflexão, por apoiar os valores e tradições dominantes da comunidade. Mas o mandato da liberdade é defender os direitos de todos os membros, incluindo dissidentes e rebeldes. Seja como for, em comunidades religiosas fechadas, as mulheres dissidentes enfrentam a força do poder comunitário, expressa, por vezes, pela violência e os maus tratos. Embora em *A Sujeição das Mulheres* Mill enfatize que a submissão das mulheres no casamento é, amiúde, resultado de coerção, inclusivamente coerção violenta, não leva este problema a sério quando dá o exemplo da poligamia.

Adoptando o ponto de vista privilegiado de alguém que pertence à sua própria cultura, Mill percebe, correctamente, que a diversidade, o pluralismo de planos de vida, e até a excentricidade, são resultados naturais da individualidade e da autonomia. Conclui que os resultados uniformes são suspeitos e resultam muito provavelmente da capitulação às pressões da conformidade. Este é um aspecto destacado dos seus argumentos em defesa da individualidade. Contudo, não questiona suficientemente a estranha e inquietante aceitação, supostamente «voluntária», da poligamia por parte das mulheres e raparigas da comunidade mórmon. Encara o grupo de forma estereotipada, aceitando com demasiada facilidade que as suas escolhas são todas semelhantes. Ataca a sua própria sociedade por usar o despotismo para produzir conformidade. Mas o padrão do casamento mórmon, que todos os indícios revelam ser resultado de uma forma bem mais flagrante de despotismo, afigura-se-lhe como precisando ser protegido das perseguições dos liberais. Ele afirma que esta escolha marital é tão voluntária quanto a instituição do casamento heterossexual da sua própria sociedade. Esta afirmação era claramente falsa já na época de Mill e é, com toda a certeza, falsa nos nossos dias. As lentes distorcidas pelo estereótipo através das quais ele observa as coisas levam-no à esperada conclusão de que os mórmones fazem todos as mesmas escolhas «voluntárias» no casamento. Uma observação a partir do interior da comunidade, mostrando as pessoas claramente como indivíduos, poderia permitir uma percepção diferente. Mill revela falta de compreensão e empatia para com as mulheres e raparigas vulneráveis e impotentes que são coagidas a constituir uniões polígamas. Trata-se de um erro de avaliação da sua parte. Mas é um erro instrutivo, e serve o propósito útil de ilustrar como a sua teoria liberal possui intuições esclarecedoras capazes de corrigir o erro.

Os direitos liberais à autodeterminação defendem o direito de avaliarmos o significado das nossas próprias experiências e alcançarmos as nossas próprias decisões sobre aquilo que vale a pena levar a cabo. As pessoas, na concepção de Mill, reconhecem a sua falibilidade e a necessidade de experimentar e fazer investigações para ratificar as suas actuais perspectivas sobre a vida boa, ou para as alterar quando se revelam erróneas. Este processo de reflexão sobre o bem tem condições prévias. Os direitos à autonomia e individualidade são socialmente garantidos. Necessitamos de uma oportunidade para sermos confrontados com e nos empenharmos num conjunto de opções relativas à vida boa, em todos os aspectos a ela relativos, incluindo, especialmente, os aspectos da organização educativa, ocupacional e marital. Precisamos, por outras palavras, de estar numa posição tal que nos permita ter consciência das várias perspectivas sobre a vida boa enquanto opções de vida, e não enquanto fantasias distantes, e necessitamos de ter as condições sociais para amadurecer as capacidades intelectuais e imaginativas requeridas para considerar de forma crítica e cuidadosa as opções disponíveis. Apesar de a nossa sociedade e cultura fornecerem geralmente as condições para este tipo de deliberação e imaginação, o conformismo muito temido por Mill acontece em casos nos quais a comunidade tenta impor uma determinada concepção do bom (casamento) e, de caminho, coarcta os interesses vitais que estão em jogo. A posição liberal é que «os indivíduos são considerados livres de questionarem a sua participação nas práticas sociais existentes e de as abandonarem caso essas práticas deixem de lhes parecer dignas de levar por diante» (Kymlicka 2002, p. 221). A autonomia significa, neste contexto, que as pessoas são livres de questionar e apoiar, ou de rever e rejeitar, concepções do bem, inclusivamente componentes particulares do mesmo, caso das práticas maritais, educativas e ocupacionais. Este questionamento é parte integrante da autonomia saudável que não mina a pertença e a interligação com os outros. O resultado disto é que as pessoas estão em posição de escolher relações e afinidades a partir de uma perspectiva de convicção e consciência, e essas escolhas tendem a ser duradouras.

Mill reconhece o papel da cultura e da comunidade no providenciar do contexto para as escolhas de vida. Contudo, a sua perspectiva preferida sobre a comunidade é aquela na qual ela fomenta e apoia os excêntricos e verdadeiros originais, que rejeitam o conjunto dominante de escolhas oferecido pela sua sociedade e forçam as fronteiras e horizontes da escolha, para revelarem novas formas de vida por meio das suas experiências vitais. A abordagem que faz das práticas tradicionais da comunidade mórmon está em desacordo com estes compromissos expressos. Enquadra-se no cenário que ele teme e combate de uma «compressão prejudicial» dos «poucos moldes que a sociedade providencia de modo a poupar aos seus membros o esforço de formarem o seu próprio carácter» (*Sobre a Liberdade*, p. 118 / CW 18:267-8).

O liberalismo de Mill não subscreve o atomismo, estando os indivíduos, em seu entender, embrenhados na comunidade. Porém, para os liberais, o delicado equilíbrio entre individualidade e interligação deve ser abordado com a consciência dos perigos, quando esse equilíbrio pende contra os membros não conformistas. A autonomia pode ser vítima das expectativas da família e da comunidade sobre as escolhas maritais e ocupacionais dos seus filhos. Se estas forem contrárias às tendências das expectativas arreigadas da comunidade podem ser vistas como traições, resultando daí consequências dolorosas. A coerção é usada frequentemente com a justificação de preservar as práticas culturais tradicionais. Isto vai frontalmente contra o argumento de Mill de que preservar a tradição pela tradição não justifica o cercear da individualidade dos não conformistas. A coerção para casar dentro da comunidade é usualmente apresentada como um meio de preservar as formas tradicionais ou as práticas culturais que criam laços entre as pessoas. O resultado é uma capitulação e permitir que outros determinem o nosso destino e assumam o controlo de decisões de vida da maior importância. Em tais casos, existe o risco de confrontos entre individualidade e autonomia, de um lado, e tradição e comunidade, do outro. O liberalismo de Mill estabelece limites bem definidos ao poder concedido à comunidade sobre os planos de vida individuais.

As reflexões de Mill sobre a poligamia, embora criem uma tensão incómoda com o fulcro dos seus argumentos sobre individualidade e autonomia, não põem a descoberto um problema com a sua teoria. Considero que o caso manifesta, antes, a importância de separar os princípios básicos e a arquitectura da sua teoria dos exemplos que utiliza para ilustrar essa filosofia. Os exemplos estão muitas vezes datados e não podem facilmente aplicar-se hoje em dia. Mesmo quando se trata de exemplos correntes – como nos casos de violência contra as mulheres – é, apesar de tudo, um erro dar-lhes demasiada importância. No caso deste exemplo específico, o que fica a descoberto é, em minha opinião, a fraqueza de Mill na aplicação da teoria e não uma fraqueza da própria teoria. Ao olhar todo um grupo social e religioso pelas lentes do estereótipo, Mill revela uma falha de compreensão e imaginação empática ao não ver os indivíduos distintos que constituem o grupo.

Os principais argumentos e princípios de *Sobre a Liberdade* constituem a resposta a este exemplo. Mill corrige, assim, o seu próprio erro. No capítulo 5 dessa obra critica severamente o excesso de controlo parental sobre os filhos. Defende que os direitos das crianças deveriam ser protegidos pelo Estado quando os pais não cumprem a obrigação de os educar. O tipo de educação requerida por estes compromissos é uma educação liberal. Abordo em mais pormenor a filosofia da educação de Mill no capítulo 5.

A Sujeição das Mulheres apresenta uma explicação muito clara da distinção fundamental entre liberdade (individualidade e autonomia), por um lado, e poder sobre os outros, por outro. O poder sobre os outros alimenta o despotismo e as perversões que acarreta. A distinção entre liberdade e poder percorre todo o seu sistema filosófico, fornecendo os meios para promover as liberdades liberais e condenar o poder opressivo sobre os outros. *Sobre a Liberdade* utiliza esta distinção entre liberdade e poder despótico para atacar a tirania dos maridos sobre as mulheres e os filhos. O Estado deve respeitar a liberdade de cada indivíduo na esfera do que lhe diz respeito. Deve igualmente «manter um controlo vigilante sobre o exercício de qualquer poder que permita que uma pessoa tenha poder sobre outras» (*Sobre a Liberdade*, p. 174 / CW 18:301). A família deveria ser uma esfera de amizade e igualdade entre esposos. Mas é, em vez disso, uma zona de despotismo dos maridos sobre as mulheres. O Estado falha de forma lamentável o cumprimento dos seus deveres de proteger os direitos dos filhos. Estes sofrem, igualmente, o controlo patriarcal dos pais. As crianças têm o direito essencial a uma educação, que deve incluir o direito a serem educadas nas capacidades de desenvolvimento pessoal, incluindo, de forma destacada, as capacidades de autonomia e individualidade. «Não é quase um axioma por si só evidente que o Estado deva impor uma escolaridade mínima obrigatória a todos os seus cidadãos? (*Sobre a Liberdade*, pp. 174-175 / CW 18:301). Os pais têm o dever claro de educar os seus filhos e é um «crime moral» não providenciar educação, bem como outras condições essenciais de bem-estar. O Estado deveria impor a obediência quando os pais não cumprem as suas obrigações para com os filhos. O Estado tem, ademais, o claro dever de assegurar que todos os seus membros são educados correctamente.

A filosofia da educação de Mill compromete-o com a proposta de uma educação de tipo liberal, capaz de conceder aos adultos as capacidades para funcionarem como indivíduos autónomos integrados na comunidade. Estas capacidades devem ser estimuladas na infância a fim de estarem suficientemente desenvolvidas no momento em que as crianças atingem a idade adulta. As capacidades não emergem simplesmente por si mesmas. Isto significa que as crianças têm o direito a ser autónomas na idade adulta (Feinberg 1983). Se a sua educação infantil estiver organizada de tal forma que alguns futuros possíveis sejam eliminados como perspectivas de vida na idade adulta, então os seus direitos foram violados. A filosofia da educação de Mill está delineada de forma que os pais não possam determinar as vidas futuras dos filhos. A extensão das expectativas legítimas dos pais está limitada ao domínio da esperança. Estes podem apenas esperar que os filhos escolham voluntariamente seguir as tradições da comunidade quando atingirem a maturidade. A filosofia da educação de Mill e os seus poderosos argumentos em favor da individualidade e da liberdade de pensamento e de expressão conduzem de forma inexorável a esse resultado.

Os liberais contemporâneos também se debatem com o delicado equilíbrio entre individualidade e comunidade. Nas palavras de Will Kymlicka, os que defendem as formas de cultura tradicionais temem as liberdades liberais.

«Receiam que se os seus membros estiverem informados sobre outras maneiras de viver, e receberem as capacidades cognitivas e emocionais para entendê-las e avaliá-las, muitos deles escolham rejeitar a maneira de viver que herdaram, pondo dessa forma o grupo em causa. Para prevenir isto, os grupos fundamentalistas ou isolacionistas procuram, habitualmente, criar e educar os seus filhos de maneira a minimizar as oportunidades de as crianças desenvolverem e exercerem a capacidade de ponderação racional (...). O seu objectivo é garantir que os membros da comunidade estão, de facto, 'integrados' no grupo, incapazes de pensar em deixá-lo ou de triunfar longe dele.» (Kymlicka 2002, p. 228)

A comunidade mórmon do exemplo de Mill encaixa neste modelo. A forma como discute o exemplo não se coaduna com os seus compromissos centrais, que não permitem aos pais e às comunidades banir os direitos das gerações mais novas, ou das gerações posteriores, a terem futuros em aberto. A filosofia de Mill requer que os adultos possam ter alguma capacidade de se distanciar das normas habituais das suas comunidades, de forma a poderem escolher adoptá-las ou rejeitá-las. A sua filosofia não possui os meios para diferenciar entre sociedades neste aspecto. As suas reflexões sobre os factores que levam as sociedades a estagnar e a tornar-se estacionárias, em vez de progressivas, ilustra isto. Ele afirma, por exemplo, que a China é uma sociedade estacionária, embora os seus costumes tenham sido traçados há muito por «sábios e filósofos». Mas desde então, afirma ele, não mudaram nem progrediram. Mill alega que eles conseguiram «fazer um povo todo igual, em que todas as pessoas regem os seus pensamentos e conduta pelas mesmas máximas e regras» (*Sobre a Liberdade*, p. 128 / CW 18:273). Esta alegação aplica-se com igual lógica às regras maritais da comunidade mórmon, mas Mill não retira daí a conclusão adequada.

A argumentação de Mill concede muito espaço para o reconhecimento dos elementos dialógicos da construção da identidade e para o reconhecimento da importância das advertências e conselhos dos outros, permitindo ainda tomar em consideração a influência de pessoas relevantes. O argumento dá a devida atenção à sabedoria acumulada, em vez dos preconceitos, da tradição cultural. Mas não há alternativa à virtude liberal da capacidade de evitar que estas influências se tornem determinantes nas escolhas. O mote de Mill é «persuasão e não coerção». Quando as devidas condições educativas e sociais liberais estão asseguradas, é duvidoso que muitas mulheres escolham a poligamia. Estas condições educativas e sociais adequadas incluem a capacidade e liberdade de analisar cuidadosamente as alternativas familiares e maritais disponíveis para mulheres que são iguais e que têm amor-próprio. Não é provável que a poligamia sobreviva enquanto opção popular quando as crianças são educadas para a liberdade, porque a poligamia baseia-se em sanções, que vão do controlo e opressão, aos maus-tratos e violência contra mulheres jovens e raparigas da comunidade. A filosofia de Mill não permite apoiar práticas culturais tradicionais incapazes de sobreviver a um escrutínio crítico de todos os membros da comunidade, tanto os mais vulneráveis como os membros de grupos dominantes. Estas são as lições que Mill deveria retirar dos seus próprios princípios e compromissos filosóficos.

Sugestões de leitura

Appiah, Kwame Anthony, *The Ethics of Identity* (Princeton: Princeton University Press, 2005).

Baum, Bruce, *Rereading Power and Freedom in J.S. Mill* (Toronto: University of Toronto Press, 2000).

Baum, Bruce, «Millian Radical Democracy: Education for Freedom and Dilemmas of Liberal Equality», *Political Studies* 51 (2003), 404-28.

Berger, Fred, *Happiness, Justice, and Freedom: The Moral and Political Philosophy of John Stuart Mill* (Berkeley: University of California Press, 1984).

Gray, John, *Mill on Liberty: A Defence* (Londres: Routledge, 1983).

Hart, H.L.A., *Law, Liberty, and Morality* (Stanford: Stanford University Press, 1963).

Lyons, David, *Rights, Welfare, and Mill's Moral Theory* (Oxford: Clarendon Press, 1994).

O'Rourke, Kevin C., *John Stuart Mill and Freedom of Expression: The Genesis of a Theory* (Lanham, MD: Routledge, 2001).

Riley, Jonathan, *Mill on Liberty* (Londres: Routledge, 1998).

SKORUPSKI, John, *Why Read Mill Today?* (Londres. Routledge, 2006).
TEN, C. L., *Mill on Liberty* (Oxford: Oxford University Press, 1980).
TEN, C. L., ed. *Mill's «On Liberty»: A Critical Guide* (Cambridge: Cambridge University Press, 2009, no prelo).

Capítulo 5

FILOSOFIA DA EDUCAÇÃO

Educação: Desenvolvimento e Desenvolvimento Pessoal

A discussão forneceu até ao momento indicações fortes do significado da educação para o liberalismo e utilitarismo de Mill. Ele defende uma concepção de felicidade organizada em torno da noção de que o crescimento humano consiste no desenvolvimento e exercício de certas capacidades e virtudes. A concepção de felicidade está estreitamente ligada com os processos liberais de desenvolvimento e desenvolvimento pessoal. Trata-se de uma educação nas virtudes que são condições prévias de vidas valiosas e felizes. Os agentes desenvolvidos e individualmente desenvolvidos são essenciais na teoria. O método de Mill para medir o valor baseia-se nos juízos e preferências daqueles que passaram por um processo de desenvolvimento nas virtudes, considerados em posição de fazer distinções de valores sábias. No domínio privado, onde a conduta não viola deveres morais, a busca de virtudes espirituais e morais favorece o surgimento de oportunidades para levar uma vida que nos seja própria, que exprima a nossa individualidade. A educação dos agentes competentes aos quais Mill se refere em *Utilitarismo* como os mais bem colocados para fazer juízos de valor é precisamente essa educação liberal de desenvolvimento e desenvolvimento pessoal. Estes agentes individualmente desenvolvidos são chamados a fazer juízos razoáveis e sábios sobre várias questões. Por exemplo, o progresso moral e o melhoramento que Mill defende baseiam-se nos juízos de reformadores morais que trabalham para levar a mudança a certos campos da moralidade. O activismo de Mill em questões como o alargamento do direito de voto às mulheres e a reforma das leis do casamento pode ser examinado a esta luz. As suas actividades alargam-se também, naturalmente, ao domínio da Virtude de múltiplas formas, que vão muito para além dos requisitos morais e que constituem conduta meritória.

A filosofia da educação de John Stuart Mill constitui um modelo para o seu liberalismo, que se encontra enraizado na sua filosofia utilitarista e Arte de Viver. Vimos já como a teoria utilitarista da moralidade está fundada na «teoria da vida (...) que o prazer, e a ausência de dor, são as únicas coisas desejáveis como fins» (*Utilitarismo*, p. 51 / CW 10:210). A teoria de vida utilitarista é essencialmente uma teoria da vida boa, incluindo esta a vida moral como um dos seus compartimentos. No capítulo 2, na teoria do valor, defendi que Mill propõe uma forma sofisticada de hedonismo qualitativo, na qual as coisas desejáveis enquanto fins são certos tipos de estados mentais complexos e satisfatórios. O princípio de utilidade está relacionado com a promoção da utilidade «no sentido mais amplo, baseada nos interesses permanentes das pessoas enquanto seres em desenvolvimento» (*Sobre a Liberdade*, p. 41 / CW 18:224). Enquanto princípio do bem, governa a moralidade, mas serve de base, igualmente, a todo o conjunto das artes e ciências morais.

A filosofia da educação de Mill pode ser abordada de forma proveitosa mediante a exploração da sua afirmação, em *A System of Logic*, de que a educação é uma das mais importantes artes morais. No Livro VI de *Logic,* Mill explora as artes morais e as suas companheiras, as ciências morais. A sua filosofia da educação ajusta-se perfeitamente nesta estrutura das artes e ciências morais. O objectivo de uma arte moral é definir, ou estabelecer, os fins desejáveis, ou que promovem a utilidade, e que por isso devem ser visados. Cada arte moral está relacionada ou ligada com uma ciência moral que investiga o «curso da natureza» de molde a formular meios efectivos de fomentar os fins da arte. Mill explica isso da seguinte forma:

«A arte propõe-se atingir um fim, define-o e entrega-o à ciência. Esta recebe-o, avalia-o como um fenómeno ou efeito a estudar e, tendo investigado as suas causas e condições, reenvia-o à arte com um teorema relativo às combinações de circunstâncias mediante as quais pode ser obtido.» (CW 8:944)

A filosofia da educação de Mill pode ser mais bem compreendida neste contexto. A educação é uma das mais importantes artes morais e está emparelhada com a ciência moral correspondente, a etologia, ou seja, a ciência da formação do carácter. Mill dedica um capítulo inteiro de *A System of Logic* a uma exploração do lugar adequado da ciência da etologia neste esquema (CW 8:861-78). Vista a esta luz, é evidente que Mill concebe a educação de forma muito lata, enquanto arte da formação do carácter guiada pela ciência que lhe corresponde, a etologia. Como afirma em *Logic*,

«Existem leis universais da formação do carácter. E uma vez que é segundo essas leis, combinadas com os factos de cada caso particular, que todos os fenómenos da acção e sentimento humanos se produzem, é sobre elas que deve concentrar-se qualquer esforço racional para construir a ciência da natureza humana no concreto e para efeitos práticos.» (CW 8:864-5)

Se o objectivo da educação for interpretado de forma lata, enquanto socialização adequada, ou formação do carácter, para estimular o desenvolvimento de certos traços de carácter e desenvolver certas excelências humanas, então, os objectivos e princípios do liberalismo e utilitarismo são promovidos. Com as ferramentas da ciência social fornecidas pela investigação etológica, estas leis podem ser aplicadas de forma adequada para conseguir os fins desejados. Ele acrescenta: «quando as circunstâncias de um indivíduo ou de uma nação estão, de alguma forma, sob o nosso controlo, podemos, por meio do nosso conhecimento das tendências, ser capazes de moldar essas circunstâncias de uma maneira muito mais favorável para os fins que desejamos do que eles próprios fariam por si mesmos» (CW 8:869-70). Esses objectivos são educar e socializar pessoas autónomas dotadas de individualidade e cidadãos democráticos responsáveis. O objectivo não é, de todo, encorajar o desenvolvimento de formas mais específicas de personalidade, pois isto iria pôr em causa a autonomia e a individualidade. O propósito de educar para a liberdade e a autonomia é que o desenvolvimento destas excelências leve a resultados inesperados e diversificados. A sua concepção da educação é radicalmente democrática e igualitária, algo que se adequa ao seu liberalismo. Defende processos educativos dedicados não só a uma forma limitada de liberdade, mas à liberdade social, económica e política. A sua concepção de educação para a liberdade visa preparar as pessoas para a emancipação da opressão económica, política e marital.

O utilitarismo e liberalismo de Mill estão, em última análise, fundados no princípio da utilidade. Mas se este princípio, que governa todas as artes práticas, incluindo a educação, pede a promoção da utilidade, muito dependerá da concepção de utilidade que lhe serve de base. Na perspectiva de Mill, a utilidade é analisada enquanto concepção do bem adequado a seres humanos com determinada natureza. Os tipos mais valiosos de felicidade para os seres humanos consistem no desenvolvimento pessoal e no exercício das nossas capacidades humanas mais elevadas. C. B. Macpherson trata a filosofia de Mill como um exemplo da democracia em desenvolvimento, um modelo importante da democracia liberal. Macpherson afirma que, de acordo com o modelo de Mill, «os seres humanos estão a ser capazes de desenvolver os seus poderes e capacidades. A essência humana é exercê-los e desenvolvê-los (...). A sociedade boa é aquela que permite a todas as pessoas, e as encoraja a fazê-lo, agir como alguém que exerce, desenvolve e goza o exercício e desenvolvimento das suas próprias capacidades (Macpherson 1977, 48). A filosofia da educação de Mill estabelece um programa no qual as pessoas são educadas na infância para desenvolver as suas capacidades cognitivas, emocionais e morais. Na idade adulta, este processo prossegue como desenvolvimento pessoal, no qual a pessoa desenvolve, por si mesma, as capacidades mais nobre de autonomia, individualidade, compaixão e sociabilidade. Para que este processo continue é necessário o apoio de várias instituições sociais e políticas e a participação nestas. Para que essas capacidades se tornem estáveis e habituais é necessária uma prática continuada. Tal prática tem lugar naturalmente através da participação activa nos locais políticos, sociais, económicas e domésticos. Já abordei os argumentos de *Sobre a Liberdade* em defesa dos valores educativos do debate público. Em capítulos posteriores tratarei com mais pormenor os argumentos em defesa do potencial educativo dos domínios político, social e familiar.

Para muitos liberais, cultivar as capacidades racionais é o pináculo da educação. Muitos ficam-se por aí. Mill concede a devida atenção ao treino do intelecto na infância e regressa com frequência à sua convicção de que o treino cognitivo requer exercício activo do espírito, para desenvolver hábitos de consciência crítica (CW 1:33-7). Manifesta admiração pelos métodos socráticos de treino mental.

> «O método socrático, do qual os diálogos platónicos são o principal exemplo, não tem rival como disciplina para corrigir os erros e esclarecer as confusões (...) O inquiridor *elenchos*, por meio do qual o homem de vagas generalidades é forçado a esclarecer para si mesmo o que quer dizer e a exprimi-lo de forma clara, ou a confessar que não sabe do que está a falar (...) tem um valor incalculável enquanto educação para um pensamento preciso.» (CW 1:25)

Um princípio crucial da sua filosofia é que a educação faz o seu trabalho ao encorajar o uso activo das nossas capacidades em vez de uma receptividade passiva e conformidade com as ideias de outras pessoas. O recurso a um qualquer método de ensino por meio de repetição, tal como a memorização de factos sem os compreender, não promove o desenvolvimento de uma capacidade cognitiva crítica. Mill critica habitualmente o tipo de educação passiva baseado em aprender de cor. Descreve a sua própria educação na *Autobiografia* e destaca os efeitos benéficos dos métodos pedagógicos de estudo em detrimento do decorar. Os que são educados a aprender de cor «tornam-se meros papagaios» e ficam predispostos a viver vidas de conformidade estagnada em vez de desenvolverem uma individualidade activa. (CW 1:35).

> «A maioria dos miúdos e jovens que foram obrigados a memorizar muitos conhecimentos ficaram com as capacidades mentais, não fortalecidas, mas recobertas por eles. Estão pejados de meros factos e de opiniões e frases de outras pessoas, e aceitam isto como substituto do poder de formar opiniões próprias (...). A minha não foi, no entanto, uma educação de decorar. O meu pai

nunca permitiu que alguma coisa que aprendesse degenerasse num mero exercício de memória (...). Tudo quanto pudesse ser descoberto pelo raciocínio não me era dito até eu ter levado ao limite os meus esforços para o descobrir por mim mesmo.» (CW 1:33, 35)

Ao contrário de outros teóricos do liberalismo, Mill concede valor igual ao desenvolvimento emocional. Na sua *Autobiografia* relembra a sua própria educação e reflecte sobre ela, descrevendo de forma detalhada o seu conteúdo, examinando os princípios que a guiaram, explorando os aspectos aos quais dá importância do ponto de vista da idade adulta, bem como aos elementos que rejeita e reformula (CW 1:3-191). O elemento que rejeita de forma mais determinada é o racionalismo excessivo, que, afirma mais tarde, o deixou em risco de se transformar numa «mera máquina de pensar» (CW 1:111). O desequilíbrio é resolvido mediante a atribuição de um lugar central à cultura emocional e moral. A filosofia da educação de Mill concede grande importância ao cultivo das emoções e da imaginação, bem como às virtudes emocionais da compaixão, empatia, e sensibilidade ao sofrimento dos outros. Embora aprecie a importância da razão, e os seus comentários aos diálogos socráticos são prova disso, defende que essa faculdade deve ser mantida em equilíbrio. Elogia a utilização que o seu pai fez de técnicas de aprendizagem activas, mas não aprecia a forma como desvalorizou a emoção, algo que teve consequências negativas no filho. Reage contra os excessos racionalistas da sua própria educação, que produziu uma crise emocional no início da idade adulta. Após esta crise, reconheceu vivamente a necessidade de uma «cultura interna» dos sentimentos, e posteriormente afirmou que o processo educativo fica incompleto se não for dada a devida atenção à cultura dos sentimentos e da imaginação (CW 1:147--57). Recomenda os prazeres da poesia e dos encontros com a beleza natural como dois métodos fiáveis para promover a sensibilidade emocional. O significado da relação que Mill estabelece entre a cultura das emoções e da imaginação e a ligação Homem--Natureza será explorada mais a fundo no capítulo 8, dedicado à ética ambiental.

Os debates sobre as virtudes liberais destacam geralmente as qualidades estáveis de razão, reflexão, autonomia, criação de si mesmo e individualidade como capacidades que Mill apoia. Embora seja certamente correcto caracterizar Mill como campeão destas excelências, acontece muitas vezes que metade do quadro é omitido. O próprio Mill usa muito a expressão «excelências morais e espirituais» para transmitir a ideia de que não está simplesmente a encorajar o intelecto, e nunca omite o facto de metade das excelências humanas serem compostas de capacidades emocionais, compassivas e sociais. Neste aspecto, a sua teoria é um aliado da ética das virtudes contemporânea e da ética feminista dos afectos na sua defesa comum das emoções e sentimentos. Todas estas teorias sublinham que as faculdades afectivas são capacidades morais e psicológicas cruciais, essenciais para a acção pessoal e moral. Mill defende os processos educativos de desenvolvimento e desenvolvimento pessoal concebidos para criar hábitos e estruturas de atitude que sejam bem mais do que simples disposições para agir de certas formas características. Estas tornaram-se parte integrante do carácter. O utilitarismo é amiúde descrito como estando centrado na promoção da felicidade, e realmente está. Mas não deveríamos esquecer a situação óbvia do mundo que significa que os esforços dos agentes morais estão tão centrados na minimização do sofrimento como na promoção da felicidade. O desenvolvimento pessoal inclui a consciência emocional do sofrimento do mundo e a capacidade para lhe dar resposta. O desenvolvimento da capacidade de resposta compassiva não pode ser levado a cabo na ausência de sentimentos. O utilitarismo de Mill está ancorado na consciência da realidade do sofrimento no mundo e no que esse sofrimento significa para a vida ética. As esferas da Virtude e da Moralidade ligam aspirações e deveres para aliviar o sofrimento e promover a felicidade na acção ética.

A imaginação empática e os sentimentos sociais dispõem as pessoas a estar em sintonia com a felicidade e sofrimento dos outros. O desenvolvimento pessoal cria estruturas de atitude e de resposta habitual aos outros. Mill contrasta esta sensibilidade utilitarista com a insensível falta de emoções ou a reacção superficial daqueles cujo desenvolvimento pessoal está desafinado, nos quais a razão e a autonomia são predominantes e estão em desequilíbrio com o compromisso emocional e a receptividade. Pelo contrário, o desenvolvimento pessoal segundo Mill, com as suas virtudes e capacidades cultivadas de forma equilibrada, habitua as pessoas e condiciona-as a estar atentas, a reconhecer, a perceber, a reflectir e a responder ao mundo de certo modo e não outro, e isto inclui respostas compreensivas e compassivas. Mil afirma que a base do desenvolvimento, incluindo a compaixão, é um sentimento semelhante que é uma propensão natural dos seres humanos. Existe uma base natural fiável para o sentimento utilitarista e é a partir desta fundação que o treino moral é realizado. As práticas sociais de cooperação «levam-no também a identificar cada vez mais os seus *sentimentos* com o bem deles (...) Como que por instinto, o indivíduo ganha consciência de si próprio como um ser que *obviamente* se preocupa com os outros. O bem dos outros torna-se para ele uma coisa à qual se tem de dar atenção, natural e necessariamente» (*Utilitarismo*, p. 85 / CW 10:231-2).

As experiências pessoais de Mill, descritas na *Autobiografia*, abriram caminho à sua defesa do desenvolvimento emocional. Mill descreve o período da sua crise espiritual como tendo tido o efeito de transformar tanto as suas opiniões como o seu carácter. Ficou deprimido e desalentado. Confessa que «se amasse alguém o bastante para sentir a necessidade de lhe confessar a minha mágoa, não teria chegado à situação a que cheguei» (CW 1:139). Sentiu o estado em que se encontrava como ausência de amor e de sentimentos. Embora a tradição da ética das virtudes tenha muito a dizer sobre o amor enquanto bem essencial da vida humana, outras teorias éticas parecem muitas vezes desviar os olhos daquilo que o senso comum coloca no centro de uma vida plenamente realizada. Mill reconheceu de forma pungente os efeitos da ausência de amor na sua mente. Considerou que os planos educativos do pai falharam, assentes como estavam sobre fundações excessivamente racionalistas. A sua educação deu ênfase à razão e à análise, pelo que ficou sem um impulso vital, «sem um verdadeiro desejo pelos fins que tinha tão cuidadosamente sido preparado para atingir: sem qualquer prazer na virtude ou no bem comum» (CW 1:143). A depressão passou quando se sentiu comovido até às lágrimas ao ler um passo das *Memoires* de Jean-François Marmontel. Ficou aliviado ao perceber que ainda tinha a capacidade de sentir, «aquilo de que é feito o valor do carácter e a capacidade de ser feliz» (CW 1:145). Desta descoberta surgiu a sua convicção de que a cultura interior é uma condição indispensável do bem-estar. Não se sentindo já satisfeito em dar prioridade à razão, à acção e às circunstâncias exteriores, como a sua educação prévia o ensinara a fazer, aceitava agora a necessidade de cultivar os sentimentos e as susceptibilidades receptivas. Apercebeu-se das vantagens de um modelo holístico de interligação e equilíbrio de faculdades, e rejeitou um modelo hierárquico das capacidades. A poesia, a arte e a natureza eram as suas fontes seguras para desencadear a sensibilidade emocional. Daí em diante, Mill continuou a ser um advogado resoluto do poder eterno da poesia para incitar reacções afectivas e sensibilidade nos leitores.

A perspectiva modificada de Mill combina bem com a desconfiança nutrida pela tradição da ética das virtudes face às teorias morais que denigrem a emoção. Os agentes competentes de Mill não podem confiar somente na razão e dispensar a emoção. Michael Stocker, por exemplo, defende que as teorias éticas modernas padecem de esquizofrenia ao permitir uma divisão entre emoções ou motivações e valores, e que valores e emoções devem unir-se se quisermos que as teorias tenham perspectivas válidas sobre a natureza humana e a vida boa. É este o caso muito especialmente quando estão em causa os bens importantes do amor e da amizade, cuja efectivação depende desta união de valor e motivação. Recordemos as palavras de Mill sobre a depressão. A análise de Stocker da importância do desenvolvimento emocional e da atenção sensível é congruente com a perspectiva de Mill da centralidade do desenvolvimento e do autodesenvolvimento emocionais. Os seus comentários estão igualmente em consonância com a preferência de Mill por modelos onde existe um equilíbrio entre razão e emoção sobre aqueles com uma ordenação hierárquica ou divisões dualistas entre razão e emoção. Este é igualmente um tema proeminente na ética feminista dos afectos. Stocker defende que as emoções são necessárias a um conhecimento avaliador e que, por isso, uma carência de desenvolvimento emocional pode interferir com avaliações sensatas. Embora as teorias modernas percam frequentemente de vista a importância das emoções, na verdade, é questão assente do pensamento ético ocidental «que ser competente a notar e apreciar o valor – ser um bom juiz – é algo da maior importância» (Stocker 2003, p. 177).

As emoções são igualmente centrais em determinados bens específicos, bem como em certas formas de exercer as excelências humanas envolvendo preocupação e compromisso emocionais.

No amor e na amizade, por exemplo, queremos dar e receber atenção dedicada. Stocker defende, em harmonia com Mill, que o valor implica compromisso do eu para com os outros. O resultado disso é o apoio a uma vida de partilha emocional, interpessoal e social, a toda a gama de emoções humanas, da tristeza e da mágoa à felicidade e à alegria. Precisamos igualmente de dar atenção às emoções específicas das quais brota a acção. O que desejamos é, com frequência, não somente fazer alguma coisa, como por exemplo escrever um grande romance, mas preocupamo-nos também com o teor emocional da acção. Queremos compromisso «e não uma actividade alienada, mecânica, ou morta» (Stocker 2003, p. 182). Na exploração da individualidade levada a cabo em *Sobre a Liberdade*, Mill usa justamente esta metáfora, criticando de forma dura a actividade mecânica levada a cabo por «autómatos com forma humana» (*Sobre a Liberdade*, p. 110 / CW 18:263)([10]).

Os propósitos partilhados por Mill e pela ética das virtudes defendem que o desenvolvimento emocional é promovido mediante um envolvimento emocional com os outros. Uma tese central da ética feminista dos afectos é que a atenção e o cuidado afectuoso são bens centrais e que o conhecimento ético não é possível sem o conhecimento emocional. Este empenho e objectivos comuns ligam a teoria de Mill e a tradição das virtudes à sua defesa da consciência emocional. A defesa de Mill da inteligência emocional é enfática, mas os métodos que propõe são por vezes mais limitados em comparação com as práticas aprimoradas por outras tradições da ética das virtudes. Outras teorias morais com abordagens abrangentes da virtude emocional, tais como a ética dos afectos ou a tradição budista, têm práticas e métodos de treino mais explícitos. A ética feminista dos afectos, por exemplo, promove a sensibilidade emocional através da prática quotidiana dos cuidados com as crianças e com a sua educação e ainda com «aqueles que não podem cuidar de si mesmos» (Okin 2003, pág. 229). Na ética feminista um tal cuidado pode ser em si mesmo amiúde uma virtude e uma forma de prática. Durante milhares de anos, a tradição ética budista desenvolveu inúmeras técnicas e práticas de meditação para cultivar o despertar e o treino das emoções, para

---

([10]) Marta Nussbaum defende igualmente a centralidade das emoções. Veja-se, por exemplo, Nussbaum 2001.

transformar as atitudes e cultivar o *bodhicitta*, a unidade desperta e compassiva coração/mente. Estas práticas vão do desenvolvimento fundamental da consciência plena e compreensão, às práticas das quatro qualidades positivas de atitude – carinho afectuoso, compaixão, felicidade empática e equanimidade. Todas estas tradições partilham a convicção de que as emoções deveriam ser desenvolvidas em paralelo com a razão, mesmo quando desenvolvem estratégias educativas diferentes para o conseguir.

O processo de desenvolvimento moral, que desenvolve a empatia, compreensão, benevolência e compaixão, começa igualmente na infância. O desenvolvimento moral centra-se no cultivar destes traços positivos, ao mesmo tempo que desencoraja atitudes e hábitos mentais prejudiciais como o egotismo, o egoísmo e o ensimesmamento. O processo de desenvolvimento moral educa as crianças a ligarem-se de forma empática com os outros e a fruírem a sua felicidade. Ele afirma que este sentimento de empatia e ligação está firmemente enraizado na natureza humana. Afirma:

> «Esta fundação firme é a dos sentimentos; o desejo de estar em unidade com os nossos semelhantes, que já é um poderoso princípio na natureza humana, e felizmente um daqueles que tendem a tornar-se mais fortes, mesmo sem serem expressamente inculcados, devido à influência dos avanços civilizacionais. O estado social é ao mesmo tempo tão natural, tão necessário e tão habitual no homem que, excepto em algumas circunstâncias inusitadas ou mediante um esforço de abstracção voluntária, ele nunca se concebe excepto como membro de um corpo.» (*Utilitarismo*, pp. 83-84 / CW 10:231)

Mill rejeita a concepção dos agentes morais como procurando somente um interesse pessoal racional. Tem sempre o cuidado de equilibrar o lado intelectualmente individualista com o lado moral/social e de deplorar a criação de uma hierarquia entre eles. Mill afirma que o desenvolvimento moral tem de acompanhar sempre o desenvolvimento mental e isto tem consequências importantes para a sua concepção de desenvolvimento pessoal e para a sua filosofia política liberal.

Estes três componentes de desenvolvimento mental, emocional e moral são parte integrante da educação na infância. Na idade adulta, o processo educativo de desenvolvimento amadurece e torna-se o processo de desenvolvimento pessoal, que prossegue sob autoridade da pessoa. Neste, as capacidades de ordem superior de individualidade, autonomia, sociabilidade e cooperação são erguidas sobre os alicerces das capacidades humanas genéricas. As capacidades de ordem superior têm igualmente de ser equilibradas. A capacidade liberal central de autonomia é a aptidão para reflectir sobre, e escolher, apoiar e rever o carácter, relações, projectos e planos de vida que melhor reflectem a nossa natureza. A individualidade encoraja a nossa aptidão para explorar a série destes bens mais em harmonia com as nossas aptidões e peculiaridades, para adoptar uma forma de viver que seja a nossa. Apesar de Mill não acreditar que os indivíduos tenham essências fixas, existe um conjunto de caracteres e planos de vida mais em harmonia com a nossa individualidade, e a nossa felicidade aumenta quando construímos sobre esta base.

Mill é bem conhecido pela defesa que faz da individualidade e liberdade em *Sobre a Liberdade*. No entanto, os indivíduos «millianos» estão profundamente enraizados nos seus contextos sociais e culturais e não são anómicos nem atomísticos. O individualismo de Mill caracteriza-se pela sua preocupação em que o centro primário do valor seja a indivíduo e não o grupo social. Na sua perspectiva, o valor está localizado em cada membro individual de uma comunidade e o valor de uma comunidade emana do valor de cada um dos seus membros. Os direitos individuais não podem ser facilmente subvertidos em nome dos valores comunais. Os indivíduos autónomos são criadores com autodeterminação e que controlam as suas vidas, sendo que as suas escolhas e planos de vida reflectem a sua particularidade. Realiza-se, assim, o equilíbrio intrincado entre individual e social.

O desenvolvimento pessoal cultiva capacidades que são de ordem superior e dependem dos traços desenvolvidos na infância. Essa é uma das razões pelas quais Mill defende que as pessoas são enganadas e o seu direito à liberdade para se desenvolverem individualmente é violado se a sua educação infantil não lhes inculcar estas capacidades. Defendi no capítulo 4, sobre a liberdade, que a autonomia e a individualidade são componentes fulcrais do desenvolvimento pessoal. São igualmente importantes as capacidades de ordem superior, aquelas que nos levam a participar em empreendimentos comunitários e cooperativos e a trabalhar em comum com os outros no domínio público e para o bem comum. Na base de uma relação compreensiva os adultos desenvolvem e exercem capacidades de ordem superior tais como a empatia, a compaixão e a amabilidade.

Dois sentidos de educação

O *Inaugural Address Delivered to the University of St. Andrews* deu a Mill a oportunidade para exprimir as suas perspectivas sobre a educação universitária. Este discurso foi realizado para assinalar a sua nomeação para o cargo de reitor da Universidade de St. Andrews. O discurso lança nova luz sobre o conteúdo e os princípios que, segundo Mill, norteiam esta importante arte moral. Mill distingue no discurso dois sentidos de educação, o primeiro muito mais lato que o segundo. O sentido mais alargado refere o sentido lato de educação enquanto socialização elucidado em *A System of Logic*. No seu *Inaugural Address* Mill diz da educação:

> «Não só inclui tudo quanto fazemos por nós mesmos e quanto os outros fazem por nós, com o objectivo expresso de nos aproximar um pouco mais da perfeição da nossa natureza; faz mais do que isso: na sua acepção mais vasta, integra até os efeitos indirectos produzidos no carácter e nas faculdades humanas por coisas cujos propósitos directos são bem diversos; pelas leis, pelas formas de governo, pelas artes industriais, por modelos de vida social.» (CW 21:217)

Esta caracterização da educação parece bem preparada para aplicar ao espectro mais alargado da Arte da Vida. Este sentido mais lato de educação é o predominante nas obras de Mill e é o principal foco das suas preocupações. No seu *Inaugural Address*, no entanto, ele distingue esta forma caracterizada de forma lata do sentido mais estreito de educação escolar, o sentido usado com mais frequência na nossa cultura para referir a educação. Porém, é o sentido alargado que assinala claramente Mill como representante do liberalismo, o sentido de que a educação é aplicável a todos os domínios da vida, não estando confinado à escola. A perspectiva alargada é a de que «tudo quanto ajuda a moldar o ser humano; a tornar o indivíduo no que ele é, ou a impedi--lo de ser o que não é – faz parte da sua educação» (CW 21:217). Mas até mesmo a caracterização de Mill daquilo que chama o sentido estrito de educação – o fornecido primeiramente pelos sistemas educativos de escolas e universidades – está de acordo com a tradição liberal e pende claramente a favor da educação liberal nas artes e nas ciências. Ele define o sentido mais estreito como «a cultura que cada geração deliberadamente oferece àqueles a quem caberá ser os seus sucessores, de modo a qualificá-los para pelo menos manter e, se possível, elevar o nível de aperfeiçoamento atingido» (CW 21:218). Mill tem especificamente em mente uma educação liberal que inclua artes e ciências e repudia especificamente e põe de lado a perspectiva segundo a qual as universidades deveriam incluir escolas e faculdades profissionais. Uma universidade «não é um local para formação profissional. As universidades não estão destinadas a ensinar os conhecimentos requeridos para preparar os homens para uma forma especial de ganhar a vida. O seu objectivo não é criar advogados, ou físicos, ou engenheiros habilidosos, mas sim seres humanos capazes e cultos» (CW 21:218). Outras instituições públicas deveriam assumir essa tarefa de formar e educar para o trabalho ou para as profissões. «Mas estas coisas não fazem parte do que cada geração deve à seguinte, como aquilo de que a sua civilização e valor dependem essencialmente» (CW 21:218). A educação especializada faz falta somente a um pequeno número de pessoas. Se os profissionais obtiverem igualmente uma educação universitária deverá ser para «levar a luz de uma cultura geral a iluminar os aspectos técnicos de uma actividade especializada» (CW 21:218). A educação pública universitária, embora mais estreita no seu âmbito do que uma educação em sentido geral é, ainda assim, distinta da educação profissional ou da formação laboral e comercial, e tem como objectivo promover a educação intelectual e, em menor grau, a educação moral.

Regressando a um exame da perspectiva de Mill sobre a primeira, e mais lata, caracterização da educação, revisito a sua afirmação de que muitos tipos de instituições sociais podem moldar e ser afectadas pelas qualidades que esta forma de educação visa promover como parte dos seus compromissos utilitaristas. O objectivo da arte de educar, como o de todas as artes práticas, é promover a utilidade, concebida como o desenvolvimento de características humanas desejáveis, especialmente como criação e desenvolvimento de certas capacidades e excelências humanas. Mas dado que Mill concebe os seres humanos simultaneamente como seres sociais e agentes autónomos, cujo bem consiste em explorar e desenvolver a sua individualidade, o processo educativo deve promover estes objectivos inter-relacionados de realizar a perspectiva progressiva da natureza humana e de promover uma concepção do bem para os seres humanos que está, no seu núcleo, relacionada com o desenvolvimento pessoal.

John Rawls considera que o utilitarismo de Mill é uma doutrina abrangente, significando isso que «o princípio de utilidade (...) é habitualmente considerado válido para todos aspectos, desde a conduta dos indivíduos e das relações interpessoais à organização da sociedade como um todo» (Rawls 2002, p. 13) Enquanto representante da linhagem e tradição do liberalismo, Mill defende a perspectiva de que o fulcro do processo educativo e de desenvolvimento é a criação e manutenção de indivíduos autónomos, preparados para participar no fórum democrático público. Existem dois sentidos de educação, lato e estrito, mas existe uma unidade que lhes subjaz. A natureza unificada do processo educativo tem influência porque o mesmo processo educativo, em cenários formais de instituições escolares e noutros locais públicos, funciona de forma abrangente para produzir cidadãos democráticos participativos e, também, para preparar as pessoas para viverem vidas autónomas e dotadas de sentido. Uma condição prévia disto é, de acordo com uma posição do liberalismo contemporâneo com a qual Mill concordaria, que «temos de ser livres de formar, rever e pôr em prática os nossos planos de vida» (Kymlicka 2002, p. 222). Por isso, Mill defende uma perspectiva unificada do processo educativo de desenvolvimento, que serve para promover ambos os objectivos e fins referidos acima, mediante o desenvolvimento de capacidades e traços de carácter que permitem aos agentes formar com autonomia e escolher concepções de vida com sentido, ao mesmo tempo cooperam com outros cidadãos para promover o bem comum no domínio público.

Embora Mill esteja preocupado em promover uma educação e desenvolvimento ao longo da vida no primeiro e mais lato sentido do termo, não esquece o segundo sentido, mais estrito, da educação das crianças. Ele foi um activista político e social e distinguiu-se ao lutar, não só pelo sufrágio universal, mas igualmente pelo direito universal à formação escolar, numa época em que os direitos universais à educação não eram ainda reconhecidos. Em *Sobre a Liberdade*, assim como noutras obras, Mill afirma que as crianças têm direito a ser educadas. Afirma:

> «Não é quase um axioma por si só evidente que o Estado deva impor uma escolaridade mínima obrigatória a todos os seus cidadãos? (...) Ainda não é reconhecido que trazer uma criança ao mundo sem boas expectativas de ser capaz não só de providenciar alimento para o seu corpo, mas também educação, instrução e exercício para o seu espírito, é um crime moral, tanto contra a desafortunada criança como contra a sociedade.» (*Sobre a Liberdade*, pp. 174-5 / CW 18:301-2)

Mill afirma que o Estado deveria impor este direito e por isso existe «o dever de impor uma educação universal» (*Sobre a Liberdade*, p. 175 / CW 18:302). Porém ele prossegue e defende que, embora o Estado tenha o dever de impor o direito universal à educação, até um grau mínimo, não deveria ele mesmo providenciar educação pública universal. Os pais deveriam ter o direito de decidir os meios de educar os filhos e o Estado deveria subsidiar as propinas das crianças pobres para assegurar que são educadas. «Tudo o que se disse acerca da importância da individualidade de carácter, e diversidade de opiniões e modos de conduta, implica que a diversidade da educação tenha a mesma importância fulcral» (*Sobre a Liberdade*, p. 176 / CW 18:302). De acordo com Mill, a educação estatal universal correria o risco de pôr em causa a diversidade e a individualidade e de «moldar as pessoas de tal modo a que sejam exactamente iguais umas às outras» (*Sobre a Liberdade*, p.176 / CW 18:302). Quando explorei no capítulo 4 o caso da comunidade mórmon e das suas práticas educativas e maritais critiquei bastante Mill por conceder demasiado poder aos pais na educação dos filhos, afirmando que isto concede aos pais o direito educarem as filhas para a submissão e não para a autonomia. Ainda assim, segundo Mill, a educação controlada pelo Estado iria ter como resultado o tipo de conformidade que ele abomina por conduzir ao «despotismo sobre o espírito» (*Sobre a Liberdade*, p. 176 / CW 18:302). A educação estatal, afirma ele, deveria ser uma alternativa entre muitas. Exames públicos assegurariam que as diversas experiências educativas cumprem certos padrões, embora Mill não aborde a questão óbvia de como equilibrar a diversidade de experiências com a uniformidade dos padrões testados pelos exames públicos. O objectivo é tornar «praticamente obrigatória a aquisição universal – e, mais importante ainda, a fixação – de determinada quantidade mínima de conhecimento geral» (*Sobre a Liberdade*, p. 177 / CW 18:303). Para complicar mais ainda a sua posição, afirma que para prevenir uma influência inadequada do Estado sobre as opiniões, estes exames deveriam «limitar-se exclusivamente a factos e ciência positiva» (*Sobre a Liberdade*, p. 177 / CW 18:303). Ele defende a criação de escolas de professores para formar e avaliar professores, uma posição também à frente do seu tempo. Embora a concepção de Mill sobre o direito universal à educação esteja à frente do seu tempo, as suas perspectivas foram, sem dúvida, afectadas pela educação notável que recebeu do pai, à margem de qualquer sistema escolar, e pelo facto de nunca ter frequentado ou ensinado numa universidade, embora os seus livros tenham sido usados muito utilizados no ensino universitário.

Mas os locais para obter educação não são apenas o ensino formal e informal. As concepções de Mill sobre educação são muito latas. Segundo Stefan Collini,

> «A concepção de sociedade de Mill tem um carácter educativo excepcional e omnipresente (...) ele transforma o seu efeito na moldagem do carácter o teste definitivo de todas as instituições e políticas, e poderia sem esforço encarar-se toda a sua noção da própria actividade política como um curso alargado e muito exigente de educação de adultos.» (Collini 1984, xlviii)

O efeito educativo das instituições sociais não pode ser subestimado. Todas as instituições podem ser utilizadas para promover os objectivos radicalmente progressistas, igualitários e democráticos do utilitarismo e liberalismo de Mill. A filosofia da educação de Mill não pode, pois, ser compreendida mediante a análise apenas das obras cujo objectivo declarado é discutir este tema. A exploração que leva a cabo das instituições sociais, políticas e económicas é norteada pela convicção de que um dos seus objectivos principais é educativo. Exploro de forma mais desenvolvida estas dimensões da sua filosofia educativa no capítulo 6 (Filosofia Política: Liberalismo e Democracia) e no capítulo 7 (Igualdade Sexual e a Sujeição das Mulheres). As instituições políticas democráticas são, assim, encaradas como agentes da «educação nacional» (CW 19:390). Em algumas obras posteriores sobre economia, Mill defende uma forma de democracia económica e de parcerias laborais, e manifesta a esperança de que isso permita realizar «a conversão da ocupação diária de cada ser humano numa escola das afinidades sociais e da inteligência prática» (CW 3:792). Em *A Sujeição das Mulheres*, apresenta um argumento feminista clássico para a emancipação das mulheres e defende que o princípio moral relativamente às relações entre sexos, especialmente no seio da família, deveria ser «um princípio de perfeita igualdade, que não admitisse qualquer poder ou privilégio de um dos lados» (*A Sujeição das Mulheres*, p. 33 / CW 21:261). A família deveria ser «uma escola de simpatia em igualdade, de uma vida em comum com amor, sem poder de um lado e obediência do outro.» (*A Sujeição das Mulheres*, p. 116 / CW 21:295) A família é a primeira grande esfera da educação moral.

As muitas obras de John Stuart Mill sobre educação, baseadas no seu utilitarismo e liberalismo igualitarista emancipatório, fornecem um argumento panorâmico de que os sistemas educativos formais, bem como uma vasta gama de instituições sociais, políticas e económicas, oferecem oportunidades para uma educação ao longo da vida e para o desenvolvimento pessoal. Esta é a declaração fulcral do lugar de honra ocupado pelas preocupações educativas no seu liberalismo e utilitarismo, tema que desenvolvo nos capítulos sobre a liberdade, filosofia política e igualdade entre os sexos.

SUGESTÕES DE LEITURA

BAUM, Bruce, *Rereading Power and Freedom in J. S. Mill* (Toronto: University of Toronto Press, 2000).
GARFORTH, F. W., *John Stuart Mill's Theory of Education* (Oxford: Martin Robertson, 1979).
GUTMANN, Amy, *Democratic Education* (Princeton: Princeton University Press, 1987).
HEYT, Colin, *Rethinking Mill's Ethics: Character and Aesthetic Education* (Londres: Continuum, 2006).
ROBSON, John M., *The Improvement of Mankind* (Toronto: University of Toronto Press, 1968).

Capítulo 6

FILOSOFIA POLÍTICA: LIBERALISMO E DEMOCRACIA

Introdução

Ao explorar a história do liberalismo, C. B. Macpherson nota uma mudança importante de perspectiva entre John Stuart Mill e os seus mentores, Bentham e James Mill. Este último está principalmente interessado na função da democracia que protege os interesses dos cidadãos, mas John Stuart Mill propõe concepções mais extensas da natureza humana e do bem, acalentando, por isso, maiores esperanças no futuro da democracia. Macpherson diz de John Stuart Mill:

> «Mas ele percebeu uma coisa ainda mais importante a ser protegida, nomeadamente, a possibilidade de aperfeiçoamento da humanidade. Não colocava, por isso, a ênfase na mera posse, mas naquilo com que a democracia podia contribuir para o desenvolvimento humano. O modelo de democracia de Mill é de carácter moral (...) possui uma visão moral da possibilidade de aperfeiçoamento da humanidade e de uma sociedade livre e igualitária ainda não alcançada. Um sistema democrático é valorizado como meio para esse aperfeiçoamento – um meio necessário, embora não suficiente; e uma sociedade democrática é encarada como resultado desse aperfeiçoamento e como um meio para alcançar outros. O aperfeiçoamento esperado é um

aumento do desenvolvimento pessoal de todos os membros de uma sociedade, enquanto indivíduos.» (Mcpherson 1980, p. 47)

Isto vai ao cerne da visão de Mill. O princípio de utilidade governa e estabelece os fins de todas as artes morais práticas, inclusive da filosofia política. A concepção de Mill da natureza humana e a sua perspectiva sobre o bem adequado a esta natureza, com um lugar central concedido ao desenvolvimento e exercício das excelências humanas, conduziu de forma bastante natural à concepção normativa da arte da política e do governo, nos quais a vida democrática está intimamente ligada à promoção da felicidade. Mill estabelece um critério central do bom governo enquanto «o grau em que tende a aumentar a soma de boas qualidades nos governados, colectiva e individualmente considerados» (CW 19:390). Uma das principais funções do governo é agir como «agência de educação nacional» (CW 19:393). A ênfase da teoria de Mill nas virtudes políticas e cívicas é surpreendente, como o é também o seu empenho numa democracia participativa actuante como técnica poderosa para a prática da virtude no domínio público.

O método de Mill para medir o valor utiliza os juízos dos que estão familiarizados de forma competente com as formas relevantes de felicidade. A concepção do bem de Mill e o seu método para o medir estão inteiramente em consonância com o seu liberalismo. Os «agentes competentes» que passaram por um processo de desenvolvimento e desenvolvimento pessoal não são um subgrupo elitista da sociedade. Integram, ao invés, todos os membros adultos da sociedade que foram socializados e criados pela sua sociedade para desenvolverem e exercerem as suas excelências e virtudes humanas. O meu argumento centra-se nas obras de Mill sobre estas questões nas democracias liberais do Ocidente. O termo «liberal» visa englobar um espectro alargado de formações políticas e sociais, incluindo as sociedades social-democratas.

À semelhança de muitos outros liberais, tanto clássicos como contemporâneos, Mill atém-se com firmeza à convicção de que a educação e a socialização estão no cerne de projectos para criar e manter membros da sociedade preparados para o seu papel de cidadãos democráticos. A democrata liberal contemporânea Amy Gutmann reflecte sentimentos semelhantes:

«A educação forma, em grande medida, o carácter moral dos cidadãos, e o carácter moral, a par de leis e instituições, forma a base do governo democrático. Este molda, por seu lado, a educação dos futuros cidadãos, que, em grande medida, forma o seu carácter moral. Uma vez que as democracias têm de confiar no carácter moral dos pais, professores, responsáveis públicos e cidadãos vulgares para educar os futuros cidadãos, a educação democrática começa, não só com as crianças que devem ser ensinadas, mas também com os cidadãos a quem cabe ser os seus professores» (Gutmann 1987, p. 49).

Os mesmos processos educativos e de socialização que prepararam as pessoas para a cidadania também as preparam e apoiam na busca da Arte da Vida, no viver uma vida boa que lhes seja própria. Os liberais modernos concordam com Mill em que uma condição prévia para viver uma vida boa é sermos «livres para formar, rever e realizar os nossos planos de vida» (Kymlicka 2002, p. 222). A doutrina moral de Mill é abrangente, e ele defende uma teoria unificada dos processos educativos que criem as capacidades que são condições prévias aos traços de carácter necessários para viver vidas prósperas.

No capítulo 5, sobre filosofia da educação, investiguei a forma como obras mais conhecidas de Mill, casos de *Utilitarismo* e *Sobre a Liberdade*, se baseiam no imenso pano de fundo das suas concepções sobre os processos educativos de desenvolvimento e desenvolvimento pessoal. O procedimento de Mill para medir o valor de prazeres, projectos, caracteres e planos de vida é, também ele, abrangente, e ele afirma que, caso os agentes desenvolvidos pessoalmente considerarem certos prazeres ou projectos mais valiosos, então, terão grande probabilidade de ser rectos a longo prazo. Embora a autonomia pessoal em escolhas de valor esteja fortemente protegida no domínio privado (caracterizado essencialmente enquanto conduta que não viola os deveres ou direitos relativos aos outros), no domínio público os procedimentos democráticos governam as escolhas sociais.

Na teoria de Mill muito depende, portanto, destes procedimentos educativos e de socialização. As pessoas necessitam de um contexto social que lhes dê apoio e providencie as condições nas quais as excelências humanas se desenvolvem. Compaixão, empatia, autonomia, individualidade e as restantes capacidades não emergem por si mesmas. Na ausência da base de apoio institucional da qual dependem as democracias liberais, o desenvolvimento das virtudes espirituais e morais será entravado. A base institucional fornece as garantias sociais para os direitos que são pertença de todos os membros da sociedade. Na ausência de tais arranjos sociais para assegurar e apoiar estes interesses vitais, os direitos à liberdade de desenvolvimento pessoal são violados. Estes princípios têm implicações significativas para o tipo de liberalismo de Mill. Dado que a maioria das pessoas tem o potencial para atingir o estádio de desenvolvimento pessoal, o contexto social e cultural influencia em muito a possibilidade de este potencial ser realizado. O liberalismo de Mill possui, pois, inclinações igualitaristas. Este igualitarismo emerge na sua teoria democrática.

DEMOCRACIA POLÍTICA E ECONÓMICA

A investigação da filosofia da educação de Mill abre caminho a um exame do potencial e dilemas do seu igualitarismo liberal. A visão liberal de Mill é simultaneamente clarificada e posta à prova pelas suas obras sobre governo representativo e democracia política e económica. O liberalismo de Mill constitui uma estrutura para abordar questões como as formas de educação adequadas a uma sociedade democrática e o papel da deliberação e do desacordo no seio de uma democracia saudável. O seu liberalismo é particularmente adequado às sociedades multiculturais e pluralistas contemporâneas, uma vez que ele espera desacordos e divergências. Como vimos durante a análise de *Sobre a Liberdade*, os desacordos não devem simplesmente ser tolerados. Devem ser saudados e procurados sempre que não estejam prontamente à vista. Os debates públicos intensos alimentam as virtudes espirituais e morais e servem igualmente de garantia que colectivamente estamos a fazer escolhas progressivamente melhores. Temos mais possibilidade de fazer as coisas bem se seguirmos estes princípios. Mill é um falibilista: afirma que somos atreitos a errar, mas também que somos atreitos a envolver-nos em investigações que tendem a revelar erros e a permitir que estes sejam corrigidos. As actividades de debate e questionamento não só melhoram as virtudes intelectuais como aumentam a probabilidade de a verdade triunfar a longo prazo.

O processo de desenvolvimento e desenvolvimento pessoal é o objectivo de toda uma vida. Mill incentiva a participação activa na vida política e comunitária enquanto vias principais para estas actividades. Em *Sobre a Liberdade* apresenta os argumentos gerais em favor da liberdade nos domínios nos quais as nossas acções não prejudicam os outros. Esse ensaio é um apelo ao aumento da discussão e debate público que Mill considera meios cruciais para exercitar as capacidades mentais e morais. Ele refere que:

> «Não que a liberdade de pensamento seja precisa apenas, ou principalmente, para formar grandes pensadores. Pelo contrário, é tão precisa, e ainda mais indispensável, para permitir aos seres humanos médios alcançar a estatura mental de que são capazes. Já houve, e talvez volte a haver, grandes pensadores individuais numa atmosfera geral de escravatura mental. Mas nunca houve, nem alguma vez haverá, nessa atmosfera, um povo intelectualmente activo». (*Sobre a Liberdade*, p. 75 / CW 18:243)

Em *Representative Government*, a atenção centra-se no impacto da participação e acção política no desenvolvimento. Mill destaca os benefícios de tais compromissos e afirma que as pessoas podem participar na governação e beneficiar do «exercício mental que daí advém» (CW 19:436). O seu aviso sobre os perigos resultantes da falta de uma tal actividade participativa surge logo a seguir:

> «Onde esta escola de espírito público não existe quase não há a noção de que as pessoas particulares, numa situação social longe de eminente, tenham deveres para com a sociedade, excepto obedecer às leis e submeter-se ao governo. Não existe um sentimento não egoísta de identificação com o público. Cada pensamento ou sentimento, seja de interesse ou dever, é absorvido no individual e na família. O homem nunca pensa num interesse colectivo, em algum objectivo a ser levado por diante juntamente com os outros, mas somente em competir com eles (...). Deste modo, até a moralidade privada sofre, enquanto o domínio público é efectivamente extinto.» (CW 19:412)

Existem várias vias de acesso à teoria democrática de Mill. Neste trabalho concentro-me na sua visão democrática liberal enquanto componente integral das artes e ciências morais e da Arte da Vida. A minha análise está, pois, enquadrada pela própria abordagem de Mill em *A System of Logic*, onde trata a política e a governação como artes e ciências morais sob a autoridade do princípio da utilidade. Estas artes e ciências da governação e da economia têm o mesmo objectivo de todas as outras, isto é, promover a felicidade e a prosperidade humana. O seu sucesso é avaliado pesado pelos seus sucessos na tarefa de melhorar o bem-estar humano e isto é analisado, por seu lado, em termos da sua eficácia e em promover as virtudes e as excelências. Recordemos o comentário perspicaz de Stefan Collini: «ele faz do seu efeito na moldagem do carácter o teste decisivo de todas as instituições e políticas, e poderíamos sem esforço encarar toda a sua noção da própria actividade política como um alargado e exigente curso de formação de adultos» (Collini 1984, xlviii). Trata-se de uma compreensão perspicaz da visão central do liberalismo de Mill. A sua filosofia da educação é aplicada a todas as instituições sociais, políticas e económicas. Elas têm como um dos seus principais propósitos a utilidade enquanto locais educativos para o cultivo das virtudes. Mill destaca esta função do governo bem cedo na argumentação de *Representative Government*:

> «Sendo o primeiro elemento de um bom governo a virtude e inteligência dos seres humanos que compõem a comunidade, o ponto mais importante de excelência que qualquer forma de governo pode possuir é promover a virtude e inteligência das próprias pessoas. A primeira questão relativamente a qualquer instituição política é até que ponto tendem a alimentar nos membros da comunidade as várias qualidades morais e intelectuais desejáveis (...); é destas qualidades, na medida em que existem nas pessoas, que depende toda a possibilidade de bondade nas operações práticas do governo». (CW 19:390)

E acrescenta de imediato:

> «Podemos considerar, pois, como critério da bondade de um governo o grau no qual tende a aumentar a soma das boas qua-

lidades nos governados, colectiva e individualmente, uma vez que, para além de o bem-estar destes ser o único objecto do governo, as suas boas qualidades providenciam a força motriz que faz funcionar a máquina». (CW 19:390)

Existe igualmente um segundo elemento a ter em conta. Este elemento é ratificado pelo senso comum enquanto parte necessária de qualquer bom governo. Mas conduz igualmente a uma primeira fonte de controvérsia quanto ao carácter da teoria democrática de Mill. O tema controverso é a questão de saber se ele se caracteriza de forma mais adequada como teórico igualitarista ou elitista. A sua filosofia política e teoria democrática revelam um equilíbrio entre o princípio da participação e o princípio da competência. O primeiro elemento, a participação, tem que ver mais directamente com os fins utilitaristas; o segundo elemento, a competência, tem que ver com os meios para esses fins. Este segundo elemento do mérito de um conjunto de instituições políticas diz respeito à qualidade da máquina governamental. É contrabalançado com o princípio de participação que governa a promoção de actividades para fomentar o desenvolvimento pessoal. Este segundo aspecto do mérito dos governos é «o grau de perfeição com o qual organizam o valor moral, intelectual e activo já existente, de maneira a actuarem com a maior eficácia nos assuntos públicos (...). O governo é simultaneamente uma grande influência a agir na mente humana e um conjunto de planos organizados para os assuntos públicos» (CW 19:392). Dentro da estrutura de *A System of Logic*, o primeiro relaciona-se com a arte moral dos fins e a segunda com a ciência moral dedicada a formular as melhores políticas para promover o fim da felicidade humana ([11]).

Os pontos de vista de Mill sobre o desenvolvimento das virtudes no domínio económico complementam os dedicados à política e ao governo. O seu empenho em promover a virtude cívica no domínio político reflecte-se igualmente nas suas perspectivas posteriores sobre democracia económica. São evidentes nestes textos sobre economia algumas tensões e ambivalências familia-

---

([11]) Para um tratamento aprofundado destas questões veja-se Thompson 1976, especialmente 13-90. Veja-se ainda Ten 1998; Baum 2000, 2003; Riley, 2007.

res. A perspectiva de Mill sobre a centralidade das virtudes de autonomia, independência e cooperação e a sua luta contra os vícios do despotismo e da dependência conduzem muito naturalmente ao seu apoio à arena económica como local poderoso para a educação na excelência. Nestes escritos tardios, influenciados pelo movimento socialista utópico, Mill defende a formação de parcerias e associações participativas e democráticas nos locais de trabalho. Tem grande admiração pelo movimento cooperativo nas suas manifestações nos produtores e nos consumidores. As cooperativas de produtores e de consumidores não põem em causa a responsabilidade individual, afirma ele, mas reduzem, isso sim, a dependência nociva dos trabalhadores face aos proprietários capitalistas. As cooperativas de trabalhadores impulsionam o desenvolvimento dos sentimentos comunais, o desejo de se associar a outros em empreendimentos partilhados. Embora Mill pensasse que esta transformação nas relações económicas levaria algum tempo, algumas gerações, na verdade, tinha grandes esperanças de que a regeneração moral e o progresso dos trabalhadores levassem, a longo prazo, a algumas formas progressivas de associação económica. Esta formação progressiva «não é aquela que pode existir entre um capitalista enquanto patrão e os trabalhadores sem uma palavra a dizer na gestão da empresa, mas sim a associação dos próprios trabalhadores em condições de igualdade, detendo colectivamente o capital com o qual levam por diante as suas operações, e trabalhando sob as ordens de patrões eleitos e susceptíveis de serem afastados por eles» (CW 3:775).

Aos olhos de Mill, estas formas de associação económica são mais adequadas à tarefa de aumentar a dignidade humana do que as formas capitalistas, que causam uma dependência pouco saudável. Ele tinha a esperança de que esta reforma económica, ou até uma revolução, trouxesse uma «conversão da ocupação diária de cada ser humano numa escola das afinidades sociais e da inteligência prática» (CW 3:792). Fortalecer o princípio da participação no domínio económico é a consciência de que a «participação simulada, manipulativa – na qual proprietários e patrões retêm o controlo efectivo das decisões mas alimentam a ilusão de que os trabalhadores têm uma participação – não resulta no verdadeiro desenvolvimento das virtudes cívicas. A maquinação será revelada e o resultado será a frustração e alienação em vez do desenvolvimento pessoal. A lição é que a participação deve ser autêntica para ter os efeitos desejados. O controlo genuíno sobre o trabalho e as decisões no local de trabalho obtêm os efeitos desejados. Sem isto, a participação é *ersatz* (Pateman 1970, pp. 28-66). O desenvolvimento moral dos trabalhadores é um factor crucial, e Mill pensa que aqueles incapazes de superar o egoísmo e de desenvolver as suas capacidades de cooperação continuarão a ser trabalhadores precários. Eis como Mill descreve a sua antevisão das mudanças progressivas:

> «As associações (...), mediante o seu próprio sucesso, constituem um curso de educação nessas qualidades morais e activas pelas quais o sucesso pode exclusivamente ser merecido ou alcançado. À medida que as associações se multiplicarem, tenderão cada vez mais a absorver todos os trabalhadores, com excepção dos que têm escassa compreensão, ou muito pouca virtude, para serem capazes de aprender a agir noutro sistema que não o do egoísmo mesquinho» (CW 3:793)

Durante este processo, o capitalismo irá evoluir gradualmente, e quase espontaneamente, para o sistema superior de associações e cooperativas.

Também no plano económico continua a ser necessário o equilíbrio entre os princípios da participação e da competência, pelo menos a curto prazo. A teoria de Mill, tal como expressa nas suas obras tardias sobre economia, é uma forma de socialismo democrático. Ele apoia o objectivo de fomentar colectividades de trabalhadores pela simples razão de que espera deles que ofereçam uma formação valiosa nas virtudes sociais. Mas o seu empenho na participação está, necessariamente, equilibrado com outros factores destacados, como o respeito pelos direitos de propriedade e as exigências legítimas de eficiência económica e boa gestão. Condena a pobreza e dependência da classe trabalhadora, considerando-a deplorável e moralmente insuportável, e tem a esperança de que um aumento da democracia económica reduza ou anule estas condições de vida. Os benefícios das associações no local de trabalho deverão ser alcançados aos poucos, reduzindo assim os conflitos com os direitos de propriedade dos detentores do capital, e haverá uma evolução natural para o novo sistema económico, ou pelo menos ele assim o crê.

Objecções: Elitismo e Igualitarismo

As expectativas de Mill relativas às possibilidades da educação liberal para a prática democrática o progresso democráticos têm enfrentado objecções, sobretudo quanto às limitações do seu liberalismo para fazer frente, de forma adequada, aos problemas da desigualdade e do elitismo. Existem, de facto, tensões entre as linhas elitista e igualitarista da filosofia de Mill. Defendo, apesar disso, que os compromissos igualitaristas de Mill são mais fundamentais e, por isso, prevalecem. O direito à liberdade de desenvolvimento pessoal inclui o direito a ver as nossas capacidades e faculdades desenvolvidas na infância, de modo a que possamos estar aptos a levar a cabo o processo de desenvolvimento pessoal uma vez chegados à idade adulta. Isto constitui a semente para parte da resposta às objecções.

A minha argumentação centrou-se, até ao momento, naquilo que penso serem as linhas principais e fundamentais de pensamento no liberalismo de Mill. À primeira vista, a participação parece dominar inteiramente. Mas só até nos lembrarmos dos sinais de alerta integrados na teoria de Mill. As obras *Representative Government*, *Sobre a Liberdade* e as dedicadas à economia revelam a ambivalência de Mill perante os membros da sua sociedade que ele pensa estarem ainda a desenvolver as virtudes espirituais e morais. A sua estratégia é promover um plano de aperfeiçoamento, que envolve uma delicada procura de equilíbrio entre os princípios de participação e de competência. A dimensão do seu empenho numa democracia participativa radical é demonstrada nos muitos passos onde expressa um apoio entusiástico aos benefícios que resultarão da participação activa, sustentada e ampla na actividade política. Mas isto está ao mesmo nível dos seus apelos preventivos ao princípio de competência, e é equilibrado por eles. Esse princípio propõe que seja permitido aos que possuem mais conhecimentos aplicá-los de maneira a terem um efeito sobre o bem público. Os assuntos colectivos da comunidade deveriam ser bem organizados e administrados e executados com competência, estando, em sua opinião, aqueles que possuem formação especializada e conhecimentos de administração mais bem colocados para o fazer. Estes burocratas profissionais levam a cabo as políticas do governo em funções. O seu papel é equivalente ao dos actuais funcionários públicos e administrativos. O papel de cidadãos inclui a sua participação activa nos debates públicos sobre os bens colectivos, os fins a serem promovidos, e também a escolha dos seus representantes políticos no Parlamento. Lembremo-nos de que *Sobre a Liberdade* inclui uma defesa sustentada das vantagens epistémicas dos debates livres e abertos no aumento da probabilidade de que as políticas públicas promovam o bem geral. Neste aspecto, a liberdade de expressão, de associação e participação das pessoas deveria ser tão alargada e ilimitada quanto possível.

Mill espera, ainda assim, que os argumentos dos sábios sejam escutados com respeito, tenham grande peso e gozem, talvez, de uma autoridade concedida livremente. Ele quer que tenham grande influência, mas não controlo. A atitude e conduta dos que agem como exemplos de sabedoria são governadas pelos princípios do domínio da Virtude de têm de fazer uso da persuasão, nunca da coerção. Os argumentos de *Sobre a Liberdade* exprimem o sentimento de frustração de Mill com a «mediocridade colectiva» (*Sobre a Liberdade*, p. 120 / CW 18:268) que parece ser tão poderosa, a par do seu argumento de que o caminho do avanço no progresso tem de envolver um programa educativo de desenvolvimento das virtudes espirituais e morais de todos. Este processo educativo progressivo é essencialmente activo e participativo, e implica no seu fulcro a interiorização das virtudes cívicas e a habituação da sua prática, algo que não pode acontecer se as pessoas forem excluídas da participação e o seu contributo for posto de lado. Mill espera, pois, que os exemplos de virtude sejam escutados, que sejam influentes, e que se dê grande importância aos seus argumentos. Mas declara a sua desaprovação de um cenário no qual eles exercessem autoridade à custa do desenvolvimento de todos. Como afirma em *Sobre a Liberdade*, a sua esperança é que uma pessoa menos educada se deixe guiar

> «pelos conselhos e pela influência de um, ou de uns poucos, superiormente dotados e instruídos (...). A honra e a glória da pessoa mediana é ser capaz de seguir essa iniciativa; que pode responder internamente a coisas sábias e nobres, e ser conduzido a elas de olhos abertos. Não estou a defender o tipo de 'veneração dos heróis' que aplaude a pessoa forte e genial por se apoderar à força do governo do mundo e forçá-lo a cumprir a sua

vontade a contragosto. Tudo o que pode exigir é liberdade para apontar o caminho. O poder de obrigar os outros a segui-lo não só é inconsistente com a liberdade de desenvolvimento de todos os outros, como também corrompe a própria pessoa forte». (*Sobre a Liberdade*, p. 120 / CW 18:269)

Por outras palavras, o despotismo assim demonstrado revelaria de imediato corrupção e falta de respeito pelos interesses dos outros; iria minar as pretensões de virtude e sabedoria daqueles que tentam impor os seus juízos aos outros. Em *A Sujeição das Mulheres*, Mill sublinha a importância da autonomia para o bem-estar, e nota o contraste «entre uma vida de sujeição à vontade dos outros e uma vida de liberdade racional.» (*A Sujeição das Mulheres*, p. 215 / CW 21:336) A sua ideia é transferida para este contexto. Na arena pública de discussão e debate colectivo, o devido respeito significa que os outros têm de ser persuadidos, convencidos por meio de argumentos, mas não forçados ou coagidos a porem de lado a sua liberdade racional para ser submetidos à vontade dos supostamente sábios, cujo comportamento ao tentar impor juízos aos outros levanta questões legítimas sobre a autenticidade da sua sabedoria. Os juízos e escolhas sábias têm de ser adoptados e apoiados internamente de maneira a influenciar o desenvolvimento pessoal. A ideia subjacente de Mill é que a sabedoria não é algo na posse de Um ou de Alguns, sendo a sua busca um direito de todos. A interioridade do processo é essencial para a sua autenticação como parte do desenvolvimento pessoal. Mill interliga a sua preocupação em ter em funcionamento um processo público que aumente as possibilidades de conseguir melhores escolhas sociais, aquelas que promovem de facto a felicidade geral, e a preocupação de preservar a integridade do processo, de forma a ter impacto positivo no desenvolvimento pessoal e no cultivar da excelência espirituaal e moral. As tácticas despóticas e opressivas que enfraquecem ou destroem a autonomia dos nossos companheiros custam caro ao processo de escolhas de valor «correctas». Pois durante o processo os vícios são acentuados e levantam dúvidas sobre a possibilidade de confiar em que aqueles que se revelaram atraídos para o despotismo venham a exprimir juízos sábios sobre o bem público. Afinal de contas, a sua falta de preocupação com a autonomia e a dignidade dos outros revela-os, à luz dos princípios de Mill, como egotistas imprudentes e egocêntricos, pondo, assim, em causa as suas pretensões de sabedoria. Encurtar o desenvolvimento pessoal da maioria vai igualmente, a longo prazo, dificultar o bem-estar dessa maioria. As descrições vívidas de Mill dos imensos males causados pelo despotismo dos maridos sobre as mulheres em *A Sujeição das Mulheres* coadunam-se bem com os seus argumentos sobre os efeitos nefastos desses déspotas que se fazem passar por sábios embora usem esse poder para impedir o desenvolvimento pessoal dos outros.

Mill rejeita inteiramente a «teoria da dependência» segundo a qual os pobres devem ter deferência para com os ricos e estes devem fazer juízos em seu nome. Tem apenas desprezo pela ideia de que «o destino dos pobres, em tudo quanto os afecta colectivamente, deveria ser regulado *para* eles, e não *por* eles (...) Os ricos deveriam estar *in loco parentis* em relação aos pobres» (CW 3:759). O repúdio peremptório desse argumento por parte de Mill deveria pôr em causa qualquer alegação de que ele apoia a coerção elitista em nome do bem dos outros. Os membros sábios da sociedade podem servir de modelo a outros, mas o seu papel não pode nunca ser legitimamente transformado no de alguém que age *in loco parentis*. Os seus juízos não podem legitimamente substituir os juízos independentes daqueles que os admiram. Pessoas sábias e compassivas estão somente dispostas a procurar que os seus argumentos sejam escutados, a ter a oportunidade de persuadir e encorajar os seus semelhantes. Esses concordariam com o mantra de Mill relativo à persuasão, e não coerção e controlo. É assim que os autenticamente sábios (ao contrário das pessoas privilegiadas e abastadas com um sentido grandioso de si mesmas e dos seus direitos) se comportam de facto. As virtudes no sistema de Mill incluem e dão destaque à compaixão e sensibilidade face ao sofrimento e à felicidade dos outros. As virtudes excluem o egocentrismo, a vanglória e coisas semelhantes – por outras palavras, excluem os vícios do elitismo.

Mas isto não é o fim do delicado esforço de equilibrar participação e competência. As preocupações com o despotismo das elites são reais. Mas Mill está igualmente preocupado com a possibilidade de os interesses sinistros (isto é, os interesses em conflito com o bem geral da comunidade) dos não-educados os levem a ignorar os argumentos dos verdadeiramente sábios. Muitos benefícios podem ser conseguidos com o aumento da influência, mas não do poder despótico, dos membros mais sábios da comunidade. O delicado esforço de equilíbrio é necessário porque, embora a participação activa e eficaz seja em si mesma educativa e conducente à virtude, os perigos da acção dos interesses sinistros e da pretensa ignorância daqueles que estão ainda a desenvolver as suas virtudes devem ser equilibrados de forma realista, mediante a atribuição de peso significativo no domínio público à influência, e não à coerção, dos membros mais sábios da comunidade. Um dos lados da balança surge no famoso alerta de Mill em *Sobre a Liberdade* quanto ao perigo de que os sábios sejam esmagados pela «tirania da maioria»; é um exemplo óbvio desta preocupação (*Sobre a Liberdade*, p. 32 / CW 18:219). Mas do outro lado da balança está o argumento de que, uma vez que o desenvolvimento pessoal resultante da participação activa comporta um aumento de competência, o valor da participação assumirá com o tempo um peso maior neste equilíbrio. Os prejuízos resultantes da exclusão da participação activa no progresso do desenvolvimento pessoal, bem como a perda da infusão de energia de quantos estão restringidos na sua participação, têm igualmente de ser tomados em linha de conta ao sopesar o equilíbrio adequado. Os argumentos de Mill em *A Sujeição das Mulheres* sobre os efeitos nefastos e a perda de valor potencial resultante da exclusão sistémica da participação activa das mulheres e da sua contribuição para a vida social e política são, por certo, pertinentes neste contexto, pois o mesmo argumento é aplicável à exclusão classista dos trabalhadores de muitas áreas políticas e económicas.

Acrescente-se que os testes de competência adequados são muitas vezes enganadores e pouco fiáveis, e existe o risco muito real de aqueles considerados mais competentes ou sábios serem justamente aqueles que ocupam posições de poder e privilégio por causa da sua pertença a uma classe, género ou raça. O racismo, o sexismo e o classismo originam juízos tendenciosos sobre a competência e capacidades dos membros destes grupos oprimidos; a percepção da competência dos membros de grupos privilegiados é aumentada de forma correspondente. A relação causal entre o nível de rendimentos e o acesso à educação é suficientemente clara nos nossos dias; na época de Mill, as relações entre classe e educação eram ainda mais pronunciadas. Em tais casos, a opressão e exploração baseada na classe, raça e género será perpetuada. Mill é muito claro quanto a este problema do poder corrupto que se faz passar por autoridade legítima quando retrata o despotismo marital. Nos domínios económico e político existem riscos semelhantes de exploração e de tratamento desigual dos trabalhadores em resultado dos sinistros interesses de classe.

É necessário, por conseguinte, ter muito cuidado ao pesar os princípios de competência e de participação nas áreas política e económica. Mill afirma com frontalidade que a sua estrutura teórica utiliza um modelo de equilíbrio destes dois princípios, e que o esforço de equilíbrio é intrincado. A forma como interpretamos e lemos o seu esforço de equilíbrio tem grande influência na forma como entendemos a sua teoria enquanto fundamentalmente igualitarista ou elitista. As suas preocupações com a combinação perigosa de despotismo e elitismo são verbalizadas em paralelo com expressões relativas aos benefícios de permitir que as actividades da vida de todos os dias actuem como escolas de educação prática.

Igualitarista ou elitista?

Ao examinar a abordagem dada por Mill às instituições políticas, económicas, aos fóruns laborais e à família como locais educativos, encontramos repetidamente tensões dinâmicas entre os temas igualitarista e elitista. As linhas de igualitarismo radical e elitismo no pensamento de Mill são imediatamente detectáveis, e surgem amiúde lado a lado nas suas obras. Para determinar, pois, se a sua teoria é mais correctamente descrita como fundamentalmente igualitarista ou elitista, e tendo em conta que ambas as linhas são evidentes à superfície dos seus escritos, temos de examinar a arquitectura da sua teoria moral e política. Os princípios interpretativos que norteiam as decisões sobre a leitura mais plausível da sua teoria são mais explicitamente formulados e defendidos. Os meus argumentos e leituras destacam e dão prioridade aos princípios básicos e fundadores e às estruturas, sobrepondo-os a exemplos oferecidos por Mill para ilustrar esses princípios. Não dou grande peso a políticas e motivações que são do século XIX e não são comummente defendidas por liberais do século XXI. Esquemas de voto plural que concedem mais votos a alguns membros da sociedade supostamente mais educados são exemplo disto, pois nenhum teórico liberal razoável do século XXI promoveria isto como proposta política séria. O próprio Mill sentia-se extremamente inseguro quanto à sensatez desta estratégia, mesmo para a sua época. Na *Autobiografia* refere que nunca discutiu com Harriet, a sua mais «infalível conselheira» (CW 1:261), a proposta de voto plural, que ele relacionava com o nível de educação e não com o estatuto de possuidor de bens. Afirma não ter provas de que ela aprovasse esta proposta. Para ele, isso é uma forte razão para rejeitar a ideia. Admite que outros apoiantes do voto plural da sua época discordam do seu teste educativo preferido; querem um teste de avaliação da propriedade para determinar o número de votos. Este classismo óbvio não funciona. A única via justa para instituir um esquema de votação ligado a níveis educativos demonstrados é, afirma ele, pôr em funcionamento um sistema de Educação Nacional. De outra forma as pessoas serão duplamente enganadas, primeiro, ao verem ser-lhes negada uma educação, e depois, ao ser-lhes negado um voto, ou voto igual, por causa da falta dessa educação. Um sistema justo e aceitável de voto plural só é possível «após o estabelecimento de uma Educação Nacional sistemática, mediante a qual os vários graus de conhecimento com valor político possam ser definidos com rigor e autenticados. Sem ela, estará sempre exposto a objecções fortes e até decisivas; com ela, talvez tudo o resto se torne desnecessário» (CW 1:262). Não há aqui convicção forte. Há, isso sim, incerteza e hesitação extremas.

Distingo, adicionalmente e quando relevante, os meios dos fins e dou prioridade ao valor intrínseco e finalidade sobre o valor instrumental de meio para esse fim. Os fins utilitaristas de Mill da felicidade e desenvolvimento pessoal estão fixados com firmeza; dos meios para os alcançar está com frequência bem menos seguro, como pode ver-se nas suas alusões ao voto plural. Segue a teoria delineada em *A System of Logic* ao tratar as propostas políticas como se fossem governadas pelo seu sucesso demonstrado empiricamente em alcançar o objectivo do bem-estar.

O firme repúdio de Mill do despotismo torna muito difícil interpretar a sua teoria como fundamentalmente elitista. Ele opõe-se explicitamente a propostas de políticas para desenvolver somente as virtudes espirituais e morais das elites, e apoia de forma igualmente explícita o valor de cultivar hábitos de cooperação em todas as pessoas. «Um povo no qual não existe o hábito de uma acção espontânea em prol de um interesse colectivo (...) tem as faculdades somente desenvolvidas em metade, a sua educação é defeituosa num dos seus ramos mais importantes» (CW 3:943). Em *Representative Government* entra também em disputa com o elitismo. Opõe-se à afirmação feita pelos apoiantes do despotismo «de que o poder absoluto, nas mãos de um indivíduo eminente, asseguraria um desempenho virtuoso e inteligente de todas as funções do governo» (CW 19:399). Nem por isso, replica ele. Um poder excessivo nas mãos até mesmo do mais eminente não dá resposta satisfatória à sua pergunta: «Que género de seres humanos pode formar-se sob um tal regime? Que desenvolvimento podem atingir sob ele tanto o seu pensamento como as suas faculdades activas? (...) As suas capacidades morais ficam igualmente atrofiadas» (CW 19:400). Mill responde aqui àqueles que o consideram demasiado tentado pela noção das elites no poder e afirmam que ele sente tanta repulsa pela ideia «da ignorância, a indiferença e teimosia» do povo que defenderia as elites preparadas para usar o poder para estabelecer um governo melhor (CW 19:402). Pois ele afirma que «os que olham em tal direcção para realizar as sua esperanças deixam fora da ideia da boa governação o seu elemento principal, a melhoria da própria população»(CW 19:403). Pelo contrário, o bem-estar depende de dois princípios, que passa a explicar:

> «O primeiro é que os direitos e interesses de cada pessoa estão somente a salvo de serem desrespeitados quando a pessoa interessada é ela própria capaz de lutar por eles e está habitualmente disposta a fazê-lo. O segundo é que a prosperidade aumenta e é mais amplamente difundida em função da quantidade e variedade das energias pessoais apostadas em promovê-la» (CW 19:404)

Mill utiliza de seguida um argumento que deveria afastar de vez qualquer ideia de que ele é fundamentalmente classista e não defende os trabalhadores. Coloca-se do lado dos trabalhadores e opõe-se a tentativas bem-intencionadas de marginalizá-los e retirar-lhes poder. Censura com vigor a exclusão da classe trabalhadora da participação no governo. Dessa forma, são marginalizados e excluídos, resultando daí que os seus interesses, enquanto classe e como indivíduos, são ignorados pelos detentores de poder político. As perspectivas às quais é dada atenção são somente as dos empregadores. As perspectivas da classe trabalhadora, afirma ele, têm de escutadas e não ignoradas. A forma de ver essa perspectiva adequadamente exposta é permitir que seja apresentada pelos próprios trabalhadores, no seio do Parlamento. Agir no domínio colectivo, desempenhar funções e cargos públicos, são aspectos essenciais. Um princípio fundamental para uma governação democrática é o da protecção de interesses pelos detentores desses interesses. A protecção de si e a auto-suficiência são os princípios essenciais. Aqueles que se encontram em cargos de poder político ignorarão os interesses dos desprovidos de direitos e destituídos de poder e usarão o seu poder para promover os seus próprios interesses individuais e de classe. O governo representativo significa que «todo o povo (...) exerce o poder de controlo por meio de deputados periodicamente eleitos (...). Têm de ser senhores, sempre que o desejem, de todas as operações do governo» (CW 19:422).

Afirma ele:

> «Não pode existir uma combinação de circunstâncias mais perigosa para o bem-estar humano do que essa na qual a inteligência e o talento são mantidos em níveis elevados no seio da corporação governativa, mas deixados à míngua e desencorajados fora desse círculo. Um tal sistema encarna, mais do que qualquer outro, a essência do despotismo, ao munir com a superioridade intelectual, como arma suplementar, aqueles que já detêm o poder legal». (CW 3:943)

Se Mill fosse fundamentalmente elitista não exprimiria tão manifesta preocupação com o desenvolvimento dos talentos das elites. A sua preocupação deriva directamente dos seus compromissos fundamentais, que são liberais e igualitaristas.

Em *A System of Logic* Mill delineia explicitamente a estrutura do seu modelo teórico e, em particular, como vê a relação entre meios e fins e entre arte e ciência. Uma arte moral como a educação tem a responsabilidade de estabelecer os fins que promovem a utilidade nesse domínio. A ciência moral correspondente é responsável por investigar que meios irão promover com maior eficácia esses fins. O propósito da arte da educação é promover esses traços de carácter mais conducentes ao progresso humano. O direito à liberdade de desenvolvimento pessoal é fundamental no sistema de Mill porque é o direito que protege este processo educativo. As políticas elitistas limitam este processo e encurtam-no para aqueles que estão excluídos ou cuja inclusão é limitada. Sempre que Mill as propõe, são qualificadas e claramente assinaladas como medidas provisórias. Quaisquer políticas de exclusão, por exemplo, propostas de procedimentos de votação, são temporárias. Tais limitações não se aplicam ao compromisso fundamental de Mill com o direito ao igual desenvolvimento pessoal e suas componentes. O direito à liberdade de desenvolvimento pessoal é parte fundamental da Arte da Vida. As medidas e estratégias políticas particulares são parte de uma das artes morais subordinadas. A estrutura da teoria cria a forte suposição de que o direito fundamental irá sobrepor-se à política da arte subordinada e que, em caso de conflito, o pressuposto será também que os meios deverão dar lugar ao fim.

Mill manifesta claramente em *A System of Logic* a sua consciência das falhas da tarefa exigente de estabelecer os meios certos para promover os fins da felicidade humana, especialmente nos contextos complexos em que a democracia contemporânea tem lugar habitualmente. Ele avisa que o teorema da ciência moral não está pronto para ser transformado num preceito ou regra de arte até o conjunto da investigação científica moral ter sido levado a cabo de forma exaustiva. Alerta ainda para o que pode acontecer se a regra for estabelecida demasiado cedo:

> «Se, neste estado imperfeito da teoria científica, tentarmos estabelecer uma regra de arte levamos a cabo essa operação prematuramente. Sempre que tenha lugar uma qualquer causa contrária, descurada pelo teorema, a regra será responsável: empregaremos os meios e o fim não será alcançado.» (CW 8:945)

Ele assinala que, na prática, dá-se com frequência o caso de as regras terem de ser formuladas com base num estudo incompleto, pois as circunstâncias sociais são tão complicadas que a sua compreensão perfeita pode não ser alcançável. Conclui, por isso, que os praticantes sensatos considerarão as regras como sendo provisórias e, portanto, sujeitas a revisão e melhoramentos à luz da experiência resultante da sua aplicação.

Muitos dos debates nas obras sobre Mill examinam e fornecem explicações para as suas propostas práticas consideradas elitistas. Exemplos disso são as suas propostas de voto plural, votação pública, e outras políticas encaradas como forças destinadas a contrabalançar a «mediocridade» notória e os interesses sinistros de muitos potenciais votantes. Eu considero que a partir da metodologia de *A System of Logic* podemos compreender o espírito que o levou a apresentar estas propostas. Trata-se de estratégias particulares propostas para conjuntos específicos de circunstâncias sociais e históricas. Essas circunstâncias não são apenas transitórias e em permanente mudança, como também o nosso conhecimento é geralmente incompleto e imperfeito, por causa da complexidade das circunstâncias sociais. Está sempre presente um grau de incerteza. O dogmatismo e o excesso de confiança nas políticas propostas para promover certos objectivos não são atitudes adoptar. A razão aconselha um espírito de experimentação e a disposição de ensaiar estratégias diferentes para verificar se funcionam. Isto explica as razões de ele estar disposto a propor estratégias diferentes de votação para alcançar os seus objectivos fundamentais. Embora hesitasse quanto a políticas e estratégias particulares, o seu empenho nos fins fundamentais da sua filosofia, a promoção do bem-estar humano e o desenvolvimento de todos os membros da sociedade, nunca vacilou.

A sua visão emancipatória da educação para a liberdade e para a democracia é ainda uma obra em curso à espera de concretização. Os teóricos da democracia continuam a debater-se com os dilemas de sistemas democráticos que não souberam corresponder aos seus ideais. O ideal de participação democrática no qual Mill depositava tantas esperanças parece ter perdido vivacidade. O sucesso na expansão do sufrágio pelo qual ele lutou viu-se transformado num exercício no qual a participação dos cidadãos se limita, as mais das vezes, ao acto de votar. Mill nunca desejou, por certo, que a participação democrática terminasse no exercício da votação. Para além disso, ele encarava o voto como um exercício de confiança mediante o qual os cidadãos têm a responsabilidade de votar para o bem comum e não para os seus mesquinhos interesses pessoais. No entanto, o voto é geralmente visto justamente como servindo, primeiro que tudo, para a defesa dos interesses de cada um. A muito saudada diversidade de perspectivas conduziu igualmente a novos dilemas, já que o pluralismo das sociedades actuais conduz inevitavelmente a desacordos morais. Mill apelou no seu tempo a uma perspectiva revitalizada da vida política, que coloque as considerações morais no centro e seja deliberativa na ênfase concedida à argumentação pública e ao debate racional. Apesar de este projecto de revitalização estar ainda em curso, podemos encarar a visão de Mill do desenvolvimento pessoal e da democracia deliberativa e participativa como o seu modelo exemplar.

Sugestões de leitura

Baum, Bruce, *Rereading Power and Freedom in J. S. Mill* (Toronto: University of Toronto Press, 2000).
Eisenach, Eldon J., *Mill and the Moral Character of Liberalism* (University Park, PA: Pennsylvania State University Press, 1998).
Kinzer, Bruce L., Ann P. Robson, e John M. Robson, *A Moralist In and Out of Parliament: John Stuart Mill at Westminster, 1865-1868* (Toronto: University of Toronto Press, 1992).
Skorupski, John, ed., *The Cambridge Companion to Mill* (Cambridge: Cambridge University Press, 1998).
Thompson, Dennis F., *John Stuart Mill and Representative Government* (Princeton: Princeton University Press, 1976).
Urbinati, Nadia, *Mill on Democracy: From the Athenian Polis to Representative Government* (Chicago: University of Chicago Press, 2002).
Urbinati, Nadia, e Alex Zakaris, ed., *J. S. Mill's Political Thought: A Bicentennial Reassessment* (Cambridge: Cambridge University Press, 2007).

Capítulo 7

IGUALDADE SEXUAL E A SUJEIÇÃO DAS MULHERES

O FEMINISMO LIBERAL DE MILL

Mill é um feminista liberal clássico. A sua teoria feminista mistura-se com a sua filosofia política do liberalismo e a sua forma específica de utilitarismo. Os argumentos em *A Sujeição das Mulheres* estão fundados de forma palpável nos conceitos e princípios do liberalismo e utilitarismo: o valor intrínseco concebido como felicidade ligada ao desenvolvimento pessoal: justiça, igualdade, autonomia e liberdade, especialmente liberdade de desenvolvimento pessoal. O Mill liberal do século XIX parte de uma robusta herança filosófica. Enquanto tradição política é simultaneamente distinta e radical. Algumas das descobertas e avanços históricos mais revolucionários no progresso individual, social e político foram motivados pelos fins e princípios do liberalismo clássico. A filosofia política de Mill e a sua teoria moral alimentam directamente o seu empenho e agenda feminista; não existe separação entre o seu liberalismo genérico e a sua aplicação às questões centrais da igualdade dos sexos e a emancipação das mulheres. O tema da liberdade contra o despotismo e o poder, uma presença constante em toda a obra de Mill, aparece de forma muito vívida neste ensaio.

A teoria de Mill é, no entanto, muito mais rica do que alguns modelos de feminismo liberal hoje muito em voga. Adequa-se bem a muitas posições que são actualmente associadas com frequência ao feminismo radical. Poderíamos concluir daí que a teoria de Mill é um híbrido, incorporando elementos habitualmente identificados como componentes do feminismo liberal, do feminismo radical, e da ética dos afectos, entre outros [12]. É, porém, mais plausível defender que o liberalismo histórico é um credo radical e emancipatório e que propor uma versão enfraquecida do feminismo liberal como representando de forma adequada a visão de Mill é pouco rigoroso e não faz justiça à sua forma mais robusta. O liberalismo histórico, ao promover os valores da liberdade, igualdade e dignidade universal, impulsionou algumas das campanhas mais progressivas e, até, revolucionárias pela emancipação, incluindo movimentos para abolir a escravatura, eliminar o trabalho infantil, reduzir as jornadas de trabalho de 16 e 18 horas para um limite mais razoável, estabelecer regulamentos básicos de saúde e segurança no trabalho, criar a educação obrigatória para todos, o sufrágio universal, e por aí adiante. Isto levanta questões sobre a adequação das caracterizações actuais das várias formas de feminismo. Defendo que Mill é um feminista liberal clássico, e que a sua teoria se adapta a este molde com distinção e arrojo. O credo guerreiro do liberalismo histórico está bem adaptado para desempenhar um papel emancipatório, e não o papel fraco que lhe é muitas vezes atribuído, habitualmente pelos detractores. Mill confiava na teoria como estrutura de orientação nas suas batalhas pelo sufrágio das mulheres, pela reforma das leis do casamento, e nas campanhas contra a violência doméstica, incluindo violações e homicídios. Que o seu liberalismo integre uma análise perspicaz e devastadoramente lúcida do poder corrupto, da opressão, do despotismo e da tirania nas relações familiares e de género é exactamente o que se poderia esperar de uma teoria da sua linhagem. Se o feminismo liberal contemporâneo é agora descrito como uma teoria insípida, preocupada, antes de mais, com a defesa dos direitos formais de igualdade, isso não deveria levar-nos a criticar o robusto credo feminista liberal de Mill. Deveria, ao invés, conduzir a uma revivificação do feminismo liberal na sua forma de combate. As actuais versões distorcidas do feminismo liberal deveriam ser elevadas ao nível dos seus veneráveis ante-

---

[12] Veja-se, por exemplo, Keith Burgess-Jackson, «John Stuart Mill, Radical Feminist», em Morales 2005, 71-97: Morales 2007.

passados. Não há necessidade de aceitar caricaturas débeis, tais como a do feminismo liberal organizado em torno de objectivos relacionados com a obtenção de reforma legais. Mill lutou com veemência por mudanças na lei do casamento, que colocava as mulheres numa situação de escravatura legal e lhes negava os direitos jurídicos, económicos e políticos básicos, mas isso era o ponto de partida das suas intenções, e não o seu culminar.

A teoria de Mill antecipa igualmente alguns dos compromissos da ética feminista dos afectos, entre eles uma crítica do racionalismo excessivo, que abordo no capítulo 5, sobre a educação. Estes aspectos são igualmente componentes naturais da sua teoria, articulados nos seus próprios termos. Mill pertence a um linhagem de filósofos morais – que inclui David Hume – sensíveis à exigência de que as capacidades emocionais desenvolvidas são necessárias a um juízo e acção moral competentes. A empatia e a sensibilidade emocional ao sofrimento dos outros são, na filosofia de Mill, virtudes e excelências humanas fulcrais. Na sua vida pessoal e no seu activismo foi atraído para perspectivas e agendas feministas devido, em parte, à sua consciência aguda dos sofrimentos causados pela opressão. A longa amizade e posterior casamento com Harriet Taylor Mill foi uma relação de um tipo pouco convencional à luz dos padrões do século XIX. Eles colaboraram de perto em muitas obras teóricas e campanhas activistas, de tal forma que se torna difícil determinar com rigor a real dimensão do impacto de Harriet no seu pensamento e atitudes. As suas inclinações feministas eram já evidentes quando tinha vinte e poucos anos e até antes, durante a adolescência, como pode ver-se pela sua participação em campanhas pelo controlo da natalidade. A relação próxima entre ambos não podia senão deixar as marcas dos sofrimentos que a pessoa amada sentia ante as restrições sociais às suas opções maritais e laborais. A influência de Harriet Taylor Mill está indubitavelmente presente na sensibilidade de Mill face ao sofrimento causado pela desigualdade de género. Mill podia ver claramente os efeitos debilitantes da dominação, da desigualdade e da dependência nas relações entre os sexos. Nas suas obras sobre política e economia democráticas, revela uma compreensão profunda da degradação do desenvolvimento pessoal causada pela exploração de classe e a dependência económica. Na sua análise da desigualdade política e económica revela ter consciência dos efeitos deteriorantes do poder sobre os déspotas e dos sofrimentos da pobreza nos membros da classe trabalhadora explorados. Mas, talvez em resultado da sua experiência pessoal, a sua compreensão profunda é particularmente irresistível quando se debruça sobre a opressão das mulheres e as consequências do exercício do poder por parte dos homens quando estes o utilizam para reprimir a autonomia e individualidade das mulheres e dos filhos.

Duas linhas do argumento de Mill – a defesa (com frequência associada ao feminismo liberal) fundada nos valores liberais da liberdade, igualdade e desenvolvimento pessoal, e a outra (associada com o feminismo radical) baseada nos efeitos nefastos da opressão e da tirania na felicidade e desenvolvimento pessoal das mulheres – podem ser identificadas e separadas até certo ponto. Mas só até certo ponto, uma vez que estão interligadas e o impacto pleno do argumento de Mill implica a apreciação dos dois aspectos em sinergia. Parece bastante óbvio que se o princípio fundador da utilidade exige a promoção da felicidade e a redução do sofrimento, então os imensos malefícios produzidos pela dominação patriarcal têm de ser mitigados de forma drástica, até serem eliminados, e as condições das quais depende o bem-estar, caracterizadas como implicando, essencialmente, o desenvolvimento e o exercício de excelências humanas, têm de ser fomentadas. Os argumentos de Mill neste ensaio, embora claros e razoáveis, têm ao mesmo tempo um tom claramente polémico e retórico. *A Sujeição das Mulheres* é um tratado filosófico com uma declarada intenção activista. Na opinião de Mill, é uma primeira ofensiva da batalha em curso pela emancipação humana face ao despotismo. Um tema evidente do livro é, comparação que repetidamente faz da escravatura com a opressão sofrida pelas mulheres sob os valores patriarcais. Na verdade, não se trata tanto de uma comparação como de um exemplo, pois Mill declara de forma peremptória que a condição da mulher num casamento patriarcal é um exemplo de escravatura. Ele invoca frequentemente esta relação entre patriarcado e escravatura, e caracteriza muitas vezes o tratamento das mulheres no casamento como uma forma de escravidão. Afirma que «é antes o primitivo estado de escravatura que subsiste ainda, através de sucessivas mitigações e modificações, ocasionadas pelas mesmas causas que suavizaram os comportamentos em geral e colocaram todas as relações humanas sob um maior controlo da justiça e uma maior influência dos sentimentos humanitários. Não perdeu a marca da sua origem brutal» (*A Sujeição das Mulheres*, pp. 41-42/ CW 21:264).

Esta fraseologia não é acidental. Trata-se de uma jogada deliberada e calculada por Mill, com uma importância quer filosófica quer de intervenção. Mill tinha razão ao pensar que estava a lidar com preconceitos profundamente arraigados que exigiam a mais delicada e equilibrada combinação de razão e retórica para os trazer à luz e à consciência de maneira a dissipá-los e dissolvê-los. Da nossa perspectiva vantajosa pode parecer excessivo da parte de Mill invocar uma analogia com a escravatura, que hoje nos parece um mal banido há muito. Mas para Mill não era bem assim, porque na juventude participou na campanha para abolir a instituição da escravatura na Grã-Bretanha e no Império Britânico. Mesmo depois de estar legalmente abolida em território britânico continuava em vigor além fronteiras. Na sua época a escravatura não era uma monstruosidade distante, mas uma abominação bem viva. Os traços comuns ligando os seus horrores aos abusos e degradação observados na família patriarcal não pareciam forçados no seu mundo.

As linhas da argumentação de Mill relacionadas com a defesa do feminismo liberal incluem afirmações directamente fundadas nos objectivos e princípios liberais, nomeadamente nos direitos e liberdades, inclusivamente, e de forma destacada, a liberdade de desenvolvimento pessoal, a autonomia, a individualidade e a igualdade. A mais destacada fonte desta defesa é *A Sujeição das Mulheres*, mas podem encontrar-se outras declarações relativas princípios fundamentais em obras como *Sobre a Liberdade*. A defesa é estruturada mediante a aplicação de princípios liberais a questões de género, relações familiares e direitos das mulheres. Mill apresenta o princípio orientador que governa as relações familiares e de género no início de *A Sujeição das Mulheres*. Afirma ele:

> «(...) que o princípio que regula as relações sociais entre os dois sexos – a subordinação legal de um sexo ao outro – está em si mesmo errado, constituindo hoje um dos principais obstáculos ao desenvolvimento humano; e que, justamente por isso, deveria ser substituído por um princípio de perfeita igualdade, que

não admitisse qualquer poder ou privilégio de um dos lados, nem discriminação do outro.» (*A Sujeição das Mulheres*, p. 33 / CW 21:261)

Os argumentos de Mill neste ensaio em favor da igualdade de género estão fundados na defesa geral da igualdade, no âmbito da qual o círculo de inclusão será alargado. Afirma ele que o progresso social atingiu o ponto histórico no qual a justiça se tornará a primeira virtude. A justiça será baseada numa «simpatia cultivada (...) que não excluirá ninguém, sendo, em idêntica medida, extensiva a todos.» (CW 21:294; *A Sujeição das Mulheres*, p. 115).

O argumento de Mill é impelido por esta repugnância ante o estado negativo da instituição do casamento na sua época. Estava fundado no modelo de ordem e obediência do casamento patriarcal. Este modelo é degradante e prejudicial para todas as partes, e o objectivo de Mill é propor o ideal positivo do casamento fundado na igualdade e amizade: «o que pode ser o casamento no caso de duas pessoas cultas (...) entre as quais exista a melhor forma de igualdade, que é aquela similitude de poderes e capacidades reciprocamente superiores» (CW 21:336; *A Sujeição das Mulheres*, p. 115), É uma união baseada na igualdade, respeito e tratamento carinhoso. As outras formas de união marital são somente restos de barbarismo, quando a escravatura e a governação pela força eram a norma. Este argumento possui poder retórico, mas Mill deseja também que seja lido como uma leitura rigorosa da História. Ele delineia uma visão de conjunto do longo processo de melhoramento e progresso gradual nos assuntos humanos, começando pelas condições primitivas do barbarismo e avançando depois por etapas lentas até um estado da sociedade claramente mais avançado, que se mantém obedecendo a regras morais de justiça e não pela força bruta. É um desenvolvimento recente do progresso histórico esse em que a lei moral fundada em regras de justiça veio substituir a lei da força bruta como princípio regulador das questões humanas. Mill invoca a estrutura da filosofia das ciências sociais, explorada em profundidade no Livro VI de *A System of Logic*, onde explica em pormenor as suas teorias sobre os períodos estacionários e progressivos da História e as causas e condições do progresso histórico e social que conduzem à igualdade e ao bem-estar. (CW 8:911-30). Mas, em sua opinião, estas mudanças progressivas têm um longo caminho a percorrer e estão somente nos estádios relativamente primitivos daquilo que os seres humanos são capazes de alcançar nos contextos políticos e sociais adequados. A lei do mais forte foi abandonada ou está em declínio noutras esferas, mas continua em vigor na família, causando grandes malefícios. «A regeneração moral da humanidade só terá verdadeiramente início quando a mais fundamental de todas as relações sociais for colocada sob a égide da justiça igualitária e os seres humanos aprenderem a cultivar a sua mais forte empatia como um igual em direitos e formação.» (CW 21:336; *A Sujeição das Mulheres*, p. 215).

Um teórico liberal deve dar especial atenção aos ganhos antecipados em felicidade pessoal para as mulheres individualmente consideradas que resultariam da sua emancipação. Para as mulheres, os benefícios da libertação da opressão seriam imensos. Equivaleria a nada menos que «a diferença para as mulheres entre uma vida de sujeição à vontade dos outros e uma vida de liberdade racional. A seguir às necessidades primárias de alimentação e vestuário, a liberdade é a primeira e a mais forte exigência da natureza humana.» (CW 21:336; *A Sujeição das Mulheres*, pp. 215-216). Mas os benefícios colectivos com a felicidade acrescida seriam igualmente impressionantes. Mill atém-se à convicção de que o mais claro indicador do carácter progressivo, ou da falta dele, de uma sociedade é o nível de educação e desenvolvimento das mulheres no seu seio. A experiência revelou que o estatuto social e político das mulheres proporciona «o teste mais seguro e a medida mais correcta da civilização de um povo ou de uma época» (21:276; *A Sujeição das Mulheres*, p. 71). Ele exalta as virtudes da liberdade e emancipação, reflectindo os argumentos de *Sobre a Liberdade*. O desenvolvimento pessoal é o fulcro do bem-estar em ambos os sexos e por isso os direitos básicos protegidos pelo liberalismo devem alargar-se às mulheres, uma vez que esse é um ingrediente essencial da felicidade de todas as pessoas.

Mill recorre a todos os seus talentos de argumentação para tentar ultrapassar as atitudes retrógradas e os maus argumentos a elas associados que são habitualmente utilizados para sustentar o edifício de injustiça institucionalizada contra as mulheres. Se a liberdade é essencial para o bem-estar, então a posição dependente e degradante das mulheres a viver sob o controlo de outros, mesmo quando se trata dos entes queridos, constitui uma negação dos seus direitos fundamentais. Aos que menosprezam o liberalismo pode escapar o significado das repetidas invocações de Mill da distinção fundamental entre liberdade (um valor liberal básico) e poder (uma fonte maligna de corrupção e despotismo). Um teórico liberal pode, ou melhor, deve, apoiar inteiramente a autonomia e a liberdade, e rejeitar o poder e o controlo sobre os outros. Os liberais são habitualmente acusados de subestimar os malefícios da opressão e de não entender a relação entre liberdade e poder. Os críticos afirmam que as liberdades apregoadas pelo liberalismo estão supostamente ligadas ao desejo de controlo e poder sobre os outros. Que esta acusação não se aplica a Mill torna-se evidente quando ele aborda as suas convicções fundamentais:

> «O amor ao poder e o amor à liberdade estão em eterno antagonismo, É onde existe menos liberdade que a paixão pelo poder é mais ardente e imoral. O desejo de poder sobre os outros só deixará de ser um agente corruptor da humanidade quando todas as pessoas puderem, individualmente, passar sem ele – o que apenas acontecerá quando o respeito pela liberdade da vida pessoal de cada um for um princípio estabelecido.» (*A Sujeição das Mulheres*, pp. 219-22/ CW 21:338)

A teoria de Mill inclui, muito naturalmente, uma confiança nos princípios positivos liberais de liberdade e igualdade e ainda uma análise astuta dos malefícios do patriarcado e da opressão. Mill coloca a autonomia no centro do desenvolvimento pessoal. Considera-a uma capacidade central essencial a uma vida boa. Mas tem igualmente uma consciência aguda da fragilidade desta capacidade essencial e dos muitos obstáculos no caminho para o seu desenvolvimento e exercício. Na verdade, ele antecipa e exprime de forma eloquente muitos dos argumentos formulados pelas feministas contemporâneas sobre a diminuição da autodeterminação das mulheres em regimes patriarcais, bem como algumas das estratégias para superar estes obstáculos e aumentar o controlo sobre as suas próprias vidas. Muitas destas estratégias são princípios liberais básicos, caso do acesso igual à educação e ao trabalho, direito de voto igual, direito de associação em lutas colectivas pela libertação, de controlar a reprodução, direito à segurança pessoal, sobretudo à protecção contra agressões, e por aí adiante. A autonomia pode ser facilmente minada, distorcida e suprimida. O poder corruptor dos machos despóticos para corroer a autonomia de mulheres e crianças sob o seu domínio e para os forçar à submissão é um dos alvos dos ataques apaixonados e reiterados de Mill ao sistema patriarcal.

Quando Mill enumera os direitos fundamentais em *Utilitarismo* e noutras obras dá invariavelmente prioridade ao direito à liberdade e à segurança (CW 10:250-59). A segurança física das mulheres não estava adequadamente protegida e Mill assume como uma das suas grandes prioridades o fazer frente às atitudes sociais que desvalorizam a violência contra mulheres e crianças. As crianças eram propriedade legal dos pais e as mães estavam excluídas de qualquer autoridade legal sobre elas. Na época de Mill o estatuto legal das crianças e mulheres no casamento era chocante. Os «direitos» dos maridos incluíam o sexo forçado e não desejado com as mulheres – por outras palavras, a violação marital legalizada. Mesmo quando o marido era, nas palavras de Mill, um tirano brutal, podia «reclamar dela e impor-lhe a pior degradação a que um ser humano se pode ver submetido, que é servir de instrumento a uma função animal contrária às suas inclinações (…). Ela permanece cativa da pior forma de escravatura quanto à sua própria pessoa.» (CW 21:285; *A Sujeição das Mulheres*, pp. 91-92).

O dissecar dos males da violência doméstica levado a cabo por Mill, incluindo o impacto que resulta do terror que consiste em infligir a infelicidade atroz e o sofrimento, é extraordinariamente avançado para o seu tempo. Na sua época, mais ainda do que hoje, a violência contra as mulheres e a violência familiar não eram levadas a sério e as pessoas desviavam os olhos. A sensibilidade utilitarista de Mill tornou-o consciente de que muitas mulheres padeciam grandes sofrimentos em virtude de agressões físicas e emocionais de que não viam forma de escapar, pelo que esta causa passou a ter o seu total apoio de activista e filósofo. As discussões destes tópicos dolorosos não se restringem ao livro *A Sujeição das Mulheres*. O seu trabalho de activista contra a violência sobre as mulheres e crianças levou-o, com Harriet, a relatar julgamentos envolvendo mulheres e crianças sujeitas a actos de brutalidade. A linguagem usada nestas reportagens é directa e determinada. Olham de frente a realidade da brutalidade e as suas investigações não poupam à sua revolta e condenação morais aqueles que assistem passivamente a estes crimes. O diagnóstico que fazem da opressão de género e da violência doméstica é tão relevante hoje como o era no século XIX. Harriet e John Stuart Mill escrevem, por exemplo, no *Morning Chronicle* sobre o caso de Anne Bird (13 de Março de 1850):

> «Pessoas que não estão familiarizadas (...) com a profundidade e alcance da brutalidade não fazem ideia do que abrange o significado das palavras 'tirania doméstica' (...). Uma vez por outra, o público mostra-se revoltado pela revelação de atrocidades indescritíveis cometidas contra alguma destas vítimas indefesas – apesar de, por cada um destes casos que merece menção, centenas de outros, na sua maioria tão maus ou piores, ficarem nos relatórios policiais sem serem minimamente tidos em conta (...). Se, devido à presença acidental de alguma pessoa de melhor coração do que aquelas de que habitualmente estas pobres criaturas estão cercadas, é apresentada queixa a um magistrado, os vizinhos – pessoas que vivem na mesma casa – quase sempre testemunham, sem arrependimento nem vergonha, que os mesmos actos brutais tinham lugar há muitos anos sob os seus olhos e ouvidos, sem que eles mexessem um dedo para os evitar. As próprias vítimas ou são incapazes de se queixar, devido à juventude ou ignorância, ou não se atrevem a fazê-lo. Conhecem demasiado bem as consequências de falhar ou de conseguir levar uma queixa por diante, quando a lei, depois de infligir um castigo apenas suficiente para excitar a sede de vingança, entrega de novo as vítimas ao tirano». (CW 25:1156)

Como parte da sua campanha contra a violência, os Mill ofereciam descrições cruas, ou até revoltantes, de alguns ataques brutais contra mulheres e crianças. A sua descrição do impacto do trauma em crianças criadas em famílias onde a violência predomina é irresistível, pois pintam um quadro nítido dos ciclos continuados de sofrimento e violência que podem durar várias gerações.

> «Deixemos que uma pessoa imagine o efeito moral degradante (...) de cenas de violência física repetidas dia após dia – a condição aviltada, desalentada, maltratada da desafortunada mulher, a mais habitual vítima da brutalidade doméstica nas

classes mais pobres, acreditando naturalmente estar à margem da protecção da lei – as crianças nascidas e criadas nesta atmosfera moral – com a indulgência descontrolada das paixões mais odiosas, a tirania da força física, nas suas mais rudes manifestações, exibida constantemente como um dos factos mais familiares da sua vida quotidiana – podemos ficar espantados por elas crescerem sem uma única das ideias e dos sentimentos que a educação moral tem o propósito de infundir, sem qualquer sentido de justiça ou afecto, sem qualquer concepção do que seja o autodomínio – incapazes, por seu lado, de controlar os seus filhos de qualquer outra forma que não por meio de agressões?» (CW 25:1157)

Qualquer debate baseado na ideia de que o liberalismo de Mill não leva adequadamente em linha de conta os malefícios que a opressão acarreta para as mulheres e crianças está totalmente errado.

A autonomia é fulcral para o bem-estar humano e para uma vida boa, mas requer apoio social e cultural para o seu pleno desenvolvimento e pode ser facilmente desviada do caminho. Um exemplo de como isso pode acontecer é uma circunstância em que preferências de adaptação tomam o lugar de uma escolha genuinamente autodeterminante e autónoma. Em tais casos as mulheres adaptam as suas preferências à gama restrita de opções de que dispõem, acreditando que fazem escolhas livres, apesar de estas terem na verdade sido subvertidas para se conformarem ao domínio estreito das perspectivas de vida disponíveis. Mill dedica uma atenção considerável à análise detalhada da forma como as preferências e desejos das mulheres são distorcidos e adulterados em regimes patriarcais, e as suas reflexões não estão minimamente desactualizadas. As relações maritais e sexuais são os principais lugares nos quais a opressão faz um trabalho abominável para produzir desejos defeituosos e, dessa forma, coarctar a autonomia. Em muitos desses casos seria extremamente difícil às mulheres, embora não impossível, imaginarem as suas vidas a seguir direcções habitualmente reservadas aos homens, e a ideia de que algumas opções são perspectivas de vida a ponderar e não somente fantasias estaria muito longe da sua consciência. Sempre houve exemplos de «mulheres excepcionais» que abandonaram os papéis que lhes estavam reservados apesar das fortes barreiras sociais. O exemplo de Elisabeth Kübler-Ross, que discuti no capítulo 4, é um desses casos. Objecta-se por vezes que o feminismo liberal promove exemplos como esse num espírito de: «Se elas podem fazê-lo, por que razão não podem mais mulheres conseguir a independência?». Saber se tais exemplos servem acima de tudo como modelos inspiradores para imitar, ou se servem com mais frequência para racionalizar a opressão, ao desvalorizar o poder dos obstáculos à autonomia e emancipação das mulheres, é um ponto interessante de reflexão. É fundamental para a análise de Mill a sua percepção de que a deferência das mulheres ante o poder masculino ilegítimo as leva normalmente a abdicar da sua liberdade para apaziguar as exigências masculinas de obediência. Um medo realista e razoável de sofrer abusos e violência é uma motivação óbvia e também um malfeitor, mas os efeitos corrosivos da tirania familiar podem assumir formas mais subtis, quase invisíveis. O medo legítimo da pobreza é outro factor chave para a limitada autodeterminação das mulheres. Proibidas de trabalhar fora de casa a troco de um vencimento, muitas mulheres viam ser-lhes negada a auto-suficiência económica e eram obrigadas a depender economicamente dos homens. As mulheres de então, como as de agora, preferiam muitas vezes ficar com abusadores brutais do que enfrentar a pobreza que resultaria de qualquer tentativa de fazer uma vida independente. A dependência, em todas as suas formas – pessoal, económica, legal e política –, quando substitui a independência é um dos principais suspeitos nas análises de Mill aos factores que actuam para pôr em causa o bem-estar.

O liberalismo defende e promove a igualdade de direitos e oportunidades educativas e ocupacionais, sem discriminação com base no sexo, classe ou raça. Mill fomenta activamente os direitos das mulheres de competir pelos mesmos empregos e por desempenhar as mesmas funções que os homens tomam como garantidas e como terreno e privilégio seus. A injustiça de ser proibido de exercer algumas funções e de ser educado é uma injustiça geral e é muito debilitante. Ainda assim, Mill defende que alguns grupos de mulheres são particularmente prejudicados pelo facto de serem proibidos de exercer qualquer outra ocupação para lá das tarefas domésticas. Estes grupos incluem as mulheres que de forma deliberada escolheram não casar e aquelas cujos filhos já cresceram ou morreram. Em tais casos, Mill considera que o impacto nas alegrias elementares da vida que resultam da «privação de um objecto digno onde aplicar as faculdades activas» causa grande sofrimento a muitas mulheres impedidas de ter um emprego (*A Sujeição das* Mulheres, p. 220 / CW 21:338). As mulheres que cuidam de casa e dos filhos têm nestas actividades uma fonte de energia e uma forma de exprimir os seus talentos, pensa ele. Mas o que dizer daquelas cujos filhos cresceram e saíram de casa? Ou já morreram? Estas mulheres escolheram e desempenharam os seus deveres domésticos, e no entanto não têm uma forma activa de se exprimir nem um emprego. Os custos disto são elevados. «O que, em sociedades obscurantistas, a cor a raça, a religião (…) representa para alguns homens, é o que o sexo representa para todas as mulheres: uma exclusão peremptória de quase todas as funções honrosas (…) poucas são as pessoas conscientes da imensa infelicidade que, mesmo nos nossos dias, é gerada pelo sentimento de uma vida desperdiçada.» (*A Sujeição das Mulheres*, pp. 224-25 / CW 21:340).

Num passo que poderia ter sido extraído das páginas de *Sobre a Liberdade*, Mill resume isso: «Todo o constrangimento à liberdade de acção de qualquer um dos seus semelhantes (que não vise unicamente responsabilizá-lo de qualquer prejuízo dela decorrente) seca *pro tanto* a principal fonte da felicidade humana, deixando a nossa espécie incalculavelmente empobrecida em tudo o que representa o valor da vida para um indivíduo» (*A Sujeição das Mulheres*, pp. 226 /CW 21:340). Os argumentos usados para defender a liberdade, individualidade e autonomia em *Sobre a Liberdade* têm a mesma função em *A Sujeição das Mulheres*. As limitações impostas às mulheres no casamento, onde estavam sob o controlo legal dos maridos, e as limitações impostas às actividades das mulheres, que eram impedidas de exercer a maioria das actividades fora de casa constituíam grandes barreiras à justiça e è felicidade.

O progresso e os avanços na civilização reformaram muitas outras instituições, mas lamentavelmente a família patriarcal permanece quase igual. Continua a ser um dos locais sobreviventes para o treino precoce de déspotas em ponto pequeno, relutantes em abandonar este bastião no seio do qual a sua agressividade e violência podem ser exercidas quase sem controlo. Mill não afirma que a opressão masculina sobre as mulheres é a forma mais básica de opressão, ou a causa de toda a opressão, como defendem algumas formas de feminismo. Ele apresenta a perspectiva mais modesta segundo a qual os sistemas patriarcais constituem a forma mais persistente de opressão. O poder patriarcal subsiste teimosamente; a sua depravação aproveita-se da natureza íntima da relação entre opressor e oprimido e reforça com isso o seu poder. Uma tal intimidade não existe noutras formas de despotismo. Na tirania doméstica o desejo de poder dos opressores é ampliado, «na medida em que todos os que desejam o poder querem tê-lo, antes de mais, sobre aqueles que lhes são mais próximos (...), e nos quais qualquer independência em relação à sua autoridade tem maior probabilidade de interferir nas suas preferências individuais.» (*A Sujeição das Mulheres*, p. 51 / CW 21:268). Na esfera doméstica, a proximidade e intimidade impedem a revolta e a resistência colectiva e o tipo de levantamentos que com frequência põem fim aos tiranos políticos. Na tirania marital as mulheres não possuem meios óbvios de acção colectiva e têm incentivos poderosos para não ofender os homens. Na onda feminista dos anos 60 e 70, o lema «o pessoal é o político» foi utilizado para fazer frente à convicção das mulheres de que a sua opressão era um problema pessoal e individual. O resultado foi um aumento das motivações e lutas colectivas. Na época de Mill, as mulheres que queriam libertar-se eram subornadas e intimidadas para abandonarem a sua luta. «Ora, se alguma vez houve um sistema de privilégio e sujeição forçada que tivesse o seu jugo ferreamente preso ao pescoço dos que por ele são subjugados, foi sem dúvida este». (*A Sujeição das Mulheres*, p. 52 / CW 21:268).

Acresce que na época de Mill era geralmente aceite a «naturalidade» da dominação masculina. Ele questiona com persistência o significado e a natureza da justificação da ideia de «natural», uma vez que, em sua opinião, esta noção é usada frequentemente para racionalizar a dominação masculina ilegítima. No seu ensaio «Nature» sobre ética ambiental, que terei oportunidade de analisar no capítulo 8, ele questiona a legitimidade desta noção quando utilizada para entravar melhoramentos na natureza. Em *A Sujeição das Mulheres* os alvos do seu questionamento são as diferenças supostamente «naturais» entre os sexos, particularmente as diferenças nas capacidades mentais e morais. Embora fosse frequente afirmar que homens e mulheres têm naturezas diferentes, Mill pergunta como podemos estar certos disto. Recorre a uma comparação adequada com a escravatura, recordando aos leitores que afirmações duvidosas sobre as diferenças intrínsecas entre pessoas de raças diferentes foram amiúde invocadas durante muito tempo para apoiar a escravatura. As afirmações sobre diferença «naturais» são suspeitas, uma vez que ««antinatural» significa geralmente apenas «inusitado», e tudo o que é usual nos parece natural. Sendo a sujeição das mulheres aos homens um costume universal, tudo o que daí se desvie é, evidentemente, visto como uma anormalidade» (*A Sujeição das Mulheres*, p. 55 / CW 21:270). Mill responde à objecção frequente de que a forma habitual de relação marital era aceite voluntariamente pelas mesmas mulheres que eram as putativas vítimas. Responde que esta afirmação é falsa e que, de facto, muitas mulheres combatem esta forma de opressão. Haveria muito mais resistentes se não fosse a dura realidade de que apresentar uma queixa por maus tratos é com frequência «a maior de todas as provocações para a repetição e intensificação dos maus-tratos» (*A Sujeição das Mulheres*, p. 58 / CW 21:271). As mulheres muitas vezes não procuram a reparação das injustiças dos maus-tratos maritais por receio de represálias.

Mill está consciente de que as emoções e desejos femininos estão distorcidos e deformados pela opressão. Trata-se de um tema central e de uma perspectiva partilhada por todas as variedades contemporâneas de filosofias feministas, e Mill está, uma vez mais, avançado em relação à sua época na clareza da sua percepção das coisas. Nesta relação íntima, os homens com tendências tirânicas querem mais do que simples obediência e servidão por parte das mulheres – «querem também os seus sentimentos» (*A Sujeição das Mulheres*, p.58 / CW 21:271). Embora as ameaças de violência possam constituir a estratégia extrema para conseguir acordo e obediência, Mill sabe que muitos homens não recorrem à violência e «desejam ter, na mulher a quem estão mis intimamente ligados, não uma escrava forçada, mas uma escrava voluntária, e não somente uma escrava, mas uma favorita» (*A Sujeição das Mulheres*, p.58 / CW 21:271). Noutras formas de relação entre senhor e escravo o principal instrumento de controlo é o medo. Uma forma de educação perniciosa para o vício é praticada para deformar o carácter das mulheres, para subverter a sua autonomia e individualidade.

«Todas as mulheres são, desde a mais tenra infância, criadas na crença de que o seu ideal de carácter é diametralmente oposto ao dos homens: não vontade própria e capacidade de se governarem autonomamente, mas submissão e rendição ao controlo dos outros. (...), que é seu dever (...) viver para os outros, abdicando completamente de si próprias e não tendo outra vida que não seja para os seus afectos». (*A Sujeição das Mulheres*, pp. 59-60 / CW 21:271-2)

Os afectos das mulheres são, desta forma, estreitados pela sua socialização, e espera-se delas que reduzam o alcance dos objectos do seu amor e dos seus interesses aos maridos, aos filhos e a um pequeno círculo de amigos íntimos. Questões sociais e políticas mais amplas estão, supostamente, fora do seu campo de preocupações.

Mill aborda o tema dos efeitos degradantes para ambos os sexos de relações baseadas na dependência. Os membros das classes trabalhadoras estão dependentes dos seus senhores políticos e económicos e isto tem tido o efeito de bloquear o seu desenvolvimento pessoal e os seus interesses. As mulheres estão incomensuravelmente mais dependentes dos maridos e a deformação do carácter é o resultado previsível desse facto. A organização social e política que incita as mulheres a uma situação de dependência total dos maridos e aquilo que as faz ter como principal objectivo na vida casar com um homem «adequado» conspiram de tal modo que «seria realmente um milagre se o objectivo de ser atraente para os homens não se tivesse convertido na estrela polar da educação e formação do carácter feminino» (*A Sujeição das Mulheres*, p. 60 / CW 21:272). O fascínio sexual surge, então, como essencial e induz as mulheres a desenvolverem traços de submissão supostamente atraentes para os homens. Desta forma, a autonomia é sacrificada e afastada.

É muito prejudicial para o bem-estar social impedir metade da população de procurar e desenvolver os seus talentos e excelências. A liberdade de escolha da vocação é «a única coisa que conduz à adopção dos melhores processos e que coloca cada operação nas mãos daqueles que estão mais habilitados a executá-la». (*A Sujeição das Mulheres*, p. 65 / CW 21:273). Não pode determinar-se sem uma experiência prévia se todos os membros de um dado grupo são ou não qualificados para realizar uma determinada tarefa ou desempenhar uma dada função. Mesmo que fosse possível determinar *a priori* uma grande parte dos talentos ou capacidades da maioria dos membros de um grupo alargado de um género, raça, ou nação, algo que é muito improvável, «haverá sempre uma minoria de casos excepcionais em que não se aplica» (*A Sujeição das Mulheres*, p. 65 / CW 21:274). Mill invoca aqui a convicção, defendida de forma aprofundada em *Sobre a Liberdade*, de que as pessoas são excelentes juízes dos seus próprios interesses e vocações e deveriam, por isso, ter a oportunidade de os seguir. Ele sublinha que uma causa importante da dependência das mulheres face aos maridos é de ordem económica. Na sua análise dos males da classe trabalhadora a pobreza ocupa lugar de destaque. O receio da pobreza sentido pelas mulheres quando pensam deixar a dependência do apoio económico masculino é um forte incentivo para cultivarem a submissão nos assuntos domésticos e sociais. Mill apoia-se igualmente no argumento de *Sobre a Liberdade*, de que somente experiências de vida podem fornecer provas razoáveis sobre as práticas e modos de organização social mais benéficos. Nas relações entre os sexos as provas são esparsas porque só foi seguido um modelo. «Contesto que alguém conheça, ou possa conhecer, a natureza dos dois sexos, uma vez que só houve ocasião de vê-los na sua presente relação um com o outro» (*A Sujeição das Mulheres*, p. 71 /CW 21:276). O resultado disto é que a ciência social não tinha ainda, na época de Mill, fornecido provas fiáveis sobre a questão das diferenças ou semelhanças entre as naturezas de homens e mulheres.

> «Aquilo a que hoje se chama a natureza das mulheres é algo eminentemente artificial – resultado de uma repressão forçada em determinados sentidos e de uma estimulação anómala noutros (...) nenhuma outra classe de seres dependentes terá tido o seu carácter tão inteiramente deformado das suas proporções naturais pela relação com os seus senhores (...) algumas das capacidades da sua natureza foram sempre objecto de uma cultura de estufa, para benefício e prazer dos seus senhores. (...), os homens (...) estão indolentemente convencidos de que a árvore cresce por si mesma da forma como eles a fazem crescer, e que

morreria se não tivesse metade mergulhada num banho de vapor e a outra metade na neve.» (*A Sujeição das Mulheres*, pp. 72-3 / CW 21:276-7)

A ciência social estava no seu período de formação e a falta de provas fiáveis sobre as diferenças de género fazia parte de uma carência mais geral de conhecimento sobre a sociedade. Para o empirismo de Mill tais estudos substantivos são cruciais para a aquisição de conhecimento. Tal como as coisas estavam, afirma Mill, predominava uma ignorância esmagadora sobre as influências e causas dos traços de carácter humanos. Mill leva a cabo uma investigação da filosofia da ciência social em *A System of Logic*. Discute o trabalho a executar no estudo que deseja fazer da ciência moral da etologia – o estudo das influências sociais e ambientais na formação da personalidade e carácter humanos. Este é um projecto que Mill não chegou a concluir. Sobre as capacidades das mulheres ele afirma que já sabemos o suficiente «para que seja uma tirania para elas e um prejuízo para a sociedade impedi-las de concorrer com os homens pelo exercício dessas funções» (*A Sujeição das Mulheres*, p. 128 / CW 21:300). Acrescenta que é inconsistente com as exigências de justiça privá-las da oportunidade de concorrer em condições de equidade por empregos e ocupações.

Para que não seja acusado de exagerar o potencial de abusos, deve esclarecer-se que Mill concorda que muitos casos, se não mesmo a maioria, não são extremos. Existem sentimentos e interesses que moderam os impulsos tirânicos nos homens. Há relações e laços intensos. Acresce que existem factores óbvios que mitigam o impacto deformador do poder sobre os homens. Entre estes contam-se a afeição e o amor, as preocupações e interesses partilhados em relação aos filhos, e a vida diária em comunhão. Mas a posição central e intransigente de Mill sobre esta questão é a de que poder não equivale a liberdade. A contraposição de poder (que ele associa de forma consistente com a tirania e o despotismo) e liberdade percorre, como uma linha luminosa, toda a sua obra.

A visão e argumentos de *A Sujeição das Mulheres* e *Sobre a Liberdade* ajustam-se perfeitamente neste e em outros aspectos. A prática da liberdade, ao fazer, por exemplo, «experiências de vida» em situações domésticas e em experiências vocacionais, é a forma de evoluir segundo as prescrições e argumentos de *Sobre a Liberdade*. Mill pode ser justamente criticado pela falta de imaginação na questão da divisão do trabalho entre os sexos. Mas podia ele ter antecipado os resultados do abrandar das estruturas rígidas da família, sobretudo o pôr em causa a noção dogmática de que a família nuclear, composta pelo marido que ganha o pão, a mulher dona de casa, e as duas crianças e meia, é a única forma «normal» de família? O seu conselho em *Sobre a Liberdade* para que sejam realizadas muitas «experiências de vida» liga-se directamente com a explosão na variedade de famílias e nas formas diversificadas de as pessoas de hoje escolherem a sua organização doméstica. A família nuclear tradicional ficou para trás. Neste aspecto, as sugestões de Mill quanto a experiências de vida foram seguidas de forma ávida. A experiência de vida de Mill e Harriet já não é de todo invulgar.

A aplicação que Mill faz da sua filosofia da educação à família merece alguma atenção especial. A família é um local primordial para a educação moral dos seus membros. A forma como os pais se tratam um ao outro, de forma respeitosa ou com desprezo e maus-tratos, tem um impacto profundo nos filhos. Mill viu isto de forma tão clara que um elemento especial da sua filosofia da educação é dedicado ao papel da família na educação. No seu *Inaugural Adress Delivered to the University of St. Andrews*, um discurso em que aborda o papel da educação universitária, dá especial relevo à importância da família na educação. A educação moral forma os sentimentos e a conduta, e esta formação tem lugar em grande medida durante a infância na arena doméstica da família. (CW 21:247-8). Dado que muita da socialização e desenvolvimento das capacidades humanas ocorre na infância, a família é uma zona particularmente poderosa para a educação no sentido mais lato, para o cultivo das virtudes ou, lamentavelmente, dos vícios. As crianças não podem testemunhar diariamente, e suportar, o tipo de violência descrito nas crónicas de Mill para o *Morning Chronicle* sem serem por isso afectadas e marcadas.

As famílias têm grande potencial para funcionar como escolas especializadas na formação das virtudes; as crianças deveriam ser ensinadas que «a verdadeira virtude dos seres humanos é a sua capacidade para viverem juntos como iguais» (*A Sujeição das Mulheres*, p. 115 / CW 21.294). Estas virtudes domésticas de liberdade e de vida em terna companhia podiam e deviam ser a norma. Os pais que praticam as virtudes morais da igualdade entre os sexos e que se tratam mutuamente com um respeito carinhoso constituem modelos para os filhos imitarem. O treino nas virtudes ou nos vícios a que as crianças são habituadas no seio da família tem o poder de influenciar a sua orientação para a liberdade ou para o despotismo e funciona igualmente como um local de educação dos pais ([13]). Apesar de a família ser por vezes encarada na teoria liberal como o domínio do privado e do pessoal tem um papel social e político notável no liberalismo de Mill.

> «Mas a verdadeira virtude dos seres humanos é a sua capacidade para viverem juntos como iguais, sem reclamar nada para si próprios que não estejam identicamente dispostos a conceder a todos os outros (...). A família, rectamente constituída, poderia ser a verdadeira escola das virtudes da liberdade (...). O que é necessário é que se torne uma escola de simpatia em igualdade, de uma vida em comum com amor, sem poder de um lado e obediência do outro. Era assim que deveria ser entre os pais. Seria então um exercício daquelas virtudes de que cada um precisa para aplicar a todas as outras relações e, para os filhos, um modelo dos sentimentos e conduta que a sua educação temporária por meio da obediência se destina a tornar-lhes habituais e, consequentemente, naturais. A formação moral da humanidade nunca estará adaptada às condições da vida para que todo o outro progresso humano constitui uma preparação enquanto não vigorar na família a mesma regra moral que se adapta à normal constituição da sociedade humana.» (*A Sujeição das Mulheres*, pp. 115-116 / CW 21:294-5)

Nas ideias de Mill, o papel educativo da família tem impacto nos pais. Num casamento entre iguais os homens perderiam, talvez, algum do seu egocentrismo e da sua tentação para ceder à auto--adoração (*A Sujeição das Mulheres*, p. 112 / CW 21:293). As mulheres

---

([13]) Para uma discussão recente das perspectivas de Mill sobre a família, igualdade de género e casamento, veja-se: Morales 1996; Morales 2005, em especial os ensaios de Mary Lyndon Shanley, «Marital Slavery and Friendship: John Stuart Mill's *The Subjection of Women*», 52-70, Susan Mendus, «The Marriage of True Minds: The Ideal of Marriage in the Philosophy of John Stuart Mill», 135-56, e Nadia Urbinari, «John Stuart Mill on Androgyny and Ideal Mariage,» 157-82.

não são imunes às imoralidades das instituições familiares actuais. Alguns poderes que estão à disposição dos vulneráveis podem igualmente actuar para educar as mulheres nos vícios. Elas desenvolvem poderes que podem usar para retaliar contra os maus--tratos e causar sofrimento aos maridos, quanto mais não seja como forma de protecção pessoal: este é, na descrição de Mill, «o poder da quezilenta ou a vingança da rezingona» (*A Sujeição das Mulheres*, p. 102 / 21:289). Os princípios liberais de Mill levam--no, assim, a concluir que ambos os sexos, e a sociedade no seu todo, beneficiariam com a emancipação.

Objecção: A defesa de Mill da divisão
do trabalho por sexo

Abordo agora um aspecto verdadeiramente controverso: a defesa feita por Mill da divisão do trabalho segundo o sexo, no seio da família, a qual tem sido alvo de objecções persistentes, fortes e porventura legítimas. É, de longe, a objecção à teoria feminista de Mill discutida com maior frequência([14]). Alguns críticos vão ao ponto de considerar que esta aplicação incorrecta da teoria afunda o barco do seu feminismo liberal. É excessivo tirar uma conclusão tão forte com base numa infeliz má aplicação da teoria à prática. O que não se segue da teoria substantiva de Mill é a conclusão que ele mesmo retira sobre a escolha das mulheres de ficarem em casa depois do casamento. A correcção dos princípios básicos do liberalismo e do feminismo liberal não é afectada por esta lógica defeituosa. Estes não sofrem com a crítica legítima à afirmação infundada sobre as escolhas das mulheres de trabalhar, ou não, depois do casamento.

Quando, afirma ele, o sustento da família depende de salários,

«a combinação mais comum, segundo a qual o homem ganha o dinheiro e a mulher orienta a economia doméstica, parece-me, de um modo geral, a divisão de trabalho mais adequada entre duas pessoas. Se, a acrescentar ao sofrimento físico de ter os filhos e a toda a responsabilidade pelo seu cuidado e educação nos

---

([14]) Veja-se, por exemplo, Okin 1979, 197-230; Pateman 1988.

primeiros anos, a mulher tem ainda a seu cargo a cuidadosa e económica aplicação do ordenado do marido ao conforto geral da família, está a assumir não apenas a sua justa parte mas, por norma, a maior parte do esforço físico e mental requerido pela vida em comum do casal. E, se acaso empreende mais algum trabalho suplementar, isso raras vezes a alivia das suas tarefas domésticas». (*A Sujeição das Mulheres*, p. 122 / CW 21:297)

Por outras palavras, as mulheres casadas que trabalham a troco de um salário levam a cabo uma jornada laboral dupla, um dia inteiro a trabalhar fora de casa e um segundo dia de trabalho doméstico e educação dos filhos, sem que haja um acordo justo para a partilha desta segunda carga de trabalho com os maridos. A ideia, reconhecida hoje amplamente, pelo menos em teoria, de que a justiça liberal requer que os homens partilhem a responsabilidade pelas tarefas domésticas e o cuidado dos filhos não se afigurou a Mill como uma perspectiva a considerar – alimentando, assim, nos críticos a suspeita de que estava menos empenhado em eliminar o sistema patriarcal do em moderá-lo.

«Estou, por conseguinte, convencido, de que, numa situação realmente justa, não será um hábito desejável que a mulher contribua com o seu trabalho para os rendimentos da família. (...) Todavia, se o casamento fosse um contrato igualitário (...) não seria então necessário, para sua protecção, que durante o casamento fizessem este uso específico das suas faculdades. À semelhança de um homem quando escolhe uma profissão, também quando uma mulher se casa se pode, de um modo geral, considerar que está a escolher a gestão de um lar e a criação de uma família como investimento primordial do seu esforço, (...) e que renuncia, por isso, não a todos os outros objectivos e ocupações, mas a quantos não sejam compatíveis com as exigências daquele.» (*A Sujeição das mulheres*, p. 123-124 / CW 21:298)

Encarando as coisas em termos práticos, Mill considera que as responsabilidades domésticas impedem o trabalho fora de casa à maioria das mulheres casadas. Mill acrescenta a isto algumas condições, mas estas não bastam para evitar as objecções imediatas.

«Mas deve existir um máximo de amplitude para a adaptação de regras gerais a conveniências particulares. E não deveria haver nada que impedisse uma mulher de faculdades excepcionalmente adequadas para qualquer outra actividade de obedecer à sua vocação, mesmo sendo casada – tomando as devidas providências para suprir, de uma outra forma, qualquer eventual falha que se pudesse tornar inevitável no pleno desempenho das suas habituais funções de dona de casa». (*A Sujeição das mulheres*, p. 124 / CW 21:298)

O argumento de Mill tropeça, mas não cai, quando aceita, de forma bem pouco crítica, que as mulheres, ao escolherem o casamento, escolhem, desde logo, fazer da educação dos filhos e do trabalho doméstico a sua vocação e carreira exclusivas. Como vimos no capítulo 4 a propósito das mulheres mórmons e dos casamentos polígamos, embora ele esteja firmemente empenhado na defesa das virtudes liberais da autonomia e individualidade, a sua visão é por vezes pouco clara quando aplicada a casos que se afiguram óbvios à maneira de ver actual. No exemplo das escolhas de trabalho das mulheres, Mill deveria logicamente esperar encontrar muitas mulheres e homens simultaneamente interessados em e capazes de procurar realização e ganhos económicos no trabalho fora de casa e na criação dos filhos. Em vez disso, encara as mulheres casadas como tendo, a este respeito, desejos e escolhas homogéneas. Os homens casados preservam a sua individualidade relativamente ao trabalho depois do casamento, ao passo que as mulheres casadas a perdem. Apesar deste significativo lapso de avaliação, as ideias fundamentais de Mill resistem melhor ao tempo. Não deveria esquecer-se que ele afirma com veemência que um número significativo de mulheres decide voluntariamente não casar, preferindo seguir uma vida de trabalho fora de casa, para a qual muitas delas estão perfeitamente capacitadas e qualificadas. Não obstante estarmos no século xix, altura em que havia escassas oportunidades para pôr à prova as capacidades das mulheres em muitos campos da educação ou da vocação, Mill fornece numerosos exemplos de mulheres de talento e desempenho exemplares em campos como o da governação. Os talentos notáveis de mulheres que souberam governar bem quando as circunstâncias o permitiram (casos da rainha Isabel I e da rainha Vitória) refutam quaisquer afirmações gerais sobre a falta de capacidade para desempenhar funções geralmente reservadas aos homens.

A imaginação limitada de Mill na questão da divisão sexual do trabalho é tanto mais surpreendente e estranha quando comparada com o seu diagnóstico dos males e das barreiras ao desenvolvimento pessoal das mulheres e homens da classe trabalhadora. Faz remontar a origem de muitos dos seus males à privação, sofrida por uns e outros, de condições sociais e políticas necessárias ao desenvolvimento e desenvolvimento pessoal. Ambos os grupos são atormentados pela injustiça social, ao verem o seu desenvolvimento pessoal frustrado por condições sociais sistémicas que dificultam o seu bem-estar e os forçam a situações de dependência e de escravatura face aos patrões. A receita para a sua libertação começa igualmente no mesmo solo de valores e motivações liberais. Apesar disso, e sem uma boa razão, a sua visão das perspectivas futuras das mulheres é mais estreita. No seu capítulo «On The Probable Futurity of the Labouring Classes», Mill começa com uma comparação directa da situação dos homens e das mulheres trabalhadoras de acordo com a teoria da dependência, que ele rejeita por a considerar um resquício conservador e uma justificação da injustiça. Mill manifesta um claro desprezo pela corrupção que subjaz às justificações dos privilégios de género e de classe. Afirma ele que, segundo a teoria da dependência,

> «o destino dos pobres, em tudo quanto lhes diz respeito colectivamente, deveria ser regulado *para* eles, não *por* eles (...). Supõe--se ser um dever das classes altas pensar por eles e assumir a responsabilidade pelo seu destino (...). A relação entre ricos e pobres deveria, de acordo com esta teoria (uma teoria igualmente aplicada à relação entre homens e mulheres) (...), ser amigável, moral e sentimental: tutela carinhosa de um lado, deferência respeitosa e grata do outro. Os ricos deveriam estar *in loco parentis* para os pobres». (CW 3:759)

Mas o que realmente faz falta é, diz ele, a protecção da *lei*, e não a confiança na boa vontade de supostos protectores que estão com frequência bem longe de ser compassivos e carinhosos. «A brutalidade e tirania com que se preenchem os relatórios policiais são dos maridos para com as mulheres e dos pais para com os filhos». (CW 3:761). No caso da classe trabalhadora ele está convencido de que o sistema de governo patriarcal teve na educação dos trabalhadores o seu toque de finados. A era da sua dependência está a chegar ao fim à medida que crescem em independência. Mill considera que o seu bem-estar futuro depende a partir de agora das perspectivas de conseguirem educação e desenvolvimento pessoal. Espera mudanças radicais nas suas condições de vida. Continuam a ser claros os paralelismos entre o diagnóstico dos males e dos seus remédios, no caso dos trabalhadores e das mulheres, mas, depois, estes paralelismos terminam de forma abrupta. As condições de dependência dos trabalhadores irão tornar-se cada vez mais intoleráveis, até o governo autónomo ser a única opção aceitável para eles. A par da progressiva independência política, a independência económica, a possibilidade de escolher uma variedade maior de ocupações, será parte integrante da nova era. Isto aplica-se da mesma forma à independência económica das mulheres e Mill repete a sua opinião de que as ocupações deveriam ser abertas de forma igual a todas as classes e sexos.

> «As mesmas razões que fazem com que os pobres já não precisem de depender dos ricos tornam igualmente desnecessária a dependência das mulheres face aos homens; e o mínimo requerido para haver justiça é a lei e os costumes não imporem a dependência (...) ao determinar que as mulheres (...) não tenham praticamente quaisquer meios para ganhar a vida, excepto enquanto mulheres e mães. Que as mulheres que preferem essa ocupação a adoptem; mas que não exista alternativa (...) para a maioria das mulheres (...) é uma injustiça social flagrante.» (CW 3:765)

Não obstante, ele não se apercebe do lapso de permitir às mulheres tão-só opções limitadas de ocupação enquanto mulheres e mães e (fora do casamento) de trabalho assalariado. É louvável que classifique o trabalho doméstico como uma ocupação, pois uma crítica feminista muito comum às atitudes patriarcais refere que o trabalho não remunerado realizado pelas mulheres dentro de casa é invisível e não é reconhecido nem contabilizado na economia. Mas a falta de disponibilidade de Mill para seguir a sua própria lógica, para alargar a liberdade de escolha de ocupações a combinações diversificadas de trabalho dentro e fora de casa para ambos os sexos, continua a ser controversa e profundamente enigmática. Quer isso se fique a dever a uma falha lógica e de visão quer ao facto de ter chegado à conclusão de que levar o argumento à sua conclusão óbvia teria sido demasiado provocatório e contraproducente, os argumentos de Mill afiguram-se deficientes aos olhos do século XXI. Isto é tanto mais assim quanto ele antecipa horizontes ilimitados para o futuro da classe trabalhadora, incluindo o possível desmantelamento das relações de produção capitalistas em favor de um género de socialismo democrático baseado em cooperativas de trabalhadores. Não há dúvida, no entanto, quanto ao poder e eloquência das linhas principais da sua argumentação em *A Sujeição das Mulheres* como análise dos malefícios do sistema patriarcal e dos benefícios da igualdade sexual e da emancipação.

Sugestões de leitura

Di Stefano, Christine, «John Stuart Mill: The Heart of Liberalism,» em Christine Di Stefano (org.), *Configurations of Masculinity: A Feminist Perspective on Modern Political Theory* (Ithaca: Cornell University Press, 1991), 144-86.

Eisenstein, Zillah, *The Radical Future of Liberal Feminism* (Nova Iorque: Longman, 1981).

Makus, Ingrid, *Women, Politics, and Reproduction: The Liberal Legacy* (Toronto: University of Toronto Press, 1996).

Mill, John Stuart, Harriet Taylor Mill, e Helen Taylor, *Sexual Equality* (org.), Ann P. Robson e John M. Robson (Toronto: University of Toronto Press, 1994).

Morales, Maria, *Perfect Equality: John Stuart Mill on Well-Constituted Communities* (Lanham, MD: Rowman and Littlefield, 1996).

Morales, Maria (org.), *Mill's «The Subjection of Women»: Critical Essays* (Lanham, MD: Rowman and Littlefield, 2005).

Okin, Susan Moller, *Women in Western Political Thought* (Princeton: Princeton University Press, 1979).

Pateman, Carole, *The Sexual Contract* (Stanford: Stanford University Press, 1988).

Rossi, Alice, «Sentiment and Intellect: The Story of John Stuart Mill and Harriet Taylor Mill», em Alice Rossi (org.), *Essays on Sex Equality* (Chicago: University of Chicago Press, 1970), 3-63.
Shanley, Mary Lyndon, «The Subjection of Women», em John Skorupsky (org.), *The Cambridge Companion to Mill* (Cambridge: Cambridge University Press, 1998).

Capítulo 8

ÉTICA AMBIENTAL

Mill verde?

A atitude de Mill ante a Natureza é ambivalente. O seu conhecido ensaio «Nature» exprime alguns compromissos centrais claramente centrados no Homem e ele não hesita em apelar a uma intervenção humana no ambiente quando pensa que isso possa levar a uma redução dos males causados pela natureza ou quando acarrete melhorias claras à condição da humanidade (CW 10:372--402). Neste ensaio Mill rejeita a perspectiva de que a natureza fornece um guia para a conduta moral da humanidade. Devido aos males causados pela natureza, Mill recusa-se a aceitar a existência de uma ordem moral natural que os seres humanos devessem seguir. Não obstante, este ensaio delineia somente um aspecto da sua ética ambiental, sendo que noutras obras ele manifesta uma visão positiva, e até mesmo arrebatada, do meio ambiente natural e da ligação entre os seres humanos e a natureza. O ambiente natural tem um efeito inspirador nos seres humanos e os encontros com a natureza são fontes poderosas de experiências que alimentam a cultura estética, emocional e moral. Mill era um caminhante ávido e muita da sua educação escolar doméstica sob tutela do pai, James Mill, teve lugar literalmente de pé, enquanto aluno e professor discutiam as suas leituras e estudos passeando pela natureza. Os relatos de Mill, no seu diário, sobre os passeios a pé revelam o enorme prazer e inspiração que retirava da relação com a natureza. A beleza natural teve igualmente um papel importante na sua recuperação do período de depressão e crise emocional que atravessou. Os passeios diários na natureza foram uma constante na sua vida. Era um botânico amador e recolhia e classificava espécies de plantas.

A sua relação com poetas românticos, sobretudo com William Wordsworth e Samuel Taylor Coleridge, teve um impacto profundo e duradouro, que encontra expressão na sua visão do papel positivo da natureza enquanto alimento e sustento de algumas das mais valiosas e perenes formas de felicidade. A poesia romântica toma com frequência a natureza como tema e Mill exprime a sua sensibilidade à leitura da poesia nesta perspectiva. As reflexões sobre os efeitos de encontros com grandes belezas naturais permeiam todas as suas obras. Apesar de tudo isso, a sua apreciação da natureza tem limites, definidos pelas suas ligações filosóficas essenciais com o empirismo e com uma teoria do valor segundo a qual o valor essencial está situado em estados de consciência. Mill não é antropocêntrico, ou centrado na humanidade, no sentido em que esse termo é habitualmente utilizado. Tanto ele como Bentham alargam especialmente o círculo do estatuto moral para incluir os animais não humanos capazes de sentir dor e prazer. Mas ele não aceita a perspectiva do ambientalismo radical de que a natureza possui um valor intrínseco por si mesma, independentemente da consciência humana. Nem concorda com um dos argumentos do ambientalismo radical que declara a necessidade de limitar de forma drástica a intervenção humana no ambiente de forma a preservar a vida selvagem. Mas concorda, por certo, com a necessidade de controlar e moderar essa intervenção e, neste aspecto, distingue-se de grande parte dos teóricos da economia do século XIX. Não vê qualquer vantagem em destruir o ambiente para satisfazer o materialismo e a avidez daqueles que já têm riqueza suficiente, por qualquer padrão que seja. A sua teoria constitui uma via de compromisso entre a perspectiva anti-ambientalista de Locke, segundo a qual a natureza é tão-só um conjunto de recursos, e a posição ambientalista radical, que defende o valor intrínseco da natureza virgem. Os compromissos de Mill permitem uma defesa robusta dos limites à intervenção humana no meio ambiente natural. Tanto Mill como John Locke pensam que a natureza não possui valor intrínseco. Mas isto deixa espaço a uma ampla gama de perspectivas, algumas mais esclarecidas e amigas do ambiente do que outras.

No ensaio «Nature», Mill manifesta claramente as fronteiras das suas atitudes positivas face ao meio ambiente. Na verdade, se o ensaio for lido isoladamente pode levar-nos à conclusão de que Mill não é um defensor do ambiente. Mas esse ensaio é apenas uma parte do quadro e o contexto em que foi escrito é importante. A sua intenção declarada é criticar os argumentos de alguns opositores específicos. A argumentação faz parte de um de três ensaios sobre religião. A intenção é responder às teorias cosmológicas da Lei Natural e refutar alguns argumentos do desígnio utilizados para reforçar os argumentos da lei natural para a existência de Deus ou de um desígnio inteligente no universo. Alguns dos seus argumentos são bastante arrebatados mas exprimem, apesar disso, as suas convicções sobre o papel da ética ambiental no contexto da sua Arte da Vida, que tem o objectivo de promover o bem-estar das criaturas sencientes (incluindo muitos animais não humanos) capazes de experiências de felicidade ou de sofrimento. O seu argumento é que a natureza não proporciona um guia para a conduta moral dos seres humanos, ao contrário do que defendem os teóricos da Lei Natural. Mill distingue dois sentidos principais de natureza. «Num sentido, significa todos os poderes existentes quer no mundo interior quer no exterior e tudo quanto acontece em virtude desses poderes. Noutro sentido, significa, não tudo quando acontece, mas somente o que tem lugar sem a acção, ou sem a acção voluntária e intencional, do Homem» (CW 10:375).

Convém recordar que em *A Sujeição das Mulheres* Mill contesta com veemência as ideias feitas sobre o que é «natural» ou não para homens e mulheres. Aí ele afirma que as noções sobre o que é natural são geralmente disfarces ou códigos para o meramente convencional ou habitual. Nessa obra ele dirige os seus ataques àqueles que invocam «o natural» para sustentar as ideias patriarcais sobre o que é ou não adequado para as mulheres. No ensaio «Nature» ele alarga o âmbito do seu questionamento do «natural». Refere que o seu objectivo é «investigar a veracidade de doutrinas que fazem da Natureza um teste do correcto e do incorrecto, do bem e do mal, ou que de alguma forma ou até certo ponto consideram meritório, ou aprovam, que se siga, imite ou obedeça à Natureza» (CW 10:378). Ele contesta os argumentos defendendo que as pessoas deveriam «estar em conformidade» com a Natureza. No primeiro sentido, referido em cima, não podemos deixar de fazer isto, porque todas as acções têm de estar conformes às leis da natureza e é fisicamente impossível agir de outro modo. Além disso, não seria possível contestar de forma sensata que é racional estudar a natureza, perceber as suas propriedades e o modo como estas podem promover ou dificultar os nossos objectivos. Esta é a essência da acção inteligente. No entanto, uma tal conformidade com as leis físicas não é o que têm em mente os teóricos da Lei Natural. Estes encaram a lei da conformidade com a natureza como uma norma moral, e não como norma prudencial. Eles referem-se ao outro sentido de Natureza, «esse em que Natureza surge como distinta da Arte e denota, não todo o decurso dos fenómenos sobre os quais recai a nossa observação, mas somente o seu decurso espontâneo» (CW 10:380). Esta é a Natureza enquanto espontaneidade exterior à intervenção humana. Alguns ambientalistas afirmam que não deveríamos interferir com o funcionamento espontâneo da natureza, que deveríamos deixar em paz as regiões selvagens. Esta perspectiva ambientalista apela à limitação da nossa intervenção, ou até mesmo ao isolamento das regiões selvagens, embora, como é óbvio, tenhamos de alterar outras regiões naturais de forma a satisfazer as necessidades da vida. O que está em causa é o nível de interferência. O debate relativo ao grau adequado de intervenção na natureza é vasto e complexo. E Mill invoca, por certo, em alguns contextos, a distinção entre o espontâneo e orgânico e o mecânico, elogiando o primeiro e desacreditando o segundo. Não obstante, no ensaio «Nature» a preocupação imediata de Mill é com a pretensão de que deveríamos deixar «a natureza guiar-nos» de uma forma muito geral. Ele afirma que é claramente absurdo afirmar que deveríamos seguir a Natureza neste sentido geral.

> «Se o curso natural das coisas fosse perfeitamente correcto e satisfatório a simples acção seria uma interferência gratuita que, não podendo melhorar as coisas, teria de torná-las piores (...). Se o artificial não é melhor que o natural, que propósito servem todas as artes da vida? Cavar, lavrar, construir, vestir roupas, são violações flagrantes do preceito de seguir a natureza».
> (CW 10:380-81)

Isto, afirma Mill, é pura e simplesmente ir demasiado longe, já que todos aprovamos os muitos triunfos sobre a capacidade da natureza de causar danos. Aprovamos, por exemplo, a drenagem de pântanos, a utilização de pára-raios, a construção de diques para prevenir inundações, e por aí adiante. A natureza é com frequência o antagonista e inimigo dos seres humanos. «Todo o louvor da Civilização, da Arte, ou do Engenho é simultaneamente uma depreciação da Natureza, uma admissão de imperfeição, que cabe ao trabalho do homem, e ao seu mérito, fazer por corrigir e mitigar em todos os momentos» (CW 10:381). A verdade é que todas as acções para melhorar a condição humana alteram o funcionamento espontâneo da natureza. Mas não é possível sustentar a vida humana sem tais interferências.

Por tudo isso, a interpretação extrema não funciona. Mill critica igualmente a perspectiva com ela relacionada de que podemos observar o trabalho da Providência na ordem da Natureza. Ele ataca a noção do sublime, predominante no século XIX, considerando que encoraja «preconceitos naturais». Alguns sentimentos naturais podem imiscuir-se e interferir com um julgamento válido. Encontros com a natureza inspiram sentimentos de espanto e admiração. Não obstante, erraríamos se concluíssemos que os fenómenos naturais que suscitam admiração devido à sua vastidão ou poder constituem modelos de conduta moral a imitar. Os fenómenos naturais impressionantes, tais como os furacões, as grandes montanhas, os vastos desertos e os oceanos, ou o Sistema Solar, inspiram sentimentos de sublimidade e de espanto perante a sua grandiosidade.

> «Mas um pouco de reflexão sobre a nossa consciência bastará para nos convencer de que o que torna estes fenómenos tão impressionantes é simplesmente a sua vastidão (...), o sentimento que inspiram é de um carácter inteiramente diferente da admiração da excelência. Aqueles em quem o sentimento de respeito provoca admiração podem ser esteticamente desenvolvidos, mas são moralmente incultos. É uma das qualidades da parte imaginativa da nossa natureza mental fazer com que as concepções de grandeza e poder, das quais nos apercebemos de forma vívida, produzam um sentimento que, embora nos seus graus mais elevados esteja próximo da dor, preferimos à maioria dos prazeres

descritos. Mas somos igualmente capazes de experimentar este sentimento em relação a um poder maléfico». (CW 10:384)

A natureza encarna também o tipo de temeridade que seria considerada criminosa na conduta humana. Exibe uma falta de consideração chocante pela vida humana e pelo seu bem-estar. Será a natureza um modelo para a conduta moral dos seres humanos? Não é possível defendê-lo de forma razoável, pois «a verdade nua e crua é que quase todas as coisas pelas quais os homens são presos e enforcados fazem parte das façanhas diárias da natureza» (CW 10:385). A natureza mata de formas horrendas e com muita frequência. Furacões, pragas de gafanhotos, incêndios, doenças e muitas outras calamidades são parte das suas oferendas habituais. O aperfeiçoamento consiste em vencer as calamidades naturais. Em suma, «o dever do Homem é cooperar com os poderes benfazejos, não mediante a imitação da natureza, mas por meio de uma luta permanente para corrigir o seu curso» (CW 10:402).

Esta é uma parte do quadro. Mas obtemos uma perspectiva bem diferente a partir das reflexões de Mill sobre a tendência destrutiva dos seres humanos e a sua procura constante de crescimento, em ciclos infindáveis de «mais, mais e mais», que, de forma imprudente e sem atenção aos danos causados, destroem a natureza e põem em causa a sua capacidade para ser a fonte de algumas das alegrias e experiências humanas mais perenes e edificantes.

Em debates contemporâneos sobre ética ambiental Mill é considerado, amiúde, um amigo do movimento verde e um exemplo de lucidez e de atitudes progressistas face ao meio ambiente. Nas suas obras sobre economia insurge-se contra a ideia de que um crescimento económico contínuo providencia os meios para promover o bem-estar humano. Defende, ao invés, a ideia de que um estado estacionário de crescimento, no qual tanto o crescimento económico como a população atingem um ponto de equilíbrio, é melhor para a promoção da felicidade. Mill preocupava-se há muito com o sobrepovoamento e participava em programas de sensibilização, entre eles campanhas para o controlo da natalidade que tinham como objectivo conter o crescimento populacional, de modo a que a sua marca não dê origem à destruição ambiental. Destaca-se como exemplo positivo para os ambientalistas, e é posto em contraste, neste aspecto, com John Locke, considerado pelos ambientalistas a personificação das atitudes que desencadearam a presente crise ambiental. Mill foi um dos primeiros defensores do desenvolvimento sustentado. Defendeu modelos de agricultura sustentada e apoiou famílias de proprietários de terras e de agricultores que faziam agricultura de pequena escala, preferindo-os, em muitos casos, às grandes explorações agrícolas empresariais.

A concepção de Mill da natureza humana serve de base às suas perspectivas sobre a actividade económica enquanto parte da Arte da Vida. C. B. Macpherson examina a história do liberalismo e da sua noção central de individualismo. Essa análise esclarece algumas das razões para a posição mais progressista de Mill. Este rejeita a noção de individualismo possessivo que permeia o pensamento liberal anterior, desde a época de Thomas Hobbes até à de Bentham e James Mill. Esta noção mais antiga encara a natureza humana como essencialmente aquisitiva, como interessada, ou até mesmo viciada, na aquisição de cada vez mais bens materiais. Os seres humanos são considerados proprietários das suas próprias pessoas, podendo estas, por isso, ser concebidas como bens. As relações de mercado permeiam e infiltram-se em todas as relações humanas. Mcpherson defende que as primeiras formas de liberalismo, com início em Hobbes, se baseiam num modelo de natureza humana no qual as pessoas são essencialmente «um amontoado de apetites exigindo satisfação» (Mcpherson 1984, 4). Os seres humanos têm desejos infinitos e a conduta racional consiste na «apropriação individual sem limites, como meio para a satisfação do desejo sem limites para apropriação de bens» (5). A famosa máxima de Locke resume tudo. Afirma ele que:

> «todo o homem tem a *propriedade* da sua própria *pessoa* (…). O *trabalho* do seu corpo e a *obra* das suas mãos, podemos dizer, são propriamente dele. Sempre que ele retira seja o que for do estado em que a natureza o colocou, e aí o deixou, misturou o seu *trabalho* com esse objecto, e acrescentou-lhe algo que lhe é próprio, e assim converte-o em *propriedade* sua.» (*Segundo Tratado do Governo Civil* ([15]), p.251 / Locke [1689] 1980, 19)

([15]) In John Locke, *Dois Tratados do Governo Civil*. Trad. Miguel Morgado. Lisboa, Edições 70, 2006.

A natureza em si mesma é, segundo Locke, quase inútil, precisando do trabalho dos homens para adicionar e criar valor. As necessidades humanas são satisfeitas por meio do trabalho e do engenho, e Deus ordenou-nos que trabalhemos. «Deus e razão comandaram-no a subjugar a Terra, isto é, a melhorá-la para o benefício da vida, e que o fizesse investindo nela algo que lhe pertencesse, o seu trabalho» (p. 255 / 21). Qualquer parte da natureza que deixemos intocada pelo trabalho humano é, simplesmente, desperdiçada. A combinação das ideias de que a natureza intocada representa um desperdício, de que somente o trabalho acrescenta valor e de que os seres humanos são caracterizados por um desejo sem limites de apropriação e consumo tem consequências desastrosas para o ambiente. Mill rejeita a ideia de que os seres humanos sejam, antes de mais, consumidores. «O Homem não é essencialmente um consumidor e apropriador (...) mas um executor e empreendedor que se compraz em exercer as suas capacidades» (Mcpherson 1980, 48). A capacidade humana para o relacionamento e a associação alarga-se para lá da nossa espécie. Os seres humanos não são atomísticos e separados, como a crítica comunitarista alega que o liberalismo defende, estão interligados com outros seres humanos, com outros animais e com o meio ambiente. São indivíduos, mas são igualmente seres relacionais e sociais.

Em *Principles of Political Economy* Mill manifesta o seu desagrado pela ideia de que os seres humanos são consumidores e apropriadores competitivos e egoístas, algo que constitui a essência do modelo do individualismo possessivo.

> «Confesso que não me agrada o ideal de vida defendido por aqueles que pensam que o estado normal dos seres humanos consiste em lutar para seguir em frente; que o pisar, esmagar, acotovelar e passar por cima uns dos outros, que constitui o tipo presente de vida social, seja o destino mais desejável para a espécie humana (...).
>
> (...) aqueles que não consideram o actual estado embrionário da evolução humana como o seu tipo derradeiro podem ser desculpados por se mostrarem relativamente indiferentes ao tipo de progresso económico que deixa tão satisfeitos os políticos vulgares; o mero aumento da produção e da acumulação». (CW 3:754-5)

Mill escreve uma frase que bastou, quase por si mesma, para lhe granjear a reputação de filósofo amigo do ambiente. Exprime nela o seu cepticismo quanto ao efeito benéfico de uma população humana em permanente crescimento. Afirma que a espécie humana atingiu já o nível populacional necessário para assegurar o aumento dos benefícios da cooperação e relação social. Acrescenta que, mesmo em condições nas quais exista suficiente comida, roupa e abrigo para todos, pode ainda existir um amontoar indesejável de pessoas de tal ordem que não permita a solidão. O que daí resulta bloqueia espírito humano e esmaga o meio ambiente.

«Não é bom para o homem ser mantido à força e constantemente na presença da sua espécie. Um mundo do qual a solidão seja extirpada é um ideal muito pobre. A solidão, no sentido de estar por vezes sozinho, é essencial a qualquer meditação ou carácter profundos; a solidão ante a beleza e a grandeza naturais é o berço de pensamentos e aspirações benéficas simultaneamente para o indivíduo e para a sociedade, que dificilmente passaria sem elas. Nem há muita satisfação em imaginar um mundo onde nada reste para a actividade espontânea da natureza, com cada pedaço de terra cultivado para criar alimento para os seres humanos, cada recanto florido ou pastagem natural lavrada, onde todos os quadrúpedes e pássaros não domesticados para uso humano são exterminados por serem rivais na competição por alimento, onde todas as árvores supérfluas são arrancadas, e onde praticamente não restam espaços para um arbusto ou flor silvestre poderem crescer sem ser erradicados como ervas daninhas, em nome de uma agricultura melhorada. Se a Terra tiver de perder essa grande porção de deleite que fica a dever-se a coisas que o crescimento ilimitado da riqueza e da população extirparia dela, com o mero objectivo de lhe permitir sustentar uma população mais vasta, mas não mais feliz, espero sinceramente, para o bem das futuras gerações, que se contentem em permanecer estacionárias, muito antes de a necessidade as obrigar a isso». (CW 3:756)

Mill considera que um estado estacionário da população e da economia não resultariam em estagnação do progresso e da felicidade da humanidade; bem pelo contrário. O progresso mental e moral e a cultura seriam libertados ao ver-se livres do «fascínio pela arte de subir na vida». A Arte de Viver iria fortalecer-se e prosperar. As artes e ciências económicas poderiam ser canalizadas para formas mais progressivas a fim «de produzirem o seu efeito legítimo de diminuir o tempo de trabalho». Até essa altura, as invenções não tinham reduzido minimamente a jornada laboral ou a fadiga dos trabalhadores, tendo somente aumentado a fortuna dos ricos. «Somente quando, a par de instituições justas, o aumento da população humana estiver sob a orientação deliberada de uma previsão judiciosa, poderão as conquistas aos poderes da natureza feitas pelo intelecto e energia dos descobridores científicos tornar-se propriedade comum da espécie e meios para melhorar e dignificar os destinos de todos» (CW 3:756-7).

Mill defende que o estado estacionário seria preferível para todos: para os seres humanos e para o ambiente. Não pode aceitar o materialismo descontrolado da sociedade em que vive. «Não percebo por que razão deveria ser motivo de satisfação o facto de as pessoas que já são mais ricas do que o necessário poderem ver duplicado o seu poder de consumir coisas das quais resulta pouco ou nenhum prazer excepto o facto de serem sinais de riqueza» (CW 3:755). O que faz falta são, isso sim, melhores meios de distribuição da riqueza acumulada. O controlo do nível da população humana é um meio crucial tanto para reduzir o impacto excessivo no meio ambiente natural, como para providenciar salários e recursos mais justos e adequados a todos os trabalhadores. A sua posição reconhece a relação entre a redução da pobreza e das desigualdades sociais e o controlo da destruição e intervenção desnecessária dos seres humanos no meio ambiente. Neste aspecto está em sintonia com muitos activistas e teóricos da defesa do meio ambiente que defendem que a desigualdade e as formas de opressão e exploração inerentes às sociedades humanas, tais como as baseadas no sexo, classe ou raça, são com frequência espelhadas nas actividades humanas que repercutem na exploração e opressão do meio ambiente.

Mill e o ambientalismo radical

Até agora Mill parece ser um filósofo amigo do ambiente com algumas condições e limites. Apela à preservação do ambiente quando os seus recursos não são necessários para satisfazer necessidades humanas importantes. Ataca o materialismo e a avidez, considerando-os vícios que funcionam como força motriz de muita da destruição ambiental. Defende uma concepção da natureza humana que rejeita o individualismo possessivo e concede um lugar generoso ao respeito e estima dos seres humanos pelo ambiente. Resta saber, ainda assim, se estes elementos ambientalistas da sua teoria satisfazem as exigências mínimas de algumas teorias ambientalistas actuais, que insistem na necessidade de uma base bem mais forte para respeitar a natureza e protegê-la do controlo humano. Muitas teorias ambientalistas contemporâneas consideram que a natureza possui valor em si mesma e que é necessário o reconhecimento da natureza enquanto foco de valor intrínseco para poder preservá-la. Uma coisa possui valor instrumental se for valiosa somente enquanto meio para um fim intrinsecamente valioso. Algo intrinsecamente valioso é bom em si mesmo, e não apenas enquanto meio para um fim ou em relação a outra coisa. Este argumento ambientalista postula que se a natureza for encarada como tendo apenas valor instrumental, então, a tentação de intervir e esgotar os seus recursos vencerá quaisquer argumentos em favor da sua preservação. A prudência e um interesse pessoal esclarecido não concedem uma motivação suficientemente forte para assegurar uma conduta que preserve e respeite a natureza.

Mill não é um ambientalista radical. As suas atitudes são progressistas, sobretudo para a sua época, mas ele não deu o salto para o reconhecimento de que a natureza possui um valor intrínseco, que lhe é próprio independentemente de qualquer relação com a consciência. Os opositores do ambientalismo radical podem responder que encarar o ambiente como possuindo apenas valor instrumental não é uma receita ou um convite para a destruição ambiental. Adoptar atitudes de prudência esclarecida e um sentido de preservação da natureza em benefício das gerações futuras faria muito pela sua protecção. Para além disso, muito depende do tipo de meios e fins que temos em mente quando ponderamos a utilidade do meio ambiente. Um cenário possível é encararmos o ambiente como um mero conjunto de recursos naturais que são consumidos à medida que são utilizados. A intervenção e o despojamento são inevitáveis neste cenário. Mas há cenários alternativos. Se olharmos para o ambiente como fonte de experiências estéticas e espirituais, úteis e insubstituíveis para alguns tipos de cultivo da excelência, evitaremos intervenções que destruam a natureza e a possibilidade futura de tais encontros edificantes e moralmente regeneradores. Mill relaciona o desenvolvimento moral e espiritual com as oportunidades para sentir a beleza natural, que tende a elevar os sentimentos e a cultivar a imaginação. Esta alimenta a compreensão e a empatia, capacidades importantes para a moralidade e a virtude. Teremos boas razões para deixar a natureza intacta, porque tais experiências são cruciais para o bem-estar. Estes encontros regeneradores com o ambiente podem ser descritos como um tipo de utilização humana do meio ambiente, mas de uma ordem diversa das utilizações que a consomem. Estas são formas não consumistas de usar o ambiente, e não são destrutivas da natureza, pois esta tem de ser preservada para que tais encontros possam ter lugar.

Mill é claramente incapaz de defender que a natureza possua valor em si mesma, independentemente de qualquer relação com uma consciência avaliadora, uma vez que está obrigado pelos seus compromissos teóricos a restringir a atribuição de valor a esses estados de consciência. Não obstante, a forma de hedonismo qualitativo que advoga possui recursos para preencher o hiato entre o ambientalismo radical e as teorias do valor baseadas na consciência. Estes recursos não estão ao dispor dos defensores do hedonismo quantitativo, para os quais a quantidade é a única característica dos estados de consciência relevante para o valor. A qualidade ou o tipo de satisfação são importantes na teoria qualitativa de Mill, e este compromisso abre um outro canal para fundamentar o respeito pela natureza.

Os ambientalistas radicais consideram que o cuidado e a preocupação esclarecida consigo mesmo ou a prudência não bastam. A atitude humana para com a natureza, à luz destas explicações centradas no Homem, induz a uma alienação e separação, quando o que é necessário é uma interligação e relação, tanto para benefício dos seres humanos como da integridade da natureza. Apesar de tudo, o hedonismo qualitativo de Mill oferece, efectivamente, meios para reconhecer valor na relação significativa com o meio ambiente. Para averiguar até que ponto isto preenche o hiato recorro à descrição projectivista ou relacional do valor do filósofo ambiental Baird Callicott. A teoria de Mill não pode fazer tanto quanto a de Callicott para aprofundar a relação Homem- -Natureza, mas a sua filosofia possui os recursos necessários para fazer parte do caminho com a de Callicott. É certo que a teoria deste pode fazer mais do que permite o hedonismo qualitativo.

Callicott explica uma das principais teses da sua teoria projectivista do valor:

> «A *fonte* de todo o valor é a consciência humana, mas não se segue daí, de forma alguma, que o *lugar* de todo o valor seja a consciência em si mesma ou um modo da consciência, como a razão, o prazer, ou o conhecimento. Por outras palavras, algo pode ser valioso somente porque alguém lhe dá valor, mas pode igualmente ser avaliado por si mesmo, e não por propiciar qualquer experiência subjectiva (prazer, conhecimento, satisfação estética, e por aí adiante) ao avaliador (...) Nesta interpretação, uma coisa intrinsecamente valiosa tem valor *por* si mesma, mas não é valiosa em si mesma, isto é, de forma completamente independente de qualquer consciência, uma vez que nenhum valor pode, em princípio (...) ser inteiramente independente de uma consciência avaliadora.» (Callicott 1989, 133-4)

De acordo com esta leitura, é como se o valor fosse projectado no meio ambiente pela consciência que avalia. Embora a consciência seja necessária para haver valor, na perspectiva de Callicott o *lugar* do valor reside, de facto, na natureza, e esta não é valorizada simplesmente porque dá prazer à consciência avaliadora. O objecto de apreciação, a natureza, é agora valorizado por si mesmo e não enquanto meio para outra coisa. A metáfora da projecção é algo enganadora. Talvez seja mais rigoroso e útil dizer que, de acordo com esta perspectiva, o valor está incorporado na relação entre a consciência e o objecto da sua apreciação. De acordo com a perspectiva ambientalista radical, o grau de valor presente dependerá da qualidade da relação entre a consciência avaliadora e a natureza. O grau mais elevado de valor estará presente quando a consciência avaliadora conhecer o ambiente e estiver adequadamente sintonizada e receptiva no plano emocional, e quando o meio ambiente estiver relativamente intocado pela intervenção humana.

Mill pode acompanhar esta descrição relacional até certo ponto. Vai longe de mais, segundo a sua teoria, ao fazer da natureza o lugar do valor. Mas uma consideração da qualidade da relação entre consciência e natureza pode ser integrada no seu hedonismo qualitativo. Mill considera que o «tipo» é uma propriedade fazedora do bem da felicidade. O tipo de prazer afecta a apreciação do seu valor. Enquanto a discussão específica dos tipos se centra com frequência naqueles que consistem no exercício das virtudes humanas, tais como os prazeres intelectuais, estéticos ou compassivos, um olhar mais atento permite verificar que Mill possui, na verdade, uma noção mais aberta dos tipos. Os tipos de satisfação podem ser classificados pela faculdade que afectam, mas podem também ser classificados pela causa da satisfação e ainda pelas características fenoménicas da experiência. Isto amplia o modo mediante o qual a relação Homem-Natureza pode influir no valor. Se uma dada satisfação é de ligação com a natureza ou de fascínio pela beleza natural intocada, isto tem impacto no valor. Um encontro autêntico, apreciador e esclarecido com o meio ambiente é um incentivo para alguns dos estados de consciência mais edificantes, regeneradores e contemplativos, de tal forma que para Mill constituem a base daquilo que os românticos sentem como formas transcendentes e místicas de tranquilidade, ventura e reverência.

A teoria de Mill possui, pois, recursos interessantes para elevar o valor de respostas esclarecidas e emocionalmente sintonizadas com a beleza natural. De acordo com a sua teoria, a relação Homem-Natureza entra na avaliação da felicidade. A relação tem de ser autêntica e não fingida. Se não estivermos a par dos fundamentos da compreensão ecológica não seremos capazes de avaliar a diferença entre a beleza da natureza selvagem imaculada e o *kitsch* de um ambiente artificial que foi devastado e depois reconstruído pelo trabalho humano. Se formos conhecedores da diferença entre natureza autêntica e artificial, o processo educativo que conduz a esta compreensão ecológica terá, muito provavelmente, dado origem a um conhecimento e a uma apreciação da beleza natural espontânea e sem limites. Uma habituação no exercício das virtudes da sabedoria e da compaixão é o melhor garante do seu continuado desenvolvimento e exercício. Uma habituação no exercício das virtudes emocionais, estéticas e imaginativas suscitadas pelos encontros directos com a beleza natural produz resultados semelhantes.

Mill e o Romantismo

A relação de Mill com o Romantismo é muito complexa e uma análise aprofundada da mesma está para lá do âmbito desta obra. Os meus objectivos são limitados. Examino a sua relação com o poeta romântico Wordsworth a fim de ilustrar alguns aspectos cruciais dessa ligação capazes de esclarecer a sua ética ambiental. A ambivalência de Mill perante o meio ambiente natural vai de par com a sua ambivalência em relação a Wordsworth. Na sua *Autobiography* Mill dá conta do papel importante que Wordsworth e a sua poesia desempenharam na recuperação da sua «crise espiritual». É bastante claro que se sente em profunda dívida para com o poeta e a sua obra por terem contribuído para o tirar da depressão. A influência de Wordsworth teve um papel significativo na expansão e reelaboração da sua filosofia no período que se seguiu. Mill vai ao ponto de se descrever como um «discípulo de Wordsworth» durante uma fase da reconstrução da sua filosofia. Não obstante, Mill traça fronteiras claras em torno das áreas da filosofia de Wordsworth que considera razoáveis e aceitáveis; não permitirá ser arrastado para lá dos limites definidos pelo seu empirismo e pela psicologia associacionista.

Mill descreve na *Autobiography* o seu período de crise espiritual e emocional, e a recuperação, como uma «transformação importante nas minhas opiniões e no meu carácter» (CW 1:137). Tudo começou como um episódio depressivo, que ele atribuiu aos defeitos e graves limitações da sua educação privada durante a infância. Embora tenha sido cuidadosamente preparado pelo pai, James Mill, para herdar a responsabilidade pelo utilitarismo, para desenvolver a filosofia utilitarista e tornar-se um «reformador do mundo», acabou por concluir que essa educação foi muito limitadora (CW 1:137). Descreve-se como sendo nessa altura «uma mera máquina de pensar» (CW 1:111). Distingue com frequência os seres vivos, orgânicos e espontâneos das máquinas e robôs. A linguagem e as metáforas orgânicas ocupam lugar de destaque em descrições dos traços de personalidade positivos da espontaneidade e da energia; paralelamente menospreza a passividade «mecânica», considerando-a indigna.

Descreve o desencadear da sua crise emocional como se fosse o despertar de um sonho e como algo semelhante «ao estado (...) em que ficam normalmente os convertidos ao metodismo quando são atingidos pela primeira 'consciência do pecado'» (CW 1:137). O seu recurso evidente a linguagem religiosa para descrever o processo levanta questões interessantes. Ele invoca a linguagem da crise espiritual e da regeneração e descreve o processo como sendo transformador e envolvendo uma conversão. Mill tinha uma consciência aguda dos efeitos do racionalismo excessivo da sua educação e da morte emocional que daí resultava. Lamenta ter sido deixado «sem um verdadeiro desejo pelos fins para a realização dos quais fora tão cuidadosamente preparado: sem qualquer satisfação na virtude ou no bem comum» (CW 1:143). Apesar de explicar que a sua crise foi silenciosa e imperceptível para quantos o rodeavam, padeceu uma angústia grave. Recorre a versos de «Dejection: an Ode», de Coleridge, para descrever o seu estado:

> «A grief without a pang, void, dark and drear,
> A drowsy, stifled, unimpassioned grief,
> Which finds no natural outlet or relief
> In word, or sight, or tear.» ([16]) (CW 1:139)

O impacto da subsequente compreensão dos efeitos prolongados de alguns aspectos da sua educação infantil, particularmente o seu racionalismo excessivo e a tendência para denegrir as emoções, ecoam em toda a sua obra. «Pela primeira vez dei a devida importância, entre as principais necessidades do bem-estar humano, à cultura interior do indivíduo (...). O desenvolvimento dos sentimentos tornou-se um dos pontos cardeais do meu credo ético e filosófico» (CW 1:147). Quando recuperou a capacidade de sentir, reconheceu que a sensibilidade emocional fornece «alguns

---

([16]) *Uma pena sem agonia, vazia, escura e seca, / Uma pesada, rígida e desapaixonada pena, / Que não acha saída natural, nem alívio / em palavras, suspiros ou lágrimas. (N. T.)*

dos materiais de que são feitos toda a dignidade de carácter e toda a capacidade para ser feliz» (CW 1:145). A poesia providenciara os recursos para a sua recuperação da sensibilidade, mas posteriormente convenceu-se de que a poesia era uma fonte universal de uma forma de prazer especialmente valiosa. Ler poesia ajuda ainda ao desenvolvimento de uma imaginação empática, traço fulcral do desenvolvimento moral. A beleza natural era o tema da poesia de Wordsworth e Mill pensava que esta era a chave do seu sucesso em cativar, suscitar e desencadear emoção. Wordsworth tem uma inclinação meditativa. Combina habitualmente a natureza e os sentimentos como temas, fazendo dessa forma com que cada um dos temas reforce o outro. A partir da sua poesia «era como se eu bebesse numa fonte de alegria interior, de prazer compreensivo e imaginativo, que podia ser partilhado por todos os seres humanos» (CW 1:151). A fonte de alegria era universal, perene e fiável. A poesia era pessoalmente terapêutica, mas esse tipo de prazer superior era geral e estava ao alcance de qualquer pessoa. Aqueles que retratam Mill como um grande impulsionador do valor dos prazeres intelectuais esquecem a sua estima pelos prazeres emocionais, em particular aqueles que têm como tema a combinação de poesia e natureza. As *Lyrical Ballads*, escritas por Wordsworth em 1815, ofereciam justamente o que ele precisava na altura. Isto acontecia porque:

> «estes poemas se dirigiam, de forma poderosa, a uma das minhas fontes de prazer preferidas, o amor das coisas rurais e dos cenários naturais, a que ficara a dever (...) muitos dos prazeres da minha vida (...). O que fazia dos poemas de Wordsworth um remédio para o meu estado de espírito era o exprimirem, não a mera beleza exterior, mas estados de emoção, e de pensamento colorido por sentimentos, de que eu andava em busca (...) Necessitava de ser capaz de sentir que existia uma felicidade real e permanente na contemplação serena» (CW 1:151, 153)

Embora a descrição deste processo recorra à linguagem religiosa da conversão, pecado, transformação e busca, Mill não interpreta as suas experiências utilizando uma estrutura religiosa. Encara-as, ao invés, inteiramente dentro da estrutura empirista de pensamento, sentimento e percepção. Ao fazê-lo traça fronteiras claras e rejeita com desdém a metafísica teológica que subjaz à poesia romântica de Wordsworth. Apesar de o seu racionalismo ter sido estilhaçado e de viver um período que descreveu como uma conversão, só deixava este processo ir até certo ponto.

Durante o período de recuperação, Mill descobriu que Wordsworth sofrera uma crise emocional semelhante, «que também ele sentiu que a frescura do prazer juvenil não é duradoura» (CW 1:153). Na verdade, a experiência de Mill assemelha-se à «autobiografia de crise» de Wordsworth, que pode considerar-se um exemplo de escrita sobre transformação e regeneração religiosa. M. H. Abrams defende que Wordsworth se encarava como poeta-profeta que se propôs interpretar para a sua época «o modelo cristão da queda, redenção e emergência de uma nova Terra que constituirá um paraíso restaurado» (Abrams 1971, 29). A queda teve lugar porque os seres humanos se separaram e alienaram da natureza, e a redenção virá da reconciliação com ela. Abrams interpreta a descrição feita por Wordsworth da sua recuperação como o resultado de uma interacção entre o espírito e a natureza. O sofrimento humano será afastado e a união do espírito com a natureza vencerá a nossa alienação e restaurará o paraíso na Terra (113). Wordsworth é comummente encarado como um «místico da natureza» e Mill vê-o, por certo, a esta luz. Na mundividência de Wordsworth, a natureza não é simplesmente objecto de beleza. É igualmente fonte de experiências místicas e transcendentais e de formas de consciência. Além disso, os processos transformadores resultantes de encontros com a beleza natural possuem uma dimensão espiritual subjacente. Não são somente edificantes, podem também conduzir à sabedoria. Wordsworth adoptou as categorias do belo e do sublime para classificar experiências e avaliações de cenários naturais. Abrams explica essas categorias: «De uma forma geral o belo é de pequena escala, ordenado e tranquilo, suscita prazer no observador, e está associado ao amor; enquanto o sublime é vasto (sugerindo, por isso, a infinitude), selvagem, tumultuoso, e temível, está associado com a dor e evoca sentimentos ambivalentes de terror e admiração» (98).

Referi anteriormente a recusa de Mill da interpretação «do sublime» como indicativo de experiências transcendentes ou místicas. A sua atitude para com Wordsworth é ambivalente; ele separa o Wordsworth poeta do Wordsworth metafísico e avalia estas duas personagens de forma muito diferente. A sua avaliação de Wordsworth reflecte de perto os seus próprios compromissos empiristas.

Mill elogia de forma vigorosa o Wordsworth poeta. A 30 de Janeiro de 1829 Mill participou num debate sobre o tema «Wordsworth e Byron» ao lado de John Sterling e John Roebuck, na London Debating Society. Este evento foi um ponto de viragem (CW 26:434-42). Autoproclamando-se «discípulo de Wordsworth», anunciou publicamente uma mudança importante na sua forma de pensar (CW 1:153). Discordou com veemência de Roebuck na questão da importância de cultivar os sentimentos e lamentou que o amigo não pudesse reconhecer que o desenvolvimento dos sentimentos possui valor enquanto auxiliar na formação do carácter. Ao descrever o acontecimento na *Autobiography*, Mill diz que Roebuck:

> «preferia que os seus sentimentos fossem amortecidos em vez de vivificados (...). Via escassos benefícios na cultura dos sentimentos, e nenhum em cultivá-los por meio da imaginação, que considerava equivaler a cultivar ilusões. Foi em vão que o instei a perceber que a emoção imaginativa excitada em nós por uma ideia, quando concebida de forma vívida, não é uma ilusão mas um facto, tão real como qualquer outra qualidade dos objectos; [e tal não implica a existência] de algo erróneo e enganador na nossa apreensão mental do objecto». (CW 1:157)

As notas de Mill neste discurso revelam a profundidade da divisão entre ele e Roebuck. Mill invoca a sua doutrina do desenvolvimento pessoal e o seu teste baseado no conhecimento competente. Faz uma distinção clara entre os que, em sua opinião, podem reclamar-se adequadamente informados sobre a questão em análise, e os que não podem. As suas notas são severas e acutilantes.

> «Começar (...) por repreender qualquer tentativa de ridicularizar Wordsworth (...). Estou inteiramente disposto a entregar todas as minhas ideias sobre o assunto ao veredicto de quantos me estiverem a ouvir, e sem dúvida haverá muitos, que me sejam superiores em cultura intelectual e moral. Mas não posso consentir [*página rasgada*] que sejam juízes aqueles que considero inferiores a mim em ambos os aspectos». (CW 26:434-5)

Neste discurso e em vários ensaios sobre crítica literária, Mill destaca o talento superior de Wordsworth para descrever a natureza e o seu efeito nos sentimentos humanos de tal forma que isso ajuda, de facto, a cultura e a elevação do sentir e da imaginação. A capacidade da poesia para evocar a tranquilidade é muito valiosa. Um dos papéis do poeta é cultivar o gosto do público e esta tarefa inclui educar os leitores para apreciarem a emoção. O fim mais nobre da poesia é o papel que desempenha ao «agir sobre os desejos e os caracteres dos seres humanos por meio das suas emoções, para os elevar rumo à perfeição das suas naturezas». (CW 1:414).

Mill encara Wordsworth como o guia para aprender a cultivar os sentimentos elevados, mas traça limites claros aos conselhos que está disposto a aceitar. No seu discurso afirma: «Aprendi com Wordsworth que é possível, ao meditar em certas ideias, manter uma frescura constante nas emoções excitadas pelos objectos (...) de modo a ligar estados mentais alegres e jubilosos com praticamente qualquer objecto» (CW 26:441). Importa referir que a leitura alternativa da frase «meditar em certas ideias» no passo acima referido é «uma regulação adequada das associações» (CW 26:441). Isto indica que Mill encara a psicologia associacionista como ferramenta fundamental para analisar como a poesia consegue afectar as emoções dos leitores. Ele pretende evitar um recurso a afirmações metafísicas descontroladas.

Ao estabelecer limites às mudanças e agitações do seu pensamento, Mill liga a sua muita estima pelo Wordsworth poeta com uma igualmente forte rejeição do Wordsworth filósofo e metafísico. Segundo Mill, há uma diferença entre descrever sentimentos, algo para o qual Wordsworth é superiormente dotado, e ser capaz de os analisar, o que faz muito mal.

> «Se as pessoas me dão conta, pois, dos seus exageros e mistificações, das suas alusões à comunhão com as grandes formas da natureza (...), eu reconheço que é absurdo, mas o objectivo de falar disto a propósito da questão presente é acusar o Wordsworth poeta dos defeitos do Wordsworth metafísico (...). [A] tendência de um homem que, por hábito de se entregar a determinadas formas de associação, relacionou certos sentimentos com coisas que não suscitam tais sentimentos noutros homens, se depois tentar

explicar isso é natural que entre no misticismo (...) olha *para lá* deles e imagina qualquer coisa espiritual e ideal neles que só o espírito consegue ver – veja-se o misticismo da devoção – a comunhão com Deus, etc.» (CW 26:440)

Mill considera que a sua psicologia associacionista é adequada para analisar as ideias arrebatadas que Wordsworth pensa, erradamente, terem origem religiosa. John Ruskin associa também essas ideias com origens teológicas. Mill examina a análise de Ruskin da ideia de sublime de maneira a contradizer o seu apelo à metafísica religiosa. Mill tem uma análise alternativa baseada na psicologia associacionista e empirista. Se a explicação associacionista para as ideias exaltadas do sublime é convincente é uma questão interessante a pensar.

Mill estabelece as suas perspectivas sobre o associacionismo em notas de rodapé à segunda edição (1869) da obra do seu pai *Analysis of the Phenomena of the Human Mind* (Mill, James, [1869] 1967)([17]). Nestas notas de rodapé Mill tenta tornar compreensível o carácter e exaltação das ideias e sentimentos do sublime. Ruskin defende em *Modern Painters* que as ideias exaltadas estão «corporizadas no universo, e correspondem às várias perfeições do seu Criador» (CW 31:224)([18]). De acordo com a maneira de pensar de Mill, esta afirmação é outra variante das ideias que ele põe em causa no ensaio «Nature». Estas ideias do sublime, admite Mill, são mais complexas e imponentes do que as nossas ideias e sentimentos habituais. Apesar disso, afirma ele, embora Ruskin apresente muito bem a sua tese, está convencido que o associacionismo pode fornecer uma análise alternativa destas ideias grandiloquentes. Uma vez que as ideias complexas são com frequência distintas das ideias mais simples a partir das quais são originadas por meio da acção das leis psicológicas da associação, os sentimentos exaltados de experiências supostamente místicas da natureza podem ser perfeitamente bem explicados utilizando outras ideias e sentimentos vulgares. Mill avança a tese geral de que «as coisas que

---

([17]) As notas de rodapé de John Stuart Mill a esta obra aparecem também em CW 31:93-256.

([18]) A referência de Mill é à obra de John Ruskin, *Modern Painters*, 5 vol. (Londres: Smith Eider, 1851-60).

suscitam as emoções de beleza ou sublimidade são sempre coisas que possuem uma associação natural com algumas ideias impressionantes ou comoventes» (CW 31:224). A ideia de infinito, por exemplo, ou de magnitude sem limites, é suficiente para explicar o carácter impressionante de tais sentimentos. Recorde-se a afirmação de Mill de que aprendeu com Wordsworth a criar emoções «ao meditar em certas ideias» ou ao fazer «uma adequada regulação das associações». Este método bastará para explicar a origem das ideias exaltadas. O próprio Mill dá conta da sua consciência da necessidade de uma defesa consistente do associacionismo, mas mesmo assim a sua defesa é bem menos robusta do que as suas conclusões peremptórias.

«Theism», o último dos três ensaios de Mill sobre religião, é uma peça de apoio a «Nature». Nesse ensaio ataca a prova da existência de Deus baseada num argumento fundado na consciência, isto é, a ideia de que se podemos conceber de forma clara e distinta a ideia de Deus enquanto perfeitamente poderoso, sábio e bom, esta ideia tem de corresponder a um objecto real. Apesar de esta prova, que faz apelo à razão, ser de ordem distinta dos argumentos baseados nas experiências directas da ordem mística da natureza, a apreciação que Mill faz dela dá conta das suas razões para rejeitar as pretensões metafísicas de Wordsworth e dos místicos da natureza. Mill afirma que

> «quando nos dizem que somos todos tão capazes quanto o profeta de ver o que ele vê, sentir o que ele sente, mais, que na verdade o fazemos, e quando o mais árduo esforço de que somos capazes não consegue tornar-nos claro o que nos é dito que vemos (…) é justo perguntar aos portadores se não será mais provável estarem eles enganados quanto à origem de uma impressão nos seus espíritos, do que os outros ignorarem a existência de uma impressão nos seus». (CW 10:444-5)

O argumento de Mill neste passo é semelhante à sua afirmação de que os místicos e os crentes religiosos estão enganados nas análises da sua experiência. Aplicando a linha de argumentação exposta acima ao caso da natureza do misticismo fica a impressão de que ele está convencido que os sentimentos e pensamentos exaltados que experimentou nos seus encontros com a natureza são essencialmente iguais às experiências que Wordsworth e outros tentaram descrever como experiências místicas perante a beleza a natural. Este é um exemplo interessante da separação radical entre a visão e a experiência do mundo do céptico religioso e as do devoto e do místico. Muitos daqueles que estão convencidos que tiveram experiências místicas na natureza alegam não poder duvidar delas; os cépticos respondem que estão apenas a deixar-se levar por fantasias e a confundir imaginação e realidade.

Há uma falta de ligação palpável entre as experiências de Mill na natureza, por muito inspiradoras e terapêuticas que tenham sido para a recuperação da sua depressão, e as descrições de experiências místicas. Embora não seja de esperar que a questão do estatuto das experiências transcendentes ou místicas da natureza possa ser decidida com algum grau de certeza (e por certo não o será aqui), parece, ainda assim, que Mill não apreciou plenamente as experiências de transcendência, que condena como absurdas. Os diários dos passeios de Mill ilustram bem quer o que o atrai e une aos poetas da natureza, quer o que o separa deles. A natureza traz-lhe grande prazer e alegria; encanta-o e desperta nele sentimentos de tranquilidade e harmonia. A sua beleza anima-o e é um antídoto para a depressão. Mas os fulgores da visão transcendente que inspira Wordsworth estão ausentes dos relatos de Mill (CW 27:455-636).

A questão geral não se resolve com facilidade. Não obstante, é interessante saber se os compromissos teóricos de Mill o colocam numa posição embaraçosa quando rejeita por completo a interpretação religiosa das experiências místicas. Convém recordar que no domínio da teoria dos valores ele propõe um hedonismo qualitativo no qual o valor reside nas experiências agradáveis, e em que alguns tipos de experiências de satisfação são mais valiosos do que outros. O seu teste para calcular o valor é a preferência de agentes competentes familiarizados com estas experiências agradáveis, que estão em boa posição para serem juízes conhecedores. Tem, então, em mente o processo educativo de desenvolvimento e desenvolvimento pessoal. Mill é um bom exemplo da perspectiva do céptico religioso. O seu próprio teste do valor das experiências defende que os familiarizados de forma competente com as experiências são aqueles «com direito a uma opinião», ou competentes para fazer juízos de valor, como afirma no seu discurso no debate sobre Wordsworth. Mas as obras de Mill não fornecem quaisquer provas de que ele tenha experimentado as formas de consciência mística que Wordsworth, Coleridge e outros românticos afirmam ter experimentado. Mill delineia concepções elaboradas sobre a educação e o desenvolvimento das capacidades humanas, mas desdenha a cultura espiritual. Pensa ter o direito de julgar e rejeitar como absurdas as afirmações sobre a realidade e o valor do sagrado, apesar de não ter passado por um processo de educação espiritual, incluindo a participação em práticas como meditação e contemplação. Este é um dilema dos cépticos religiosos. Embora algumas experiências místicas e outras experiências sagradas possam ser vividas de forma espontânea, muitas, se não a maioria, resultam desse mesmo tipo de cultura e processo de desenvolvimento que Mill estabelece para a razão e os sentimentos. Os cépticos religiosos recusam entregar-se a essas mesmas práticas, que em muitos casos oferecem o treino e cultura que constituem o contexto e os pré-requisitos para vivenciar o sagrado. Mill censura Roebuck por fazer algo semelhante ao rejeitar o poder dos sentimentos.

Existe uma tensão extrema nas perspectivas de Mill sobre esta questão. Se seguisse os procedimentos usados noutras formas de cultura, sentiria a necessidade de pelo menos experimentar ou ensaiar os primeiros passos de uma prática religiosa antes de se considerar qualificado para julgar essas experiências. Isso constituiria um exemplo das «experiências de vida» que advoga. Mas para alguém empenhado no cepticismo é difícil seguir este programa. Apesar de, como céptico, não ter tomado parte em instituições e grupos religiosos nem levado a cabo uma qualquer das técnicas de oração ou meditação que têm sido usadas em muitas tradições espirituais para tornar os estudantes receptivos ao sagrado, sente-se habilitado para julgar e rejeitar as pretensões daqueles que se submeteram a esses processos de desenvolvimento das capacidades espirituais.

Não obstante a sua rejeição da dimensão religiosa da ligação Homem-Natureza, os argumentos de Mill em defesa da importância de preservar o meio ambiente natural para promover os fins cruciais da humanidade destacam-se e permitem considerá-lo um exemplo das atitudes progressistas em relação à natureza.

Sugestões de Leitura

Abrams, M. H., *The Mirror and the Lamp: Romantic Theory and the Critical Tradition* (Oxford: Oxford University Press, 1953).
Macpherson, C. B., *The Political Theory of Possessive Individualism* (Oxford: Oxford University Press, 1962).
Stephens, Piers H. G., «Plural Pluralisms: Towards a More Liberal Green Political Theory», em Iain Hampshire-Monk e Jeffrey Stanyer (org.), *Contemporary Political Studies 1996*, col. 1 (Oxford Political Studies Association of the UK, 1996), 369-80.
Stephens, Piers H. G., «Green Liberalisms: Nature, Agency, and the Good», *Environmental Politics* 10, n.º 3 (2001), 1-22.
Winch, Donald, «Thinking Green, Nineteenth-Century Style: John Stuart Mill and John Ruskin», em Mark Bevir e Frank Trentmann (org.), *Markets in Historical Contexts: Ideas and Politics in the Modern World* (Cmbridge: Cambridge University Press, 2004), 105-28.

PARTE 2

LÓGICA, METAFÍSICA E EPISTEMOLOGIA DE MILL

RICHARD FUMERTON

Capítulo 9

INTRODUÇÃO E CONTEXTO

É plausível pensar na metafísica e na epistemologia de Mill como o culminar, até certo ponto, do empirismo britânico e como uma transição natural para o positivismo lógico do início do século XX. Porém, não pretendo diminuir a importância do trabalho de Mill. Ele pegou nas ideias semeadas por Berkeley e Hume e pensou sobre elas com o pormenor necessário para as avaliar criticamente. Este passo é crucial, mesmo que o resultado final seja, muitas vezes, a rejeição dessas perspectivas.

Nos seus trabalhos principais, Mill esforçou-se por desenvolver um fundacionismo radical e um programa reducionista igualmente radical que permitissem empregar a razão indutiva para passar de um conhecimento não inferencial dos fenómenos subjectivos para o mundo do senso comum e da ciência. Se a metafísica e a epistemologia de Mill não têm um lugar de honra no panteão das grandes obras dos filósofos modernos é apenas porque raramente exibem o tipo de originalidade ou a fluência retórica que tão bem caracterizou figuras como Descartes, Berkeley e Hume. Também é verdade que o próprio Mill pensava estar, em grande parte, a desenvolver e a retocar as ideias dos outros. A sua restrição dos fundamentos epistémicos aos fenómenos mentais (modificações da mente) de que estamos directamente conscientes foi um tema que atravessou consistentemente a obra de muitos dos seus predecessores e contemporâneos. A análise que fez da causalidade e a sua insistência em afirmar que apenas a indução poderia ir um pouco mais além do dado fenomenicamente até chegar a um conhecimento genuinamente novo foram elaborações (ainda que frequentemente mais sofisticadas) das ideias introduzidas por Hume. Mesmo a redução das proposições que descrevem o mundo físico a proposições que descrevem «as possibilidades permanentes de sensação» tinha sido já sugerida (ainda que não de forma tão explícita ou consistente) por Berkeley. Onde Mill é mais original é, muitas vezes, menos plausível. A sua aparente defesa da indução como fonte até mesmo do conhecimento mais elementar das verdades aritméticas e geométricas, por exemplo, isola-o até mesmo dos seus fiéis colegas empiristas.

Ainda assim, caracterizar Mill apenas como alguém interessado principalmente em desenvolver as ideias dos outros é desvalorizar o seu contributo para a metafísica e para a epistemologia. Embora não tenha muitas vezes antecipado uma parte dos problemas críticos que iriam afectar os programas reducionistas dos positivistas, conduziu as perspectivas dos empiristas britânicos até a um ponto em que começou a ser possível ver com clareza alguns dos grandes obstáculos que aquelas perspectivas devem ultrapassar. Essa transição entre o esboço de ideias novas cheias de interesse e as perspectivas delineadas com clareza, cuja vulnerabilidade se torna manifesta, constituiu um desenvolvimento de enorme importância na história da filosofia. Nem se deve considerar menos importante o significado do seu papel como crítico de outros filósofos. *An Examination of Sir William Hamilton's Philosophy*, por exemplo, é um trabalho deveras impressionante, não apenas como veículo de desenvolvimento das próprias ideias de Mill, mas também como tributo às teorias muitas vezes demasiado rebuscadas de filósofos que, com os muitos acidentes da história, não sobreviveram como figuras dominantes, mas cujo trabalho foi muitas vezes quase tão sofisticado como o dos epistemólogos e dos metafísicos dos nossos dias. *A System of Logic* é muito mais do que uma simples obra de lógica. É também uma tentativa de compreender um vasto conjunto de problemas, como os temas relacionados com as fundações do conhecimento, a filosofia da linguagem, a metafísica da causalidade e, mais recentemente, até mesmo com as bases metafísicas do juízo de valor.

Empirismo radical

É, muitas vezes, surpreendentemente difícil caracterizar as teses centrais dos principais movimentos em filosofia. Os filósofos são, afinal de contas, radicalmente individualistas e há desavenças de fundo acerca das questões principais entre aqueles filósofos que, historicamente, se situam num dado campo teórico. O empirismo radical não é excepção. Locke, Berkeley, Hume e Mill são todos classificados como empiristas, mas têm perspectivas significativamente diferentes acerca da natureza da mente, da realidade física, dos juízos éticos e também acerca da justificação e do conhecimento. No entanto, se há uma doutrina mais vulgarmente associada ao empirismo é a perspectiva segundo a qual todas as ideias são cópias de impressões prévias. Tudo aquilo em que podemos pensar, segundo os empiristas, resulta de ideias que nos chegam como «cópias» dos dados recebidos «directamente» na experiência sensível.

A perspectiva, tal como foi agora apresentada, é obviamente implausível. Temos ideias de sereias, de unicórnios e de centauros, por exemplo, e nunca nos deparámos com nenhuma destas criaturas (ou, mais precisamente, nunca tivemos experiências destas criaturas). Há, porém, uma solução relativamente simples para a ideia fundamental que está subjacente ao empirismo. A ideia de um unicórnio, poderia alguém pensar, é apenas, aproximadamente, a ideia de um cavalo branco combinada com a ideia de uma cabeça com cornos. Apenas as ideias *simples* são cópias de impressões prévias dos sentidos. As nossas mentes podem usar a imaginação para misturar e conjugar estas ideias simples mediante todo o tipo de maneiras estranhas. As ideias complexas assim formadas podem ou não «adequar-se» ou «corresponder» a alguma coisa que alguém tenha alguma vez experimentado ou vá experimentar no futuro.

Uma coisa é defender que todas as ideias simples são «cópias» daquilo que nos foi apresentado na experiência sensível. Outra coisa é especificar com precisão o que nos *é* dado na experiência sensível. Os empiristas radicais negaram que os objectos físicos ou as propriedades não relacionais dos objectos físicos nos sejam *dadas* mediante os sentidos. Em vez disso, diziam, estamos apenas *directamente* conscientes das sensações/percepções/ideias dos sentidos efémeras e dependentes da mente (a terminologia varia de filósofo para filósofo). Os filósofos do século XX chamam muitas vezes *dados dos sentidos* aos objectos dependentes das percepções de que estamos conscientes directamente na experiência sensível. Houve muitos argumentos a favor desta tese, todos eles bastante controversos. Um dos mais comuns foi um argumento da relatividade perceptiva. Parece plausível, pelo menos inicialmente, defender que o carácter daquilo de que estamos imediatamente conscientes na experiência sensível depende causalmente tanto daquele que percebe e das várias condições da percepção como de algumas propriedades que pertencem ao objecto externo. Um objecto que pareça redondo a uma criatura com o nosso tipo de olho pode parecer oval a uma criatura com outro tipo de olho. Um objecto que nos pareça vermelho num conjunto de condições (condições de luminosidade, por exemplo), pode parecer amarelo ou laranja em outras condições. Na verdade, parece existir um sentido evidente no facto de a forma aparente de um objecto mudar constantemente, tal como muda a nossa perspectiva sobre o objecto. Mas os objectos físicos e as suas propriedades objectivas são, por definição, independentes da percepção. Supõe-se que têm, como disse Hume, uma existência independente e continuada. Aquilo de que estamos conscientes na experiência dos sentidos é dependente de quem percebe e efémero. Não é, portanto, um objecto físico com as suas propriedades.

Que há um «hiato» entre a aparência subjectiva e a realidade exterior pode parecer uma tese bastante fácil de aceitar, mas a existência do hiato levanta enormes problemas epistemológicos e metafísicos – problemas que continuam a ser debatidos fervorosamente. Se todas as nossas ideias simples são ideias de impressões subjectivas dos sentidos, então como formamos a ideia de objectos físicos? A consequência lógica deste empirismo radical parece ser a perspectiva que Hume expressa poeticamente no *Tratado da Natureza Humana*:

> «Ora, visto que nada está presente ao espírito a não ser as percepções e visto que todas as ideias derivam de algo que esteve anteriormente presente ao espírito, segue-se que nos é impossível conceber ou formar uma ideia de algo especificamente

diferente das ideias e das impressões. Fixemos a nossa atenção fora de nós tanto quanto possível: lancemos a nossa imaginação para o céu ou para os limites do universo; de facto, não avançamos um passo além de nós próprios, nem podemos conceber qualquer espécie de existência a não ser as percepções que aparecem nesta área limitada. Este é o universo da imaginação e não temos nenhuma ideia que não seja lá produzida.» (*Tratado da Natureza Humana*, pp. 101-102 / Hume [1739-40] 1888, 67-8)

O empirismo radical, com a sua insistente afirmação de que todas as ideias complexas devem ser construídas a partir de ideias simples que são cópias de impressões prévias, parece convidar ao cepticismo até mesmo acerca da *inteligibilidade* do pensamento acerca um mundo de objectos físicos independentes de quem os percebe. Como veremos, trata-se de um problema central para Mill.

Mesmo que se admita a inteligibilidade do pensamento sobre a realidade exterior, o mesmo empirismo radical que restringiu as ideias simples a ideias de impressões prévias dos sentidos levantou também inúmeros problemas epistemológicos. Praticamente todos os empiristas radicais (e Mill não foi excepção) eram fundacionistas convictos. Todo o conhecimento e toda a crença justificada assentam, em última análise, numa «fundação» de verdades que conhecemos ou em que justificadamente acreditamos de forma directa, sem interferência. Se uma pessoa pensar na maior parte daquilo que julga saber e em que justificadamente acredita, não será provavelmente muito difícil convencer-se de que tem o conhecimento relevante e a crença justificada apenas porque pode legitimamente inferir aquilo em que acredita de uma coisa diferente que sabe ou em que justificadamente acredita. O leitor acredita provavelmente que George Washington foi o primeiro presidente dos Estados Unidos. E se perguntar a si próprio por que razão tem esse conhecimento, irá provavelmente apresentar como prova o facto de ter lido vários livros de história que parecem de confiança, ou o facto de ter visto monumentos relevantes, ou o facto de a sua professora de História lho ter dito quando frequentou a escola. É claro que estas outras alegadas verdades apenas lhe podem fornecer o conhecimento acerca da presidência de George Washington se as conhecer ou se acreditar justificadamente nelas. *Garbage in, garbage out* ([19]). O princípio que se segue foi praticamente tido como garantido pela maior parte dos epistemólogos na história da filosofia:

> Para que alguém esteja justificado na crença em P, inferindo P de E, deve estar justificado na crença em E.

A maior parte dos empiristas, diria eu, aceitou um princípio ainda mais forte, um princípio a que podemos chamar o Princípio da Justificação Inferencial (PJI):

> (PJI) Uma pessoa está justificada em crer em P inferindo P de E apenas se (a) uma pessoa está justificada na crença em E e (b) uma pessoa está justificada na crença de que E torna provável P (em que garantir a verdade de P por E seria o grau máximo em que E torna P provável).

A insistência na segunda alínea pode parecer novamente parte do senso comum. Se alguém afirmasse que tinha boas razões para acreditar que o leitor iria viver uma vida longa e apresentasse como prova uma longa «linha da vida» na palma da sua mão, o leitor iria provavelmente pôr em causa esta pretensa prova, afirmando que não há razão para acreditar que haja uma ligação entre uma linha da vida longa e uma vida longa.

A primeira alínea do PJI é uma premissa de um argumento clássico do fundacionismo. O argumento é o seguinte:

> 1. Se a única maneira de conhecer ou acreditar justificadamente numa proposição P for inferi-la de algo diferente E1, então pela alínea (a) do PJI, uma pessoa conhece ou acredita justificadamente que P apenas se sabe ou acredita justificadamente que E1.
>
> 2. Mas se a única maneira de saber ou acreditar justificadamente numa proposição P for inferi-la de outra coisa, então para

---

([19]) «Garbage» significa «lixo». A expressão «garbage in, garbage out» (GIGO) pode traduzir-se como «a qualidade pobre do que entra é igual à qualidade pobre do que sai», sendo utilizada em informática para exprimir a ideia de que os computadores processam todo e qualquer tipo de informação, sem selecção ou avaliação da respectiva qualidade. (*N. T.*)

se saber ou acreditar justificadamente em E1 deve-se inferi-la de algo diferente E2, que deve ser por sua vez inferida de E3, que se deve inferir de E4, e assim *ad infinitum*.

3. Uma mente finita não pode completar a regressão infinita descrita em (2); assim, se a única maneira de saber ou acreditar justificadamente em algo for por meio de uma inferência, não temos qualquer conhecimento ou crença justificada.

4. É absurdo supor que não temos qualquer conhecimento ou crença justificada (nem sequer seríamos capazes de acreditar nisto justificadamente).

Portanto,

5. Deve haver conhecimento ou crença justificada que não dependa da inferência e todo o conhecimento e crença justificada deve «assentar» em tal conhecimento ou crença justificada.

Com a alínea (b) do PJI há outra regressão que a ensombra. Para acreditar justificadamente em P com base em E1, uma pessoa deve não só acreditar justificadamente em E1, como também acreditar justificadamente que E1 torna P provável. Se toda a justificação fosse inferencial, uma pessoa precisaria de inferir que E1 torna P provável a partir de algo diferente F1, que precisaria de ser inferido de F2 e assim sucessivamente. Mas também teria de acreditar justificadamente que F1 torna provável que E1 torna provável P e teria de o inferir de algo diferentee G1, que seria requerido para inferir G2 e assim sucessivamente. Mas também teria de acreditar justificadamente que G1 torna provável que F1 torna provável que E1 torna provável P, e teria de inferir que... A não ser que haja fundamentos para o conhecimento e para a crença justificada, uma pessoa tem de completar um número infinito de cadeias de raciocínio infinitamente longas.

Uma coisa é defender que tem de haver conhecimento directo ou justificação não inferencial. Outra coisa é compreender o que constitui esse conhecimento e o que pode efectivamente ser conhecido desta maneira. O que nos leva a outro princípio central do empirismo radical. O mesmo conhecimento directo que originou o conteúdo das ideias simples foi também também concebido como aquilo que nos dá os fundamentos epistemológicos. Estamos justificados não inferencialmente para acreditar que estamos a sofrer, por exemplo, porque estamos conscientes directa e imediatamente da mesma dor que é o «fazedor de verdade» da nossa crença. É precisamente por os empiristas pensarem que nunca temos contacto directamente com os objectos físicos e as suas propriedades que se rejeitou a inclusão das verdades sobre o mundo físico nos fundamentos do conhecimento. A ideia de que não inferimos que estamos a sofrer é também, plausivelmente, apenas parte do senso comum. Se o leitor me atingir na rótula com um cutelo, será difícil que tudo se passe como se eu inferisse a presença de uma dor lancinante do facto de estar a sangrar abundantemente e parecer estar a gritar a plenos pulmões. O conhecimento é mais directo do que isso. Assim, os empiristas mais radicais queriam restringir todo o conhecimento fundacional da verdade *contingente* ao conhecimento dos conteúdos actuais da mente de uma pessoa. Como veremos, Mill adopta um fundacionismo ligeiramente mais liberal, que inclui o conhecimento directo das experiências passadas reveladas pela memória.

As verdades contingentes são verdades que descrevem o mundo como é. As verdades necessárias descrevem o mundo como deve ser. E a maior parte dos fundacionistas radicais queria incluir nos fundamentos pelo menos algumas verdades necessárias – verdades simples da aritmética e da geometria e algumas verdades conceptuais (analíticas) (que os solteiros são não casados, que os pais têm filhos, que os quadrados têm quatro lados) e, talvez, alguns princípios da razão (proposições da forma E implica, ou melhor, torna P provável). Muitas vezes estes empiristas tentaram localizar os fazedores de verdade, até mesmo das verdades necessárias, «na mente». Assim, para Hume, as verdades necessárias foram tornadas verdadeiras pelas «relações entre as ideias». Ao localizar os fazedores de verdade nos estados mentais, os empiristas asseguravam uma continuidade entre a explicação dada das verdades necessárias conhecidas de modo fundacional e das verdades contingentes conhecidas de modo fundacional. Ambas assentavam num conhecimento directo do que se passa nos confins da mente de uma pessoa.

O problema do cepticismo era uma sombra ameaçadora devido em grande parte aos fundamentos demasiado espartanos do empirismo radical para o conhecimento e para as crenças justificadas.

O regresso ao senso comum torna-se longo e sinuoso depois de se restringirem as premissas disponíveis a verdades sobre os conteúdos da mente de uma pessoa. Uma grande parte depende, obviamente, daquilo que uma pessoa considera saber relativamente aos princípios que sancionam as inferências a partir dos fundamentos. Um argumento é dedutivamente válido quando as premissas implicam a conclusão, isto é, quando é absolutamente impossível que as premissas sejam verdadeiras e a conclusão falsa. Mesmo os cépticos mais radicais da história da filosofia permitiram-se muitas vezes o conhecimento e a utilização do raciocínio dedutivamente válido como modo de ir além dos fundamentos disponíveis. A dificuldade, como é evidente, consiste em não se poder ir muito mais longe. Há um sentido segundo o qual a conclusão de um argumento dedutivamente válido já está contida implicitamente na conjunção das premissas do argumento. Não se pode passar daquilo que uma pessoa parece recordar-se para algo que tenha acontecido efectivamente através da dedução. Não se pode passar do mundo da aparência subjectiva para o mundo do facto objectivo através da dedução. Enquanto alguns dos maiores cépticos radicais insistiam em que a única forma legítima de raciocínio era o raciocínio dedutivamente válido, era mais comum os empiristas radicais permitirem a legitimidade de, pelo menos, algumas formas de raciocínio não dedutivo. E um dos candidatos mais promissores era o tipo de raciocínio a que muitas vezes se chama indução enumerativa.

O raciocínio indutivo envolve dois tipos de conclusões. Contudo, todos os argumentos indutivos passam de correlações observadas entre as propriedades ou os tipos de acontecimentos para conclusões relevantes. O raciocínio indutivo mais ambicioso passará do facto de (quase) todos os F observados terem sido G para a conclusão geral de que todos os F são G. Observamos um conjunto finito de metal que foi aquecido e que dilata e daí inferimos que todo o metal dilata quando aquecido. Um argumento indutivo menos exagerado parte novamente da premissa de que (quase) todos os F observados foram G, juntamente com uma premissa que descreve uma coisa como F, para a conclusão de que se trata também de G. Nenhum destes argumentos é dedutivamente válido. O peru que espera ser alimentado quando é chamado pouco antes do dia de Natal descobre rapidamente que não há garantia futura para as correlações observadas. Porém, exactamente como o peru, parecemos querer «apostar as nossas vidas» projectando correlações já descobertas. Cada vez que o leitor bebe água, esperando com isso matar a sede em vez de se matar a si próprio, está, poder-se-ia dizer, a apostar a sua vida em como uma correlação observada continuará no futuro.

Mill tornou claramente possível a indução como método legítimo de alargar o conhecimento. Na verdade, como também veremos, ele parecia defender que o chamado raciocínio dedutivo era, na realidade, uma forma disfarçada do raciocínio indutivo. Como iremos também ver, ele parecia defender (mais uma vez, contra muitos dos seus colegas empiristas) que mesmo o raciocínio matemático era fundamentalmente indutivo. Seja ou não a indução uma forma legítima de raciocínio, não é fácil ver como pode uma pessoa ir muito além dos fundamentos dos empiristas radicais para as conclusões do senso comum, que usa apenas o raciocínio dedutivo e indutivo. Em particular, é difícil perceber como pode uma pessoa chegar ao mundo exterior. O raciocínio indutivo permite que uma pessoa projecte apenas as correlações observadas. Porém, se uma pessoa nunca estiver directamente consciente de nada a não ser das sensações ou percepções, como observa as correlações entre as percepções e os objectos físicos que devem ser descritos nas premissas do argumento indutivo? O mesmo Hume que defendia que a nossa imaginação está limitada à percepção também fez ver a dificuldade óbvia da tentativa de pensar indutivamente o nosso caminho para o mundo físico:

> «A única conclusão que podemos tirar da existência de uma coisa para a de outra obtém-se mediante a relação de causa e efeito, a qual mostra que há uma conexão entre os dois e que a existência de um depende da existência da outra. A ideia desta relação deriva da experiência passada, através da qual descobre que dois seres estão constantemente conjugados e apresentam-se sempre juntos à mente. Mas como nenhuns seres estão jamais presentes à mente senão as percepções, segue-se que podemos observar uma conjugação ou uma relação de causa e efeito entre percepções diferentes, mas nunca a podemos observar entre percepções e objectos. É portanto impossível que, da existência de qualquer das qualidades da primeira, possamos jamais tirar uma

conclusão relativa à existência do segundo, jamais satisfazendo a nossa razão quanto a este ponto.» (*Tratado da Natureza Humana*, pp.257-58 / Hume [1739-40] 1888, 212)

Embora o problema não seja discutido muito minuciosamente, devemos questionar-nos como pode o raciocínio indutivo levar alguém de uma memória aparente ao conhecimento do passado. Para pensar indutivamente será preciso confiar numa premissa que correlacione a memória aparente com os acontecimentos passados. Porém, para usar uma tal premissa, uma pessoa irá precisar (pelo PJI) de ter razões para acreditar nela. Mas como pode alguém descobrir que, no passado, quando nos parecíamos lembrar de ter feito algo, o fizemos sem confiar na memória, a mesma memória cuja fiabilidade está para ser mostrada!

Mill tinha pleno conhecimento de ambos os problemas e, como veremos, tentou desesperadamente resolvê-los, ainda que de maneiras radicalmente diferentes. Não será desadequado dizer que em toda a sua metafísica, epistemologia e lógica, Mill tentou desesperadamente encontrar uma maneira de conciliar o senso comum com um respeito adequado pelos argumentos de Hume contra ele.

Sugestões de leitura

Ayer, A. J., *The Problem of Knowledge* (Edimburgo: Penguin, 1956), capítulo 2.
Berkeley, George, *Three Dialogues Between Hylas and Philonous*, (org.) Colin M. Turbayne (Indianápolis: Bobbs-Merrill, 1954). *Três Diálogos entre Hilas e Filonous em oposição aos Cépticos e Ateus*, trad. port. António Sérgio (Coimbra: Atlântida, 1965). *Tratado do conhecimento humano; Três diálogos*; trad e pref. Vieira de Almeida; trad. pref. e notas António Sérgio Lisboa (Imprensa Nacional – Casa da Moeda, 2000).
Fumerton, Richard, *Metaphysical and Epistemological Problems of Perception* (Lincoln e Londres: University of Nebraska Press, 1985), capítulo 2.
Wilson, Fred, *Psychological Analysis and the Philosophy of John Stuart Mill* (Toronto: University of Toronto Press), capítulo 1.

Capítulo 10

LÓGICA E EPISTEMOLOGIA

Como observámos no último capítulo, Mill, como quase todos os seus antecessores e contemporâneos, pensava ser óbvio que alguma forma de fundacionismo fosse verdadeira:

> «As verdades são conhecidas por nós de duas maneiras: umas são conhecidas directamente e por si próprias; outras têm a mediação de outras verdades. As primeiras são o objecto da Intuição, ou Consciência; as últimas, da Inferência. As verdades conhecidas por intuição são as premissas originais a partir das quais se inferem todas as outras. Sendo a aceitação da conclusão baseada na verdade das premissas, não poderemos nunca chegar a um qualquer conhecimento pelo raciocínio, a menos que se possa conhecer alguma coisa que anteceda todo o raciocínio.» (CW 7: 6-7)

Tal como na tradição dos seus colegas empiristas britânicos, Mill também parecia pensar que era simplesmente óbvio que os dados de que estamos conscientes directa e imediatamente são os conteúdos da mente – sensações, ideias, sentimentos, crenças, e outros do género. As proposições que descrevem a ocorrência dos «fenómenos» são as verdades que podem ser conhecidas não inferencialmente e que constituem os fundamentos do restante conhecimento. Há apenas uma maneira de passar daquilo que apreendemos directamente para o conhecimento das verdades que descrevem aquilo que não está perante a consciência, que é o raciocínio indutivo. Uma vez que o raciocínio indutivo requer sempre a consciência das correlações entre as ocorrências dos vários fenómenos, Mill, à semelhança do seu antecessor Hume, estava convencido de que nunca poderíamos chegar a uma conclusão que nos levasse para além do campo dos fenómenos. Ao contrário de Hume (e mais como Berkeley), Mill pensava que poderia conciliar esta conclusão com o senso comum – se entendermos adequadamente o conteúdo das crenças vulgares do quotidiano, descobriremos que há um sentido segundo o qual tais crenças nunca *requerem* realmente *de nós* que avancemos para teses complexas sobre o *tipo* de fenómenos com que temos contacto directamente. Teremos ainda muito a dizer, mais tarde, sobre as tentativas de Mill para reconstruir o conteúdo das crenças vulgares de modo a poder usá-las como prova indutiva.

Inicialmente, pareceria não haver nada de muito interessante ou original acerca das verdades que Mill identifica como fundacionais. Mas é-se imediatamente surpreendido ao descobrir que os exemplos que Mill dá de verdades conhecidas logo incluem, não só descrições dos estados de consciência *presentes*, mas também descrições dos estados de consciência *passados*:

> «Exemplos de verdades que conhecemos por meio de consciência imediata são as nossas próprias sensações corporais e as sensações mentais. Sei directamente, e por conhecimento próprio, que ontem estava aborrecido ou que hoje tenho fome.» (CW 7:7)

À primeira vista, podemos achar que se trata de um descuido, mas parece claro que Mill não pensava que o conhecimento que uma pessoa tem dos seus próprios estados de consciência passados através da memória fosse um conhecimento *inferencial* – ou, sendo conhecimento inferencial, claramente constituiria uma excepção ao seu princípio, noutros aspectos sem excepção, segundo o qual todo o conhecimento inferencial requer o raciocínio indutivo. A sua maior discussão acerca do estatuto epistémico das verdades fenoménicas (verdades acerca do carácter qualitativo da experiência) que nos são apresentadas pela memória está numa longa nota de rodapé em *An Examination of Sir William Hamilton's Philosophy*, de que aqui cito:

«A nossa crença na veracidade da Memória é evidentemente primordial; não pode ser dada qualquer razão para ela que não pressuponha a crença e a suponha bem fundada.» (EWH 209)

Talvez para se assegurar de que não era o único neste aspecto, Mill afirma que todos os seus antecessores que tentaram assegurar o conhecimento a partir de uma fundação que consistisse em verdades sobre sensações também se «atribuíram», eles próprios, conhecimento baseado na memória do seu passado fenoménico imediato (EWH 210n). Porém, a filosofia é um campo em que simplesmente não há segurança nos números e vale a pena analisar mais pormenorizadamente os problemas que aqui foram levantados, pois suscitam questões que ameaçam enfraquecer todo o projecto de Mill.

Parece haver apenas duas possibilidades efectivas. Ou (a) Mill pensava que através da memória uma pessoa podia conhecer directa e imediatamente pelo menos algumas verdades sobre o passado, ou (b) reconhecia que há um sentido segundo o qual as verdades sobre o passado são implicitamente inferidas da «experiência» da memória presente, mas sustentava que o princípio não dedutivo que sanciona a inferência é conhecido directamente (pela intuição). Se (a) for verdadeira, Mill corre o risco de perder alguns critérios claros para caracterizar o conhecimento fundacional; (b), por seu turno, é simplesmente incompatível com toda a dinâmica de uma epistemologia que apenas permite o raciocínio indutivo como instrumento epistémico legítimo do conhecimento mais avançado. Passo a explicar.

Embora Mill pareça algumas vezes evitar a introspecção como um modo de determinar o que pode ou não ser conhecido directamente, há um conjunto de passos nos quais parece identificar aquilo que é directamente conhecido pela consciência com aquilo de que não se pode duvidar ou em que não se pode acreditar falsamente. Reconhece, claro está, que há um debate intenso sobre questões como a de saber em que medida podemos apreender directamente os objectos físicos e as suas propriedades – um dos principais temas debatidos em relação com a filosofia de Hamilton. E ele certamente não pensa que se possa resolver o problema prestando simplesmente mais atenção fenomenológica ao carácter (o carácter intencional) dos estados sensoriais de uma pessoa e às crenças a que dão origem. Porém, aqui está preocupado principalmente com a confusão provável que afecta o filósofo que se acostumou de tal maneira a diversas associações dos fenómenos construídas a partir da primeira experiência, que não consegue separar no pensamento aquilo que envolve a inferência daquilo que não a envolve. Assim, considere-se, por exemplo, a nossa expectativa de que beber água fria matará a nossa sede, ou que a aproximação ao fogo nos aquecerá. Embora Mill (e quase todos os seus antecessores e contemporâneos) considere praticamente incontroverso que essas crenças só possam ser justificadas inferencialmente (veja-se o capítulo 9), ele também compreende que, habitualmente, não há apreensão de qualquer inferência *consciente* das premissas disponíveis para a conclusão relevante. As expectativas são, num certo sentido, espontâneas. São o produto de uma exposição sem fim a correlações que criaram em nós uma resposta pavloviana aos estímulos relevantes. Alguns filósofos contemporâneos poderiam até sugerir que pelo menos algumas das respostas relevantes aos estímulos são agora um produto da evolução. *Nascemos* com disposições para responder a diversos estímulos sensoriais com certas crenças. Porém, no contexto da justificação, o carácter espontâneo de uma crença não resolve a questão de saber se uma pessoa precisa de outra crença justificada para que a crença esteja justificada. Se isto é assim, então como podemos reconhecer uma justificação fundacional genuína?

Mill parece pensar que podemos identificar aquilo que é *verdadeiramente* dado (não inferencialmente) à consciência com aquilo acerca do qual não podemos estar errados:

> «A consciência, no sentido que lhe é habitualmente atribuído pelos filósofos – a consciência que a mente tem dos seus próprios sentimentos e operações, não pode, como o nosso autor [Hamilton] correctamente afirma, ser desacreditada.» (EWH 172)

E novamente:

> «Os factos de que não se pode duvidar são aqueles aos quais o termo consciência está confinado segundo a maioria dos filósofos: os factos da consciência interna; «os actos e afecções da

própria mente». Daquilo que sentimos não podemos duvidar que sentimos. É-nos impossível sentir e pensar que talvez não tenhamos sentido, ou não sentir e pensar que talvez tenhamos sentido. Aquilo de que se admite duvidar é a revelação que se supõe que a consciência faz (e que o nosso autor considera como consciência nela própria) de uma realidade exterior.» (EWH 168)

Nesses passos, Mill parece estar certamente a sugerir que a marca daquilo que é verdadeiramente apresentado de forma directa à consciência (de uma maneira que nos fornece conhecimento directo, não inferencial) é o não haver possibilidade de qualquer dúvida relativamente à sua existência. A impossibilidade da dúvida não é a mesma coisa que a impossibilidade do erro, mas, uma vez mais neste contexto (e na tradição na qual este termo é usado), uma pessoa pode inferir, sensatamente, que, para Mill, o dado na consciência é o fazedor da verdade de uma proposição na qual se pode acreditar infalivelmente. A tradição de identificar os fundamentos genuínos com a indubitabilidade está, como é óbvio, reconhecidamente associada a Descartes. Este procurou identificar fundamentos seguros sobre os quais pudesse construir um sistema ideal de conhecimento. E propôs a indubitabilidade como critério de inclusão nos fundamentos. Sugeriu que deveríamos remover dos fundamentos qualquer crença se pudermos conceber que, independentemente da justificação que tivermos para ela, a crença é, apesar de tudo, falsa. Como vimos no capítulo 9, o racionalista Descartes, bem como todos os empiristas radicais, rejeitou como fundacional qualquer crença acerca do mundo físico. A melhor prova que poderíamos ter para apoiar algumas crenças no mundo físico é o «testemunho» dos nossos sentidos quando se supõe que o objecto está perante nós à luz do dia. Porém, independentemente da nitidez das nossas sensações, parece que temos pouca dificuldade em imaginar que aquelas sensações ocorrem no contexto de um sonho nítido ou de uma alucinação. Mill, como Descartes, parece adoptar algumas vezes os requisitos fortes do cartesianismo para o conhecimento fundacional.

Porém, aqui temos de nos perguntar como pode Mill resgatar nos *fundamentos* do conhecimento o seu *passado* experienciado. Os filósofos trabalharam muito em experiências mentais extravagantes que envolvem ilusões, alucinações, sonhos e afins, para nos convencer de que a experiência sensorial nunca é uma fonte infalível de conhecimento acerca do mundo exterior, mas não é preciso quase nenhum esforço para convencer mesmo a pessoa menos sofisticada filosoficamente de que a memória aparente, mesmo a memória aparente daquilo que parece ser um passado relativamente imediato, é falível. Para ter a certeza, usa-se a expressão «Lembro-me que…» que a torna factiva (de acordo com o uso daquele termo por Williamson 2000). Há um conjunto de expressões que descrevem os estados intencionais (estados psicológicos que têm um «acerca de») cujo uso correcto implica que ocorra aquilo acerca do qual esse estado é. Assim, «Eu sei que P», «Eu vejo P», «Eu lembro-me de P», «Eu compreendi P» e outras locuções semelhantes implicam todas elas que P ocorra – estas expressões são usadas de modo factivo. Outras, como «Receio que P», «Espero que P», «Acredito que P», são obviamente usadas de maneira tal que o estado descrito pode ocorrer quer P ocorra quer não – estes verbos não são usados de modo factivo. Assim, há quase de certeza um uso de «Eu lembro-me que P» que pode expressar uma verdade somente se P. Porém, parece também óbvio que podemos ter uma contrapartida «não verídica» da memória e, consequentemente, precisamos de uma expressão mais neutra que possa descrever o estado que muitas vezes confundimos com memória verídica. Digamos que S *parece lembrar-se* que P quando queremos deixar em aberto a questão de saber se aquilo de que S parece lembrar-se ocorre efectivamente. E parece muito óbvio (particularmente para aqueles de nós que estão um pouco mais interessados no caso) que uma pessoa pode parecer lembrar-se que P e, na verdade, parecer lembrar-se *nitidamente* que P, mesmo quando P nunca aconteceu. Se Mill aceitou, na fundação do conhecimento empírico, verdades sobre o passado experiencial de alguém, aceitou na fundação do conhecimento crenças em que se acredita falivelmente (crenças cuja justificação não garante a verdade daquilo em que se acredita).

Uma vez que permitimos, na fundação do conhecimento, *uma* espécie de crença falível – uma crença no passado facultada pela memória recente – é difícil ver como pode alguém sustentar uma objecção *fundamentada* aos filósofos que defendem que conhecem directamente certas verdades sobre o mundo físico, sendo a ocasião para um tal conhecimento a ocorrência de estados sensoriais que dão origem a crenças (falíveis) sobre o mundo externo. É certo que um estado sensorial pode ocorrer na ausência do objecto físico que tomamos como sua causa, mas, então, uma experiência de memória aparente «de» um estado sensorial passado S pode ocorrer na ausência do estado sensorial S que tomamos como sua causa.

Na epistemologia contemporânea, há uma perspectiva cada vez mais popular chamada externalismo. Muitos externalistas separam completamente a ideia da crença justificada não inferencialmente da ideia de uma crença infalível. Assim, por exemplo, os fiabilistas sugerem que uma crença está justificada não inferencialmente se for produzida com fiabilidade quando a informação que entra no processo de produção da crença for diferente de uma crença justificada. Podemos muito bem ter evoluído de tal maneira que respondamos agora a estímulos sensoriais ou à memória aparente com crenças sobre o mundo exterior e sobre o passado, respectivamente. E estas crenças são mais vezes verdadeiras do que falsas, sendo, portanto, produzidas com fiabilidade. Um fiablista puro tomará estas crenças produzidas com fiabilidade não só como justificadas, mas como justificadas não inferencialmente. Contudo, dados os passos que citei anteriormente, é difícil imaginar que Mill tenha sido uma tentativa precursora do externalismo epistemológico.

Se a inclusão de crenças sobre o passado nos fundamentos do conhecimento ameaça com a abertura a uma torrente de pretensões espúrias ao conhecimento directo, a opção (b) discutida antes ameaça com a abertura a uma torrente de princípios de raciocínio não dedutivos indesejados que vão muito além do valioso princípio de indução de Mill. No quadro conceptual do fundacionismo tradicional, Mill está, obviamente, a sugerir que não há possibilidade de *raciocínio* que conclua que a memória seja, em geral, de confiança [20]. Qualquer argumento deste tipo deve recorrer a provas e, quando o momento passa, as provas serão «perdidas»

---

[20] Como veremos mais tarde, em relação com a justificação indutiva de Mill para a indução, algumas abordagens externalistas do conhecimento para os processos fiáveis de formação de crenças podem efectivamente permitir que se utilize o próprio processo que se está a investigar para certificar a fiabilidade.

no passado. A sua «recuperação» envolverá a confiança na memória. É particularmente óbvio que uma justificação *indutiva* da confiança na memória é um fracasso. Constitui a essência do raciocínio indutivo que a pessoa que o emprega chegue a uma conclusão baseada nas correlações *passadas* entre os fenómenos. Porém, para se chegar ao conhecimento das correlações passadas, não se pode deixar de confiar na memória.

Diz muito de Mill que ele compreenda a extensão do problema e que não tente escondê-lo ([21]). Mas compreender que se enfrenta um problema e ter uma solução que seja consistente com o sistema de filosofia defendido não é a mesma coisa. No final, Mill parece resignar-se a defender que simplesmente não temos escolha a não ser admitir que a memória nos dá conhecimento do passado. *Precisamos* de o pressupor, se houver alguma hipótese de saber alguma coisa além dos conteúdos momentâneos e efémeros das nossas mentes. Mas os cépticos nunca ficaram muito impressionados com os lamentos do filósofo sobre aquilo que é necessário com vista a conseguir obter o conhecimento que *gostaríamos* de ter. Descartes *precisava* do conhecimento de um Deus não enganador, Berkeley pode ter tido *necessidade* de um Deus para manter a existência de um mundo não percebido por mentes finitas, e Mill *precisava* do conhecimento das experiências passadas. Mas o que tem aquilo que é filosoficamente necessário que ver com aquilo a que uma pessoa tem direito a defender filosoficamente? Mill sabe perfeitamente que há todo um conjunto de filósofos convencidos de que as suas tentativas de recuperar o conhecimento do mundo exterior realizando induções sobre os fenómenos da experiência estão votadas ao fracasso. Se fosse para concluir que falhava, daria também a si próprio os princípios epistémicos necessários para converter em conhecimento as crenças nos objectos materiais, fornecidos pelos estados sensoriais?

([21]) O mesmo não se pode dizer de muitos dos antecessores e dos contemporâneos de Mill. Muitas vezes, parece que ou não se dão conta da ameaça do cepticismo no que respeita ao passado ou, dando conta dela, preferem ignorá-la.

Mill sobre o Nosso Conhecimento do Mundo Exterior

Mesmo que uma pessoa dê a si própria acesso não problemático à experiência passada, um epistemólogo limitado aos fundamentos que Mill reconhece enfrenta enormes dificuldades para assegurar o conhecimento ou mesmo a crença justificada sobre o mundo físico. Como é que Mill salva a crença justificada no mundo físico de um fundamento desprotegido que consiste unicamente no conhecimento dos estados da experiência presentes e passados e de uma perspectiva sobre o raciocínio que só reconhece a indução como meio de projectar no futuro as correlações passadas entre os fenómenos? Como resolve ele o problema de Hume? O leitor poderá recordar do capítulo 9 que Hume defendia que se o que todos conhecemos directamente são verdades sobre percepções, apenas podemos usar a indução para fazer previsões sobre percepções. Embora possamos correlacionar sensações com sensações, não podemos correlacionar sensações com algo diferente das sensações.

A solução, argumenta Mill, é compreender claramente o *conteúdo* das crenças sobre o mundo físico. Tais crenças deveriam ser compreendidas como crenças «na possibilidade permanente de sensações». Alguns realistas representativos anteriores quiseram entender o significado das qualidades secundárias dos objectos como estando «nos» objectos apenas como poderes para produzir certas sensações em determinadas condições. Assim, para dar um exemplo até certo ponto plausível, uma pessoa pode supor que a acidez do limão está «no» limão apenas como um seu poder para produzir nas pessoas normais a sensação do sabor amargo. A relutância em pôr a acidez do limão «lá» no limão teve qualquer coisa que ver com a compreensão de que o modo como uma coisa sabe depende obviamente do sujeito que a saboreia. Se temos uma valente constipação e trincamos um limão, este não terá sabor amargo. Tal como algumas pessoas defenderiam que a beleza está nos olhos de quem a vê, também muitos contemporâneos de Mill defenderiam que a acidez do limão está nas papilas gustativas de quem a sente. Mas uma vez neste caminho torna-se difícil parar. A cor aparente depende, de forma igualmente óbvia, daquele que percebe e das condições de percepção. Os artistas são particularmente sensíveis às mudanças na cor aparente ao longo do dia. E qualquer pessoa que tenha usado óculos escuros percebe que a cor que as coisas parecem ter depende muito do meio no qual as ondas de luz viajam. Na verdade, se olharmos para um objecto colorido muito ampliado a cor tanto desaparece como muda radicalmente. Assim, a cor seguiu muitas vezes o caminho do sabor. E pode perceber-se como depressa aconteceria o mesmo com a forma se a nossa relutância em postular uma realidade que corresponda à aparência for uma função da nossa compreensão de que a aparência está claramente dependente daquele que percebe e das condições da percepção. Tal como Berkeley e Hume antes dele, Mill pensa que não existe um modo fundamentado de separar as qualidades secundárias das chamadas propriedades primárias (qualidades que existem não só no mundo da aparência subjectiva mas também no objecto). A solução de Mill foi reduzir *todas* as suposições sobre o mundo físico a suposições sobre a existência de poderes permanentes de afectar os seres sencientes de certas maneiras sob certas condições. Os objectos físicos, afirmava, são as possibilidades permanentes de sensação. Como veremos com algum pormenor no próximo capítulo, as perspectivas de Mill admitem diferentes possibilidades de interpretação. Não obstante, por agora, registamos apenas que a solução de Mill para os problemas epistemológicos da percepção resiste ou cai com a sua explicação daquilo que queremos dizer quando descrevemos o mundo físico, explicação que analisaremos e avaliaremos com algum pormenor no próximo capítulo.

Mill sobre o Nosso Conhecimento das Verdades «Necessárias»

Considerando insuficiente a sua tentativa de estabelecer que as correlações observadas entre os fenómenos observadas permitem que se estabeleçam indutivamente verdades acerca do mundo físico, Mill também parecia defender a mal-afamada ideia de que a indução era a fonte até do conhecimento geral dos axiomas mais básicos da aritmética e da geometria. Sempre desconfiado das pretensões a conhecer por meio da «intuição», Mill defendia que chegamos indutivamente a conclusões tais como «nenhum espaço pode ser fechado por duas linhas rectas» (CW 7:231-3). Depois de analisar indefinidamente muitos pares de linhas rectas, nenhuma das quais fecha um espaço, chegamos à conclusão de que duas linhas rectas não fecham um espaço. E esta inferência não é diferente, em princípio, de uma inferência a partir daquilo que observamos que acontece a duas peças individuais de metal quando aquecidas para a conclusão de que todo o metal dilata quando aquecido ([22]).

Mill está bem consciente de que a sua posição nesta matéria será rejeitada pela maior parte dos filósofos e, além disso, justiça lhe seja feita, analisa cuidadosamente as objecções e tenta responder-lhes. A primeira dessas objecções centra-se na observação plausível de que há uma diferença crucial entre a descoberta das verdades fundamentais da aritmética e da geometria e a descoberta das regularidades empíricas. As primeiras podem ser conhecidas sem confiar na experiência sensível, apenas pelo emprego de experiências *de pensamento*. O mesmo não se pode dizer das segundas. Concede que não podemos descobrir que uma pedra atirada à água afunda apenas por pensar em pedra e água (CW 7:233). Podemos descobrir que 2+2=4, ou que os triângulos equiláteros são triângulos que têm todos os ângulos iguais, apenas por pensar sobre o objecto destas afirmações.

Tal objecção, argumenta Mill, falha o seu alvo porque, ao apontar para a diferença crucial entre o tipo de indício indutivo disponível que suporta as verdades «necessárias» em contraste com o indício indutivo que suporta as verdades empíricas, o *raciocínio* é ainda, em ambos os casos, indutivo. Não precisamos de abandonar os limites das nossas mentes para descobrir os axiomas da geometria, porque as imagens mentais que formamos exemplificam as mesmas propriedades que estamos a correlacionar nas premissas do nosso argumento indutivo. As imagens mentais das linhas rectas contêm linhas rectas reais de um modo diferente das imagens mentais de pedras na água, que não contêm pedras ou água. A distinção entre o chamado conhecimento *a priori* das gene-

---

([22]) Como veremos na próxima secção, pode ser enganador descrever a conclusão de um argumento indutivo como uma generalização. Num sentido que devemos explicar, Mill parece sustentar que toda a inferência vai do particular para o particular.

ralizações e o conhecimento *a posteriori* das generalizações é simplesmente uma distinção entre as generalizações indutivas que processam correlações entre os fenómenos que podem ocorrer na mente por oposição correlações entre os fenómenos que podem ocorrer fora da mente (como possibilidades permanentes de sensações). Mesmo que a objecção inicial possa ser resolvida desta maneira, seguir-se-á logo a objecção segundo a qual a explicação de Mill para o raciocínio relevante fracassa quanto à distinção entre as generalizações que são necessariamente verdadeiras e *conhecidas* como sendo necessariamente verdadeiras, daquelas que acontece simplesmente serem verdadeiras (CW 7: 236-8). Sabemos não apenas que duas linhas rectas não fecham um espaço, mas também que é *impossível* que duas linhas rectas fechem um espaço. Podemos saber com base na prova indutiva que o metal dilata quando aquecido, mas há seguramente um sentido evidente segundo o qual também compreendemos que esta generalização não é necessariamente verdadeira. Independentemente da quantidade de peças de metal que aqueçamos e observemos a expandirem-se, percebemos claramente que é sempre possível, ainda que muito improvável, que o próximo bocado de metal se contraia ou desapareça *in nihilo* quando aquecido. Se estabelecermos indutivamente tanto a generalização que encaramos como verdade necessária como a que encaramos como uma verdade contingente, então o que explica a nossa perspectiva radicalmente diferente sobre a natureza dos dois tipos de verdades?

Esta objecção é, seguramente, o fim devastador da posição de Mill. Ele tenta responder-lhe, mas é difícil ver como é que a resposta é crível mesmo *prima facie*. Na sua resposta, começa por afirmar que as afirmações sobre as verdades necessárias são apenas afirmações sobre o que é ou não concebível. Afirmar que é necessariamente verdade que duas linhas rectas não fecham um espaço é defender que não podemos conceber que duas linhas rectas fechem um espaço. Mas a nossa incapacidade para conceber a negação da chamada verdade necessária, parece defender Mill, pode remontar ao facto de as associações invariáveis relevantes que confirmam essas verdades terem sido descobertas para se manterem desde os primeiros momentos da nossa consciência. Mesmo a nossa *imaginação* só consegue produzir duas linhas rectas que não fecham um espaço. Porém, uma tal resposta parece falhar o alvo. Os efeitos do campo gravitacional da Terra também têm sido experimentados desde os nossos primeiros momentos, mas não temos qualquer dificuldade em conceber um corpo que não caia na superfície da Terra quando largado. Mesmo que todos os pares de linhas (externas e internas) que examinámos não consigam fechar um espaço, por que razão não se pode *conceber* duas linhas que o façam? A crítica de Mill não defende que a falsidade das verdades necessárias é inconcebível no sentido em que nos é causalmente impossível ou difícil conceber um mundo no qual sejam falsas. A crítica alega que nos é impossível, num sentido mais forte, conceber um mundo no qual seriam falsas. Não podemos conceber duas linhas rectas que fecham um espaço, porque está na natureza das linhas rectas que tal possibilidade lhes esteja vedada. E nenhuma prova indutiva parece relevante para estabelecer *essa* conclusão.

Embora Mill seja bem conhecido pelas suas teses segundo as quais as chamadas verdades necessárias são conhecíveis apenas pelo raciocínio indutivo, vale a pena repararmos que a sua discussão subsequente sobre o tema em *A System of Logic*, pelo menos, torna tudo mais complicado. Mill caracteriza um tipo de raciocínio que é *inadequadamente* chamado indutivo e dá como exemplo o modo como concluímos, depois de olharmos para um único triângulo, que todos os triângulos têm ângulos que somam 180 graus. Sugere que é melhor chamar a esta indução «por analogia de raciocínio» (CW 7:290). Logo a seguir caracteriza como *a priori* a descoberta do teorema binomial por Newton. Estas concessões parecem bastante incoerentes com a sua insistência veemente e incondicional em que o raciocínio indutivo é a única fonte de conhecimento disponível para a descoberta das verdades matemáticas.

Mill e a «Redução» do Raciocínio Dedutivo ao Raciocínio Indutivo

A System of Logic de Mill não é hoje, nem de perto nem de longe, uma obra tão valiosa no campo da lógica como o é enquanto obra de metafísica e epistemologia. A lógica de predicados moderna suplantou a categorização de Mill, agora desactualizada, dos tipos de argumentos. Ainda assim, contém muitas sugestões bastante interessantes. A mais surpreendente é a de que *todo* o raciocínio genuíno é o raciocínio indutivo. Mais ainda, Mill parece defender que todo o raciocínio indutivo é ele próprio uma inferência dos particulares para os particulares (CW 7:93). Quando conclui que todo o metal dilata quando aquecido, depois de ter observado bocados de metal a dilatarem quando aquecidos, a conclusão universal é apenas a nossa maneira de assinalar o facto de que, para qualquer metal *particular* que aqueçamos a seguir, ele dilatará. Claro está que uma pessoa só precisa de enunciar a tese claramente para ver que ela corre o perigo de se tornar meramente verbal. Não se evitou uma conclusão universal pensando na conclusão sancionada pela prova indutiva como uma conclusão sobre *todos* os bocados de metal particulares não examinados e futuros que teriam sido aquecidos. Há boas razões para pensar que Mill acreditava que as próprias generalizações universais eram apenas conjunções de proposições particulares. Que todos os homens são mortais é equivalente a Jonas é um homem e é mortal e Smith é um homem e é mortal... E assim por diante, até termos nomeado *todos* os homens. Claro que o facto de precisarmos de acrescentar esta última parte com o «todos» em itálico indica que a tradução proposta deve falhar (como análise de significado). Porém, para qualquer acontecimento, se Mill acreditava que as próprias proposições gerais eram conjunções de proposições particulares, a sua pretensão de que todo o raciocínio vai do particular para o particular torna-se imediatamente menos misteriosa.

Se a pretensão de Mill de que o raciocínio indutivo nos leva sempre do particular ao particular é por si mesma, no mínimo, errónea, a sua tese seguinte segundo a qual o raciocínio silogístico não é afinal um raciocínio genuíno é ainda mais problemática. Quando concluímos que John é mortal com base nas premissas de que todos os homens são mortais e que John é um homem, parece certamente que estamos a usar um raciocínio dedutivo (não indutivo) genuíno. Contudo, Mill tenta convencer-nos que a proposição geral do silogismo é apenas uma espécie de lembrete de que temos ou, pelo menos, tivemos à nossa disposição um conjunto de proposições particulares que permitiriam inferir indutivamente que John é mortal. A conclusão sobre John é uma conclusão baseada em «factos esquecidos» sobre homens particulares a morrerem (CW 7: 193).

Ora, entendido como tentativa de redução do raciocínio dedutivo ao raciocínio indutivo, o que foi apresentado anteriormente parece pura e simplesmente errado. Há uma relação de implicação entre as premissas de um silogismo e a sua conclusão que pode ser «vista» por nós e que podemos usar para extrair de uma tese universal várias consequências. Os argumentos dedutivamente válidos não são apenas raciocínios indutivos disfarçados. Porém, é provável que Mill não esteja realmente a tentar afirmar uma posição de *lógica*. A sua preocupação percebe-se melhor como sendo de *epistemologia*. Se é para sabermos alguma coisa sobre a morte de John, defende Mill, nenhum argumento cujas premissas descrevem as verdades universais sobre a mortalidade do homem irão captar a estrutura da *prova* sobre a qual assenta a nossa conclusão. A justificação de alguém para acreditar na conclusão de um argumento baseado nas suas premissas nunca é melhor do que a sua justificação para acreditar nas premissas, sendo tarefa da epistemologia desvendar a estrutura da prova na qual uma pessoa confia ao chegar a uma conclusão. Neste contexto, a pretensão de Mill torna-se relativamente fácil de compreender. Se ele tiver razão, a prova que uma pessoa tem para acreditar que todos os homens são mortais são observações das correlações entre os indivíduos particulares que são homens e os homens que eventualmente morrem. O conhecimento desses particulares permite-nos, num certo sentido, inferir a proposição universal de que todos os homens são mortais mas, se a tese anterior de Mill também for verdadeira, então a conclusão universal intermédia é apenas a nossa maneira de nos lembrarmos que qualquer conclusão particular que tiremos a seguir sobre a mortalidade de alguns homens em particular será suportada indutivamente. Agora podemos ver como poderia Mill argumentar que seria mais *perspícuo* representar o *raciocínio* relevante como um argumento indutivo que prossegue directamente da observação dos homens a morrer para a conclusão sobre a mortalidade do John. Mais ainda, se as perspectivas de Mill discutidas na secção anterior estiverem correctas (que não estão) e não houver maneira de saber *uma* verdade geral sem ser mediante o raciocínio indutivo, então esta reconstrução de todo o raciocínio como indo, indutivamente, da prova que descreve correlações entre os particulares para conclusões que projectam estas correlações no caso de novos particulares pareceria plausível.

O Fundamento do Raciocínio Indutivo em Mill

Discutimos com algum pormenor o papel fundamental desempenhado pelo raciocínio indutivo na epistemologia de Mill. Como vimos, ele parece quase obcecado com a compreensão de *todo* o raciocínio como raciocínio indutivo implícito. Mas por que razão se deveria supor que o próprio raciocínio indutivo é legítimo? Que fundamentos temos para supor que as premissas de um argumento indutivo tornam a sua conclusão provável? Por que razão devemos supor que, só porque encontrámos sempre os F seguidos pelos G, o próximo F que encontrarmos será também provavelmente G? Mill é sensível ao facto de esta questão carecer de resposta, mas não é muito fácil dar sentido à resposta (ou respostas) que dá.

Ao enfrentar as questões, Mill parece apresentar a sugestão fácil, se bem que contra-intuitiva, segundo a qual justificamos a nossa confiança na indução estabelecendo *indutivamente* que a indução é fiável. Porém, parte de um princípio errado, acentuando em primeiro lugar um pressuposto ou um axioma requerido pelo raciocínio indutivo. Mill defende que sempre que raciocinamos indutivamente, tomamos como axioma que o futuro será semelhante ao passado em aspectos relevantes, ou que a natureza é *uniforme* em aspectos relevantes (CW 7:306-7). A dada altura, parece mesmo sugerir que se tomarmos este pressuposto como premissa implícita podemos transformar os argumentos indutivos em argumentos silogísticos dedutivamente válidos. Em vez de raciocinar a partir de observações dos F que se tornaram G para a conclusão de que o próximo F será G, podemos tornar explícita a premissa de que se todos os F observados foram todos G, então isso revela que há uniformidade na natureza no que respeita aos F serem G. Esta premissa, juntamente com a nossa observação dos F que são G, permitir-nos-á *deduzir* que o próximo F que observarmos é um G.

Contudo, o leitor lembrar-se-á certamente de termos visto na última secção que Mill acredita que é uma ilusão supor que possamos ir efectivamente mais além no nosso conhecimento mediante um tipo qualquer de raciocínio silogístico não sendo, assim, surpreendente que, mais tarde (CW 7:572), torne claro que não estamos a ir de facto a lado algum quando tentamos transformar os argumentos dedutivos em silogismos dedutivamente válidos. A premissa maior não faz qualquer trabalho epistémico – o argumento é apenas tão bom como a inferência que vai dos F, dos quais se observa serem G, para uma conclusão particular sobre os F ainda não observados serem G.

Toda a discussão se complica pelo facto de Mill umas vezes parecer pôr a questão de saber como justificamos a nossa crença de que o raciocínio indutivo é legítimo a par da questão, completamente diferente de saber como justificamos a nossa crença na lei da causalidade, o princípio segundo o qual tudo o que acontece tem uma causa, quando a causalidade é entendida nos termos de Hume, como uma conjunção constante. O princípio de que o universo é determinístico é uma proposição contingente que *pode* plausivelmente ser considerada como sendo ela própria a conclusão de um argumento indutivo. O famoso método de Mill para descobrir relações causais parece por vezes pressupor o princípio do determinismo. Assim, por exemplo, se descobrirmos que o único denominador comum para acontecimentos que precedem um acontecimento do tipo B é um acontecimento do tipo A, então podemos deduzir a partir do princípio que tudo tem uma causa, e de uma teoria geral da regularidade da causalidade que A é a causa de B. Mas aquele raciocínio é apenas tão forte quanto a conclusão de que tudo tem uma causa. Mill concebe o raciocínio indutivo que suporta a lei da causalidade como um argumento de sucesso relativamente directo, ainda que, em última análise, implausível. À medida que analisamos cuidadosamente um tipo de fenómeno depois do outro, defende Mill, descobrimos sempre (através da indução) que podemos subsumir os fenómenos em leis universais. Nós apenas projectamos tal sucesso nos casos que ainda não conseguimos encontrar, ou que encontramos com bastante dificuldade, as regularidades sem excepção. É muito interessante especular sobre como reagiria Mill à reacção relativamente confiante da maior parte dos físicos contemporâneos à conclusão de que existe um indeterminismo fundamental no nível quântico.

Seja como for que avaliemos a pretensão de Mill de que a tese do determinismo está confirmada indutivamente, continuamos sem uma resposta para a questão de saber como poderemos estabelecer que o raciocínio indutivo é legítimo. A verdade relevante que é preciso sabermos é a de que as premissas de um argumento indutivo tornam de facto provável a sua conclusão. Como podemos usar a indução para confirmar aquela proposição? É tentador sugerir que, de um modo confuso, a discussão deste tema por Mill foi um prenúncio dos debates internalismo/externalismo contemporâneos em epistemologia. Os externalistas contemporâneos, como os fiabilistas, defendem que um método de formação de crenças resulta em crenças justificadas se, como matéria de facto contingente, o processo de formação de crenças for fiável quando chega a produzir crenças verdadeiras (condicionalmente, se o processo de formação de crenças depende da crença, isto é, parte das crenças como informação recebida; incondicionalmente, se o processo de formação de crenças é independente das crenças, isto é, parte de outros estímulos que não as crenças)[23].

Defendi algures[24] que se uma pessoa aceita qualquer coisa como uma explicação fiabilista da crença justificada, não há qualquer objecção de princípio ao uso de um processo fiável, de formação de crenças para descobrir que esse mesmo processo é verdadeiramente fiável. Se o raciocínio indutivo é em geral fiável então as crenças que produz são justificadas. Se uma pessoa quer saber em que medida o raciocínio indutivo é ou não fiável, pode simplesmente lembrar-se (pressupondo que a memória é fiável) dos usos do raciocínio indutivo que foram bem-sucedidos no passado. Esta sugestão iria certamente parecer quase cómica a alguém como Hume. A ideia de que uma pessoa poderia usar um método de raciocínio para obter a confirmação da sua fiabilidade ou não fiabilidade parece-se pateticamente com uma petição de princípio. Porém, Hume não era um externalista relativamente à justificação. Hume queria algum tipo de acesso directo e imediato à legitimidade do raciocínio indutivo e estava convencido de que,

---

[23] A melhor e mais clara exposição de uma tal perspectiva ainda é, sem dúvida, Goldman 1979. Embora ele tenha considerado variações do tema original bastante diferentes, penso que é justo sugerir que Goldman talvez tenha regressado ao coração das perspectivas defendidas nesta peça clássica (para pelo menos uma concepção fundamental de justificação).

[24] O tema é tratado em Fumerton 1995, mas é mais desenvolvido no capítulo 6.

sem esse acesso, seria incapaz de satisfazer as exigências filosóficas da razão no que respeita a fundar adequadamente a nossa confiança na indução.

Por alguma razão, Mill não parecia incomodado com a ideia de que não há alternativa viável ao uso do raciocínio indutivo para estabelecer a sua própria legitimidade. Não podia persuadir-se a si próprio a introduzir uma faculdade da «intuição» cujo propósito fosse permitir-nos ver que o raciocínio indutivo era fiável. E talvez não seja de admirar que um filósofo que não consegue ver com a luz da razão que $2+2=4$ não conseguisse convencer-se a si próprio de que nós podemos simplesmente «ver» a verdade do muito mais complexo princípio da indução. Mas se alguém deveria ter sido sensível à acusação de que estava a incorrer numa petição de princípio ao usar a indução para fundar a indução, esse alguém deveria ter sido Mill. Tal acusação paira no cerne da sua queixa de que o raciocínio silogístico dificilmente poderia ser pensado como um modo (que não uma petição de princípio) de aumentar o nosso conhecimento. No final, ainda assim, talvez tudo aquilo que nos resta fazer seja especular que uma das figuras filosóficas principais do fim do século xix teria ficado mais confortável na companhia dos epistemólogos do fim do século xx, os quais, através das suas análises externalistas dos conceitos epistémicos, deram uma volta naturalista radical na epistemologia. Para voltar às questões levantadas no início deste capítulo, Mill podia considerar que o processo fundamental de formação de crenças como a memória e a indução não precisa de mais nenhuma «base» do que a fornecida por uma *natureza* que coopera de modo a assegurar que as crenças produzidas deste modo são habitualmente verdadeiras. Por outro lado, se Mill fosse vulnerável à sedução das abordagens naturalistas contemporâneas à epistemologia, não é muito claro o que o teria motivado a trabalhar tanto num esforço para restringir os processos legítimos disponíveis de formação de crenças apenas à introspecção, memória e indução.

Os Métodos de Mill

Na discussão anterior centrámo-nos muito no modo como Mill pensava que se podia empregar a indução enumerativa para justificar crenças acerca do mundo, e mesmo acerca das verdades matemáticas. Contudo, nenhuma discussão da epistemologia de Mill ficaria completa sem uma análise dos seus famosos métodos para descobrir as relações causais. Os métodos vão além da indução enumerativa e derivam, em parte, das suas perspectivas metafísicas sobre a natureza da relação causal. Iremos avaliar essas perspectivas criticamente, e com mais pormenor, no próximo capítulo, mas por ora basta notar que Mill, como Hume antes dele, sustentava uma versão da chamada regularidade da causalidade. Mill afirma:

> «Para certos factos, alguns factos se seguem e, acreditamos, continuarão a seguir-se. O antecedente invariável denomina-se causa e o invariável consequente é o efeito. E a universalidade da lei da causalidade consiste nisto, que todo o consequente está relacionado desta maneira com algum antecedente particular ou conjunto de antecedentes.» (CW 7:327)

E continua, observando:

> «É muito raro, se é que alguma vez acontece, entre uma consequência e um único antecedente que esta sequência invariável se mantenha. É normalmente entre uma consequência e o conjunto de vários antecedentes, sendo o concurso de todos eles em conjunto um requisito para produzir aquilo que terá certeza que se segue, a consequência. Em tais casos, é muito comum destacar apenas um dos antecedentes sob a denominação de Causa, chamando a todos os outros meramente Condições.» (CW 7:327)

Assim, por exemplo, eu posso descrever um fósforo que caiu como causa do incêndio na minha cave, apesar do facto de saber muito bem que a queda do fósforo só teria sido seguida pelo incêndio em presença de oxigénio, de material inflamável, na ausência de um sistema anti-incêndio, e assim por diante.

A teoria da regularidade da causalidade enfrenta enormes dificuldades como explicação do significado das teses causais. Discutirei sumariamente alguns destes problemas no próximo capítulo, quando avaliarmos esta tese metafísica fundamental. Mas, por agora, é importante vermos os Métodos de Mill no contexto da ideia segundo a qual a causalidade está completamente relacionada com as regularidades na natureza. Embora Mill defenda inquestionavelmente a ideia de que a causalidade mais não é do que regularidade, talvez seja mais plausível supor que os seus famosos métodos pressupõem apenas aquilo a que podemos chamar uma teoria da *generalidade* da causalidade. Tal como os teóricos da regularidade, os teóricos da generalidade insistem que os enunciados causais particulares pressupõem regularidades entre tipos de acontecimentos. Ao contrário do teórico da regularidade, um teórico da generalidade deixa em aberto que as próprias leis relevantes possam invocar alguma noção forte de relação necessária.

Com o pressuposto de que a relação causal está suportada por regularidades, ou, pelo menos, por generalidades na natureza, Mill introduz o seu método para descobrir a causa de alguns fenómenos que estamos a investigar – métodos que parecem inegavelmente captar certas considerações do senso comum que temos em conta na investigação das causas. Mais uma vez, estes métodos não são todos novos. Alguns são inspirados pelo menos nas «Regras para julgar das causas e dos efeitos» de Hume, no *Tratado da Natureza Humana*. Porém, a exposição de Mill talvez seja a mais clara, a mais abrangente e, certamente, a mais influente das primeiras tentativas de constituir a epistemologia do conhecimento causal.

O Método do Acordo

> «Se duas ou mais ocorrências do fenómeno sob investigação tiverem apenas uma circunstância em comum, a circunstância com a qual todas as ocorrências estão de acordo é a causa (ou o efeito) do fenómeno dado.» (CW 7:390)

A ideia de base é simples e conhecida. Suponhamos que a minha televisão tem por vezes a imagem distorcida e eu estou a tentar detectar a causa da interferência. Começo por prestar atenção às diversas condições que precedem imediatamente o problema quando ele ocorre. Na segunda-feira, noto que a interferência é precedida pelo uso do secador de cabelo pela minha mulher, pelo rádio a tocar na sala de estar, pelo vento forte fora de casa e pela minha vizinha a cortar a relva. Na quarta-feira a interferência começa novamente. O rádio está a tocar, a minha vizinha está a cortar a relva e há muito vento, mas a minha mulher não está a usar o secador de cabelo. Na sexta-feira, quando a interferência começa, o rádio está a tocar, mas a minha mulher não está a usar o secador de cabelo, a minha vizinha não está a cortar a relva e não há vento forte. Estou agora em posição de concluir (por tentativa) que aquilo que interfere com a minha televisão é o rádio a tocar.

Como o próprio Mill admite (CW 7:390), a utilização do método acarreta um número de pressupostos que são muitas vezes profundamente problemáticos. Talvez o mais evidente seja o facto de estarmos a isolar das inúmeras condições antecedentes as que são candidatas a causas. Muitas outras coisas estavam a acontecer antes do problema com a televisão além daquelas que enumerámos no nosso exemplo. Na verdade, houve certos tipos de acontecimentos que tiveram lugar cada vez que o distúrbio ocorreu, tipos de acontecimentos que, temos a certeza absoluta, nada tiveram que ver com a interferência. Como veremos, esta confiança é muitas vezes garantida pelo uso de outros métodos. Mas também estamos a pressupor que a causa da interferência na segunda-feira foi o mesmo tipo de condição que causou a interferência na quarta-feira e na sexta-feira e que não estávamos a lidar com um caso de sobredeterminação causal. É possível, por exemplo, que o secador de cabelo, em conjunto com outro tipo de condições não observadas tenha sido a causa da interferência na segunda-feira, enquanto o vento forte, em conjunto com condições também diferentes, tenha sido a causa na sexta-feira. Ou poderia dar-se o caso de o secador de cabelo ou o vento forte serem, cada um por si, causalmente suficientes para a distorção no ecrã da televisão. Pode acontecer que, se especificarmos *todas* as suposições subjacentes que empregámos no nosso raciocínio, tenhamos efectivamente um caso de raciocínio dedutivo entimemático.

O entimema é um raciocínio que depende de premissas com crenças justificadas não enunciadas e até mesmo não consideradas conscientemente que são, não obstante, necessárias para inferir justificadamente uma dada conclusão. Assim, por exemplo, quando chego a casa e me deparo com a minha janela partida e os meus valores desaparecidos, infiro imediatamente que fui assaltado. Mas, provavelmente, não há qualquer razão legítima que nos leve directamente daquelas premissas para aquela conclusão. Sei que as janelas não se partem espontaneamente com frequência e sei que não é um costume aceitável na nossa sociedade as pessoas pedirem valores emprestados quando ocorrem quebras de vidro ocasionais. Também sei que os valores não desaparecem no ar como resultado de um vidro partido. Sei tudo isto e muito mais e, indiscutivelmente, se eu não tivesse este conhecimento de fundo (ou, pelo menos, algum fundo de crenças justificadas), não estaria legitimado para concluir que tinha sido assaltado.

Como se costuma dizer, estou a sugerir que o uso dos Métodos de Mill pode muitas vezes ser visto mais como um raciocínio dedutivamente válido que parte das observações que são descritas pelo método complementadas com premissas de fundo que, se justificadas, nos permitem deduzir a conclusão em causa.

Dissemos que o método do acordo pode tornar-se errado de todas as maneiras. Os nossos pressupostos de fundo podem não chegar a ser verdadeiros ou mesmo não ser aceitáveis. O uso do segundo método, o *Método da Diferença*, pode ajudar a diminuir a possibilidade de erro.

O Método da Diferença

>«Se um caso em que ocorre o fenómeno sob investigação e um caso em que não ocorre tiverem todas as circunstâncias em comum, excepto uma, esta última ocorrendo apenas na primeira, a circunstância na qual e só nela os dois casos diferem é o efeito, ou a causa, ou uma parte indispensável da causa do fenómeno.» (CW 7:391)

Assim, no nosso exemplo da distorção da imagem da televisão, se descobrirmos quatro factores, A, B, C e D, que são sempre seguidos pela distorção, mas depois descobrirmos que, quando retiramos D, a distorção desaparece, então concluímos provisoriamente que D é o culpado. O método da diferença é particularmente útil quando os candidatos a causas são fáceis de manipular. Assim, posso dizer à minha mulher para parar de usar o secador de cabelo e ver se a interferência pára. E posso levantar-me para desligar o rádio para ver se isso faz alguma diferença (daí o «método da diferença»). Se soubéssemos antecipadamente que a causa era uma de entre A e D, podíamos, claro está, deduzir que nenhuma de A a C era a causa, pelo menos a causa plena, uma vez que tínhamos estas condições mas não a interferência. A causa plena de um tipo de acontecimento X, lembrar-nos-emos, é aquele tipo de condição ou conjunto de condições que é *invariavelmente* seguido por acontecimentos como X. Uma vez que não temos a distorção mesmo tendo A, B e C, eliminámos A, B e C como causa plena.

Mais uma vez, é importante realçar que estamos a descrever o uso de um método num contexto de pressupostos idealizados e muitas vezes problemáticos. À semelhança de Mill, que seria o primeiro a referi-lo, é pouco provável que tenhamos isolado todos os candidatos relevantes a causa plena. Habitualmente, temos uma ideia muito limitada sobre qual a causa plena até mesmo dos fenómenos mais familiares. Ligo o interruptor e a luz acende. É o ligar do interruptor a causa plena? Dificilmente. Eu sei que tem alguma relação com fios que estão ligados a ainda mais fios que estarão ligados a um gerador algures, mas na verdade não sei quase nada sobre energia eléctrica ou sobre o modo como funciona. Assim, quando me levanto para desligar o rádio e descubro que a interferência pára, posso facilmente ignorar a possibilidade de que seja efectivamente o secador de cabelo juntamente com o rádio que está a causar a interferência. Nenhum é, por si, causalmente suficiente – só produzem o efeito quando operam em conjunto.

Como é óbvio, nada há, evidentemente, que impeça o uso conjunto do método do acordo e da diferença. E com isso em mente, Mill (de certo modo arbitrariamente) atribui um papel diferente ao uso conjunto dos dois métodos (arbitrariamente, porque, claro está, pode atribuir-se um papel diferente ao uso conjunto de qualquer quantidade de métodos diferentes):

O Método Conjunto do Acordo e da Diferença

«Se dois ou mais casos em que o fenómeno ocorre tiverem apenas uma única circunstância em comum, enquanto dois ou mais casos em que ele não ocorre não tiverem nada em comum a não ser a ausência daquela circunstância: a circunstância na qual os dois conjuntos de casos diferem é o efeito, ou causa, ou uma parte indispensável da causa do fenómeno.» (CW 7:396)

Uma vez que, tal como o nome indica, o método conjunto nada mais é do que o uso de ambos os métodos do acordo e da diferença, não há razão para o discutir com mais pormenor. Combina, obviamente, as virtudes que cada método tem individualmente.

O *Método dos Resíduos* é uma receita para identificar causas num pano de fundo de conhecimento causal prévio.

O Método dos Resíduos

«Eliminar de qualquer fenómeno uma parte, tal como é conhecida por induções prévias, como sendo o efeito de certos antecedentes e o resíduo do fenómeno é o efeito dos antecedentes que restam.» (CW 7:398)

Assim, *se* (e evidentemente que é um grande se) descobrirmos que A, B e C são seguidos de X, Y e Z e já tivermos estabelecido que A é causa de X, e B a causa de Y, então podemos justificadamente começar a especular que C (o resíduo, aquele que é posto de parte) é a causa de Z. Assim, suponhamos que eu bebo vinho tinto, com um cachorro quente e também como (talvez pela primeira vez) lulas fritas. Eu sei que beber vinho me provoca ardor no peito e que comer cachorro quente me provoca dores de estômago. Dito e feito, tenho o ardor no peito e as dores de estômago, mas desta vez também começo a vomitar. Posso muito bem começar por suspeitar que as lulas fritas têm alguma coisa a ver com este resultado imprevisto. Novamente, parece óbvio que o raciocínio é fortemente entimemático. Como o próprio Mill enfatizaria, teremos de saber antecipadamente não só que A e B são a causa de X e Y, respectivamente, mas também que C é a única condição antecedente que é candidata a causa de Z. Como já tivemos ocasião de observar ao discutir o método do acordo, há sempre e indefinidamente muitas outras circunstâncias que ocorrem concomitantemente à ocorrência de A, B e C, podendo qualquer uma delas ser a causa de Z. A menos que alguém combine o método dos resíduos com um dos métodos do acordo e do desacordo, ou com ambos, é difícil perceber como se pode avançar com este «processo de eliminação».

O Método das Variações Concomitantes

«Quando um qualquer fenómeno varia de uma maneira qualquer enquanto outro fenómeno varia de uma determinada maneira é ou a causa ou o efeito desse fenómeno ou está relacionado com ele através de algum facto de causalidade.» (CW 7:401)

Quando comecei a suspeitar que o rádio tinha qualquer coisa a ver com a interferência com a imagem da minha televisão, poderia ter investigado mais, afastando e aproximando o rádio do aparelho de televisão. Suponhamos que, à medida que aproximo o rádio, a imagem fica pior e quando o afasto a imagem melhora. O senso comum certamente sugeriria que obtive mais provas a favor da conclusão de que o rádio é, na verdade, o culpado.

Não é inteiramente claro para mim que o método das variações concomitantes seja distinto do método da diferença. As várias formas de distorção de imagem são, afinal, acontecimentos distintos, cada um requerendo uma explicação causal (pressupondo que há uma causa do fenómeno). Suspeito que a proximidade do rádio é uma causa da distorção mais grave da imagem. Então, tiro o rádio do lugar e *aquela* distorção deixa de ocorrer. Outro problema menos grave persiste com a imagem e eu posso desconfiar que o problema tem como causa a nova localização do rádio. À medida que o desloco outra vez, vejo que a diferença de localização resulta novamente numa diferença na imagem. O método poderia, então, ser concebido como uma aplicação repetida do método da diferença, talvez juntamente com a confiança num princípio indutivo segundo o qual quando encontramos determinado tipo de causa responsável por um determinado tipo de efeito, e temos outro suposto efeito semelhante ao primeiro tipo de efeito, devemos olhar para um tipo de causa semelhante. O princípio tem provavelmente apoio indutivo significativo (enumerativo). Assim, por exemplo, se verificarmos que uma dada doença é muitas vezes transmitida por uma pessoa a outra através de insectos e estivermos à procura de uma explicação causal para o modo como outra doença diferente se transmite, estaremos provavelmente a agir de forma sensata ao procurar alguma espécie de organismo que contacte com uma pessoa e com a outra.

Sugestões de leitura

Copy, Irving, *Introduction to Logic*, 2.ª ed. (Nova Iorque: Macmillan, 1961), capítulo 12.
Mackie, J. L., «Mill's Methods of Induction», in P. Edwards (org.), *The Encyclopedia of Philosophy*, vol. 5, pp. 324-32 (Nova Iorque: Macmillan, 1967).
Russell, Bertrand, *The Problems of Philosophy* (Oxford: Oxford University Press, 1959), capítulos 6-7. *Os Problemas da Filosofia*, trad. Desidério Murcho (Lisboa e S. Paulo, Edições 70, 2008).
Ryan, Alan, *The Philosophy of Stuart Mill* (Londres: Macmillan, 1970), capítulos 2-8.
Wilson, Fred, *Psychological Analysis and the Philosophy of John Stuart Mill* (Toronto: University of Toronto Press), capítulo 1.
Wilson, Fred, «John Stuart Mill», secções 3-5, in *Standard Encyclopedia of Philosophy*, 2002, http://plato.stanford.edu/entries/mill.

Capítulo 11

METAFÍSICA

Os Objectos Físicos como Possibilidades Permanentes de Sensações

No capítulo 10, descobrimos que Mill parece alinhado com uma parca fundação do conhecimento que consiste naquilo que podemos conhecer directamente acerca da experiência presente e passada. Além disso, apenas permitiu a si próprio a indução como meio de ir além dessas fundações. No capítulo 9, fizemos ver que os empiristas que trabalham nesse quadro conceptual têm dificuldades enormes para evitar o cepticismo radical. Em particular, é difícil ver como pode alguém justificar a crença em proposições que descrevem o mundo físico. Na verdade, dadas as teses do empirismo radical segundo as quais todas as ideias simples são cópias daquilo que é dado a uma pessoa na experiência sensível, é difícil perceber como pode alguém encontrar pensamento *inteligível* sobre um mundo de objectos físicos permanentes independentes da mente. Como observámos sumariamente no último capítulo, a solução de Mill para ambos os problemas é conceber teses sobre o mundo físico como equivalentes no significado a teses complexas sobre a experiência.

Como sustentei no capítulo 10, uma pessoa pode ser sensibilizada para esta perspectiva se olhar primeiro para uma tese mais modesta que é aceite pela maior parte dos empiristas e, provavelmente, mesmo pelos racionalistas. Na altura em que Mill escreveu, quase todos aceitavam uma distinção entre as chamadas qualidades primárias e secundárias. Uma das perspectivas filosóficas mais comuns sobre a nossa relação com os objectos através da percepção era uma perspectiva chamada *realismo representativo*. O realismo representativo rejeitava aquilo a que Hume chamava a perspectiva vulgar, uma perspectiva que mais recentemente se designou como realismo ingénuo ou, de forma mais elegante, realismo directo. O realismo directo sustenta que na percepção estamos conscientes dos objectos físicos directa e imediatamente e, pelo menos, de algumas das suas propriedades. Confiando bastante em factos acerca do modo segundo o qual a nossa experiência perceptiva é afectada pelo nosso ambiente e pelos nossos órgãos dos sentidos, o realista representativo defende que a experiência não nos pode dar conhecimento directo de um mundo independente de alguém que o perceba. Em vez disso, temos de pensar nos objectos físicos como entidades que nos afectam de várias maneiras. Deixam a sua marca, a sua imagem na mente, e temos de inferir a sua presença a partir daquela marca ou imagem. A expressão «impressão dos sentidos» foi muitas vezes usada e transmite muito bem a ideia. Tal como um anel de sinete deixa a sua impressão na cera, os objectos físicos deixam a sua «impressão» na nossa mente através dos sentidos. Tal como se podem «ler» certas características, como por exemplo, a forma da superfície do anel, ao olhar para a impressão feita na cera, também se podem ler certas características dos objectos físicos prestando atenção às «impressões» que deixam na mente. Porém, enquanto é possível, provavelmente, descobrir a *forma* do anel olhando para a impressão na cera, há outras características do anel que não são reveladas pela impressão na cera. E, na verdade, há propriedades da impressão que não são necessariamente propriedades do anel. A cera poderia ser vermelha, por exemplo, e o anel dourado. É esta a ideia subjacente à distinção qualidade primária/secundária que é feita pela maior parte dos realistas representativos. Algumas propriedades exemplificadas pelas ideias mentais ou impressões estão também no objecto que as causou. Mas outras não estão – pelo menos não estão no objecto do mesmo modo em que estão na representação mental do objecto. Vou explicar melhor.

 Comecemos com um exemplo relativamente simples. Dizemos do açúcar que é doce e dos limões que são amargos. Em que consiste a amargura do limão? O que faz com que seja verdade que um limão é amargo? *Certamente* que tem alguma coisa a ver com a sensação de sabor amargo familiar que uma pessoa tem ao trincar um limão. Mas está a amargura da sensação do sabor «no» limão? Pode *essa* ideia ter algum sentido? Para ter a certeza, juntamente com a nossa constituição física, há propriedades que o limão tem que fazem com que nos saiba de uma certa maneira. É também evidente que descrevemos o limão como amargo. Mas haverá algo mais na amargura do limão do que o facto de nos causar, em certas condições, aquela sensação familiar de sabor amargo?

Assim como muitos realistas representativos se convenceram de que o amargo do limão nada mais era do que o poder do limão para produzir nos seres humanos «normais», em condições «padrão», uma sensação de sabor amargo, também muitos se convenceram de que a cor dos objectos nada mais era do que o poder que certos objectos têm de produzir nas pessoas «normais» sob condições «padrão» certas sensações de cor. Não terá sido por acaso que esta perspectiva se tornou popular na altura em que as pessoas estavam a descobrir maneiras cada vez mais poderosas de ampliar a aparência dos objectos. Não se pode deixar de reparar que as cores que uma pessoa associa aos objectos mudam amiúde ou desaparecem quando se analisa o objecto ampliado. Mas muito antes do processo de ampliação mais potente, sempre soubemos que as cores que nos aparecem variam intensamente, dependendo das condições de percepção. Se o leitor pintar paisagens durante algum tempo, irá começar a notar que o modo como as coisas parecem varia profundamente dependendo da hora do dia e do ano, da nebulosidade e dos objectos circundantes. A maior parte de nós já usou óculos escuros e reparou na mudança muitas vezes profunda na cor aparente daquilo que vemos. É efectivamente difícil captar qual a cor «real» do objecto, dado que apresenta tantas aparências diferentes sob outras tantas diferentes condições. Na verdade, pareceu aos realistas representativos que era melhor deixar que a cor seguisse o caminho do amargo. Dizemos dos objectos que têm determinada cor, mas tudo o que poderemos querer dizer é que o objecto causará, em certas condições, uma certa sensação de cor. Um objecto físico será azul se «parecer azul» a uma pessoa normal sob certas condições padrão.

No seu *Três Diálogos entre Hilas e Filonous em oposição aos Cépticos e Ateus*, Berkeley explora incansavelmente o argumento para pensar que as qualidades secundárias dos objectos só estão no objecto como poderes, para concluir que não há nenhuma distinção fundamentada entre elas e as chamadas qualidades primárias – as qualidades que se supõe que sejam qualidades tanto das ideias, ou imagens, como dos objectos que as causam. As formas, as texturas, o movimento, etc., que nos aparecem directamente, argumenta, não são menos independentes de quem os percebe do que o sabor e a cor. Seja o que for que se diga sobre a última, deve dizer-se da primeira. E é precisamente esta sugestão que Mill está a seguir ao tentar compreender as nossas asserções sobre o mundo físico de modo a que tais asserções sejam simultaneamente inteligíveis e epistemologicamente acessíveis. Tal como muitos grandes filósofos anteriores admitiram que o sabor de um objecto nada mais é do que o poder de produzir a sensação de sabor, também Mill pretende argumentar que o objecto físico nada mais é do que uma possibilidade permanente de sensação.

Agora, o esboço simples da perspectiva de Mill feito anteriormente sugere duas teorias de importância diferente, embora intimamente relacionadas. Numa das perspectivas, tal como Mill a descreve:

> «As coisas exteriores existem e têm uma natureza íntima, mas a sua natureza íntima é inacessível às nossas faculdades. Nada sabemos dela e não podemos afirmar nada sobre ela com significado. Das Realidades últimas, como esta, conhecemos a existência e nada mais. Mas as impressões que estas Realidades nos provocam – as sensações que suscitam, as semelhanças, os grupos e as sucessões dessas sensações, ou, para sintetizar tudo isto numa expressão comum embora inadequada, as *representações* geradas nas nossas mentes pela acção das próprias Coisas – essas nós podemos conhecer, e elas são tudo aquilo que podemos conhecer relativamente a elas.» (EWH 9-10)

Esta é, essencialmente, a última tentativa de Hilas (o opositor de Berkeley nos seus *Três Diálogos*) para salvar um conceito inteligível de objectos materiais antes da capitulação completa perante o idealismo (a perspectiva segundo a qual nada existe a não ser mentes e as suas ideias) de Filonous (o protagonista de Berkeley). Uma tal perspectiva poderia certamente ter a pretensão de se afirmar como a perspectiva segundo a qual o conceito de um objecto físico é somente o conceito de uma possibilidade permanente, ou poder, de produzir sensações de vários tipos. Na linguagem da lógica de predicados contemporânea, as teses sobre a existência dos objectos são teses existenciais cujas variáveis incluem objectos diferentes das sensações, mas cujas expressões predicativas estão saturadas de descrições causais sobre os modos como estes objectos afectam os seres sencientes. Assim, numa tal perspectiva, afirmar que existe qualquer coisa rectangular e castanha pode ser afirmar que existe aquilo que poderia (legitimamente) causar num sujeito a sensação visual de parecer ver qualquer coisa rectangular e castanha, e tanto assim é que se isso estivesse a causar tal sensação e o sujeito estivesse a ter a sensação cinestésica de iniciar um certo movimento de agarrar, e se as condições de percepção fossem normais, então produzir-se-ia a sensação táctil de parecer sentir alguma coisa rectangular e... A análise arrasta-se desta maneira para indicar que há um conjunto indefinido de sensações possíveis que poderiam ser e seriam produzidas sob as condições relevantes.

É importante reconhecer que Mill não tem qualquer objecção de princípio à inteligibilidade da perspectiva referida antes. Só que não é, provavelmente, o entendimento que pretendia das possibilidades permanentes de sensações. Em *An Examination of Sir William Philosophy*, Mill descreve uma versão daquilo a que chama a doutrina da Relatividade do Conhecimento com a qual claramente simpatiza:

> «as sensações que, segundo se diz em linguagem comum, recebemos dos objectos não só são tudo o que possivelmente podemos conhecer dos objectos, mas são também tudo aquilo que, fundamentadamente, podemos acreditar que existe. Aquilo que nomeamos como objecto nada mais é do que uma concepção complexa formada pelas leis da associação, saída das ideias das várias sensações que estamos acostumados a receber em simultâneo. Não há nada real no processo a não ser estas sensações. Na verdade, elas não acompanham nem se sucedem ao acaso; são mantidas em conjunto por uma lei, isto é, ocorrem em grupos fixos e numa ordem fixa de sucessão; mas não temos provas da existência de alguma coisa que, não sendo em si uma sensação, seja um substrato ou uma causa escondida de sensações.» (EWH 8)

Se Mill estiver a presumir *esta* perspectiva, então a sua identificação dos objectos materiais (físicos) com as possibilidades permanentes de sensações é uma tentativa de formular uma das primeiras e mais claras versões do *fenomenalismo* reducionista. O fenomenalismo reducionista compreende-se melhor como a perspectiva segundo a qual as asserções sobre o mundo físico são equivalentes em significado a condicionais contrafactuais indefinidamente complexas que fazem afirmações sobre que sensações *se seguiriam* a outras. [25] Que Mill possa ser quase sempre interpretado como fenomenista é evidenciado por passos como o que se segue:

«Acredito que Calcutá existe, embora não a percepcione, e que continua a existir mesmo que todos os habitantes que a percepcionam abandonassem o lugar de repente ou fossem surpreendidos pela morte. Mas quando analiso a crença, tudo o que nela descubro é que foram os acontecimentos que tiveram lugar, a Possibilidade Permanente de Sensação a que chamo Calcutá ainda persistiria; que mesmo que eu fosse transportado subitamente para as margens do Hoogly, teria ainda as sensações que, se presentes agora, me levariam a afirmar que Calcutá existe aqui e agora.» (EWH 253).

A ideia que Mill está a desenvolver é surpreendentemente semelhante a pelo menos um passo dos *Diálogos* de Berkeley. Ele (por meio do seu porta-voz no diálogo, Filonous) convenceu Hilas de que nada existe a não ser a mente e as sensações. Mas também está a tentar convencer-nos de que esta perspectiva está perfeitamente de acordo com o senso comum e que não implica qualquer tipo de cepticismo. Hilas está confundido com aquela sugestão e levanta inúmeras objecções. Entre outras, ele pretende que esta espécie de «idealismo» é incompatível com a perspectiva do senso comum segundo a qual o mundo já existia muito antes de as pessoas andarem na sua superfície (muito antes da criação). Quan-

---

[25] Esta espécie de fenomenalismo teve o seu auge na primeira parte do século XX. Veja-se Ayer 1952, para uma defesa jovem e exuberante (ainda que não muito cuidada) da perspectiva, e C. I. Lewis 1946 para uma das apresentações e das defesas mais claras e sofisticada do fenomenalismo.

do explica como pode dar conta dos objectos que começam a existir antes dos seres sencientes, Filonous diz o seguinte:

«Imagino que assistia à criação do Mundo. [Veria] as coisas passarem a ser – isto é, tornarem-se perceptíveis – na ordem descrita pelo historiador sagrado.» (*Três Diálogos entre Hilas e Filonous em oposição aos Cépticos e Ateus* (1965), p.123 / Berkeley (1713), 1954, 245)

Porém, embora Berkeley tenha claramente ponderado a ideia de Mill de compreender os objectos em termos de possibilidades de sensação, pareceu – com muito maior frequência – refugiar-se nas ideias na mente de Deus para assegurar aos objectos a sua independência em relação aos seres humanos sencientes.

Como indiquei acima, há duas maneiras de entender naturalmente a ideia de Mill segundo a qual os objectos físicos são possibilidades permanentes de sensação. Temos (a) objectos que deveriam ser compreendidos como causas potenciais (desconhecidas quanto ao seu carácter não relacional) das várias sensações e temos (b) que as teses sobre os objectos físicos deveriam ser entendidas como teses condicionais complexas sobre que sensações um sujeito teria de ter tido para ter outras. As duas perspectivas são surpreendentemente semelhantes. Ambas assentam crucialmente em condicionais conjuntivas ou contrafactuais que descrevem as sensações que um sujeito teria tido em certas condições. Contudo, (a) compromete o teórico com a existência de alguma coisa de diferente das sensações e (b) não o faz. Mas é precisamente por aquela razão que, apesar dos esforços valiosos dos positivistas do século XX, o fenomenalismo reducionista esmoreceu perante objecções devastadoras.

O primeiro problema, e o mais óbvio para o fenomenalismo, aquele que foi classificado por R. M. Chisholm (1948) como o problema da relatividade perceptiva, praticamente exige ser referido nas diversas caracterizações que Mill faz das possibilidades permanentes. Para que a análise reducionista funcione, para que Mill possa assegurar um significado para as teses que permita estabelecer tais teses *apenas* mediante as correlações descobertas entre as sensações, os antecedentes e os consequentes das condicionais contrafactuais não devem fazer referência a nada que não sejam sensações. E aqui os críticos do fenomenista só esperam pacientemente que a análise fenomenista seja dada. A análise geral que Mill faz da sua crença em Calcutá falha claramente o teste de uma tradução fenomenista. Se fosse transportado para as margens do Hoogly, teria várias sensações. Talvez tivesse, mas a nossa *tradução* daquilo em que acreditamos em linguagem fenomenista deve substituir a referência à localização *física*, as margens do Hoogly, por uma descrição puramente fenomenista da experiência. Porém, como continuaria essa análise? Se eu tivesse a sensação de flutuar no ar e tivesse a sensação de parecer ver um rio e tivesse a sensação táctil de terra por baixo de mim, teria... Mas não vai funcionar. Há inúmeros lugares reais e imaginários que são visualmente indistintos dos vários lugares ao longo das margens do Hoogly. Além disso, como Chisholm referiu, as sensações que um sujeito teria se pudéssemos «fixar» a localização relevante do «sujeito» (mais uma vez, o fenomenista terá de fazê-lo sem referir o espaço *físico* ou as relações físicas *espaciais*) dependem do estado dos órgãos dos sentidos *físicos* do sujeito. As pessoas cegas não teriam qualquer sensação visual se estivessem nas margens do Hoogly. Uma pessoa cujo corpo tivesse sido completamente anestesiado não teria sensações cinestésicas nem tácteis. E uma pessoa não pode rever as condicionais de alguém de modo a dar conta da ausência destas condições físicas sem violar o compromisso fenoménico com um discurso completamente redutor sobre o mundo físico para um discurso complexo sobre os fenómenos.

Wilfred Sellars (1963) apresentou um argumento contra o fenomenalismo que, em muitos aspectos, era muito semelhante ao de Chisholm. Sellars realça que as contrafactuais do tipo que é usado numa análise fenoménica do significado das teses sobre os objectos físicos afirmam relações válidas entre os seus antecedentes e os seus consequentes. Para ter a certeza, o antecedente poderá ser apenas uma parte não redundante de uma condição complexa que é legitimamente suficiente para o antecedente, mas dados os compromissos *ontológicos* fenoménicos com outras condições pressupostas, devem eles próprios ser puramente fenoménicos. Porém, argumenta Seller, não há simplesmente leis da natureza que correlacionem sensações. Como observámos antes, Mill era humeano relativamente às leis da natureza. As leis afirmam apenas as correlações sem excepções entre os fenómenos [26]. Mas perguntemos a nós próprios se podemos descrever qualquer verdade universal descrevendo sequências de sensações. É verdade que sempre que alguém parece ver uma mesa, parecendo alcançá-la e tocá-la, essa pessoa parece sentir uma mesa? Não, não é. Os sonhos, as ilusões, as alucinações e as pessoas com mãos anestesiadas testemunham o facto de não haver uma ligação regida por leis, ou válida, entre essas sensações. Não podemos nós «salvar» a regularidade fazendo a descrição relevante e suficientemente complexa das sensações relacionadas? Façam-no, insiste o crítico dos fenomenalistas. Há demasiadas condições *físicas* da percepção causalmente relevantes para permitir que se concebam regularidades genuínas regidas por leis no mundo dos fenómenos e, por essa razão, as antecedentes das condicionais contrafactuais usadas pelos fenomenalistas devem fazer referência a condições normais ou condições padrão de percepção onde essa referência só pode ser concebida como conhecimento implícito de um mundo diferente, mas causalmente relevante, da sensação.

Por razões de espaço, não irei tentar defender Mill destas objecções tão poderosas. Porém, irei argumentar que talvez ele tivesse conseguido melhor se tivesse concebido a possibilidade permanente de sensações como a primeira das duas maneiras identificadas anteriormente. Desde que pudesse ser bem-sucedido com um argumento indutivo para o princípio de que tudo tem uma causa (coisa que ele pretende conseguir – *A System of Logic*, Livro III, capítulo 5), não iria encontrar necessariamente problemas epistemológicos inultrapassáveis ao permitir na sua metafísica entidades cuja única função seria ligar os buracos nomológicos nas correlações com «falhas» entre as sensações. Além disso, ele teria tido uma maneira muito mais natural de tentar assegurar o

---

[26] Claro que não afirmam só correlações sem excepções entre os fenómenos. Até hoje, os teóricos como Mill estão preocupados com o problema da distinção entre regularidades regidas por leis e regularidades acidentais. Nos poucos lugares em que Mill coloca este problema, ele simplesmente vai buscar a condicional contrafactual para explicar a diferença. Contudo, o problema fundamental para os teóricos da regularidade é especificar as condições verdadeiras das condicionais contrafactuais contingentes sem invocar o conceito de lei que estamos a tentar analisar usando as contrafactuais. Diremos um pouco mais sobre isto na nossa breve discussão da metafísica da causalidade de Mill.

significado das teses existenciais «vazias» sobre os objectos físicos, teses que não fornecem um «lugar» para as sensações actuais e possíveis descritas pelas contrafactuais relevantes. Como poderia um fenomenalista, por exemplo, compreender a tese existencial vazia de que existe *algo algures* no universo que é castanho? Se um sujeito tivesse de ter uma experiência visual que associaríamos com a pintura de todo o universo infinito, esse sujeito viria a ter a experiência visual de parecer ver alguma coisa castanha? Dificilmente. Como poderia alguém distinguir com sucesso *fenomenologicamente* a cobertura do universo a partir de um movimento em círculos lentos no espaço vazio? Com o modelo de Hilas da matéria como coisa incognoscível em si mesma mas causa potencial das sensações, temos, pelo menos, uma solução para *este* problema. A análise daquilo que é claramente uma tese não hipotética começa com a tese existencial segundo a qual existe mesmo algum *x* que (legitimamente) poderia produzir as sensações relevantes e que iria produzir algumas outras sob condições normais (talvez estatisticamente definidas) ([27]).

A METAFÍSICA DA CAUSALIDADE DE MILL

No capítulo 10 discutimos os Métodos de Mill e reparámos que pareciam aceites, em parte, pela sua análise da causalidade. Mill era claramente um teórico da regularidade e seguiu de perto as pisadas de Hume. A teoria da regularidade foi um dos resultados mais impressionantes (e surpreendentemente original) de tentar seguir rigorosamente a injunção dos empiristas segundo a qual só reconhecemos como legítimas as ideias que sejam cópias de impressões prévias, ou construídas a partir de ideias que sejam cópias de impressões prévias. Hume, como é sabido, procurou em vão aquela impressão que dá origem à ideia da relação de causalidade necessária. Porque o seu paradigma de relação causal era a acção e a reacção, Hume tentou encontrar a fonte desta ideia de causalidade na experiência de uma bola de bilhar que bate noutra e causa o seu movimento. Porém, tudo o que encontrou ao

---

([27]) Para uma defesa integral deste tipo de perspectiva, veja-se Fumerton 1985, capítulos 4-6.

centrar-se na sequência particular de acontecimentos foi uma bola de bilhar a ter contacto físico (chamou a isto contiguidade espacial) com outra imediatamente antes (contingência temporal) do movimento da outra bola de bilhar. No seu desinteresse por qualquer ideia metafísica de uma relação necessária não sensível, Mill parece igualmente confiante em que nada há para encontrar na experiência. Quase todos os racionalistas que precederam Hume pensavam na causalidade como «poderes» que residem nos objectos que são causas, mas tinham muito pouco a dizer sobre exactamente o que eram esses poderes ou como é que se supunha que tivéssemos alguma ideia deles. Tanto Hume como Mill estavam convencidos de que procuraríamos em vão uma relação causal centrada numa sequência de acontecimentos *particulares*. Nunca encontraremos a nossa ideia de relação causal até começarmos a pensar acerca de sequências de acontecimentos do mesmo tipo e encontramos na natureza os padrões ou regularidades que, de acordo com eles, definem a existência da relação causal[28]. A ideia de relação causal é precisamente a ideia de regularidade.

Apesar de a ideia básica subjacente à teoria da regularidade parecer suficientemente clara, não é assim tão fácil melhorá-la. Por um lado, é preciso encontrar um modo de especificar com mais clareza a ideia de regularidade que está no cerne da teoria. Na apresentação clássica de Hume da teoria da regularidade (objectiva) (veja-se nota a 23) ele afirma, com efeito, que um «objecto» X causa outro «objecto» Y quando todos os objectos que *parecem* X estão em relações de contiguidade espaciais e temporais com objectos que parecem Y. Porém, é estranho falar em objectos como

---

[28] A perspectiva de Hume era, na verdade, um pouco mais complexa. Hume, como é sabido, deu aos seus leitores uma escolha entre duas definições de causa. A uma poderemos chamar subjectiva; a outra, objectiva. Na definição subjectiva (e parafraseando livremente), X causa Y quando X é espacial e temporalmente contíguo a Y (mais tarde, manifestou dúvidas acerca da necessidade da contingência espacial) quando a ideia de X dá origem à ideia de Y e a experiência de X dá origem à experiência de Y. A definição objectiva que torna Mill mais próximo de Hume define a causalidade em termos de regularidade e é a inspiração para a assim chamada teoria da regularidade da causalidade. Nesta definição, X causa Y quando a contiguidade relativa existe e quando todos os acontecimentos (objectos, como Hume lhes chama) parecidos com X estão em relações semelhantes de contiguidade com objectos que se parecem com Y. Obviamente, muito tem de ser feito para explicar a noção relevante de semelhança. Falaremos mais disto em relação com Mill.

relata da relação causal. E a noção de semelhança que Hume evoca é demasiado vaga. Todas as coisas tomadas duas a duas se parecem de inúmeras maneiras e são diferentes de inúmeras maneiras. Não devemos concluir que uma bola de bilhar causou o movimento da outra porque quando atiro uma ervilha contra um seixo o seixo não se move?

Num interessante comentário nas suas «regras» mediante as quais julga causas e efeitos, Hume sugere que quando objectos diferentes causam o mesmo efeito isso acontece por meio das propriedades comuns que os objectos têm. E a referência às propriedades será uma enorme ajuda para o teórico da regularidade. Um objecto não causa coisa nenhuma. É, pelo contrário, o facto de um objecto ter determinada qualidade, de sofrer determinada mudança, de estar em determinadas relações com outros objectos que constitui, na verdade, a causa que leva outro objecto a adquirir uma propriedade, a mudar, a ficar em novas relações com outros objectos. Logo que tenhamos referência a propriedade na formulação perspícua de uma tese causal, temos uma maneira relativamente directa de especificar a regularidade relevante que os teóricos da regularidade consideram como o fazedor de verdade da afirmação causal. Dito de forma simples, o facto de 'a' ser F imediatamente antes de 'a' ser G é a causa (plena) de 'a' ser G quando for verdade que sempre que alguma coisa é F é imediatamente a seguir G. Quando há outros objectos envolvidos, a análise torna-se um pouco mais complexa. Podemos dizer que o facto de 'a' ser F em condições C1 e mantendo-se nas relações de R com b, que é G nas condições C2, é causa de b ser H quando for verdade que sempre que uma coisa é F nas condições C e se mantém nas relações R com outra coisa, que é G nas condições C2, essa outra coisa torna-se então H.

Mais uma vez, como fizemos ver nas nossas discussões anteriores dos Métodos de Mill, este seria o primeiro a admitir que muitas vezes só conseguimos identificar uma parte da causa completa de alguns fenómenos. Ao afirmar que aquela parte é «a» causa, estamos, supostamente, a afirmar que há alguma condição mais complexa da qual é uma parte (não redundante), onde existe a regularidade relevante entre a ocorrência daquele tipo de condição complexa e a ocorrência do tipo de fenómeno que tomamos como sendo o efeito.

É talvez um tributo à força persistente do empirismo radical que a teoria da regularidade seja ainda provavelmente a opinião acolhida entre os filósofos contemporâneos, apesar daquilo que parecem ser objecções devastadoras a essa opinião. Provavelmente, o problema mais conhecido que a opinião enfrenta é o da distinção entre as regularidades verdadeiramente *legítimas*, do género daquelas que poderia parecer que originam relações causais, e as regularidades *acidentais*, que claramente não o fazem. Tenho um certo padrão único de impressões digitais, chamemos-lhe padrão alfa de impressões digitais. A minha avó tem também um certo padrão único de impressões digitais – chamemos-lhe padrão beta. Aconteceu encontrar-me com ela apenas uma vez, precisamente quando estava à beira da morte. No segundo imediatamente antes da sua morte, aproximei-me e toquei-lhe na mão. Terá o meu toque na sua mão causado a sua morte? Não somos, certamente, *obrigados* a essa conclusão. Mas dada a situação hipotética a afirmação geral que se segue é verdadeira: sempre que uma pessoa com um padrão alfa de impressões digitais toca na mão de uma pessoa com um padrão beta de impressões digitais a pessoa com o padrão beta morre. Uma pessoa pode sentir-se tentada a supor que se pode lidar com o problema estipulando que as regularidades relevantes têm de ter um certo número de ocorrências, mas não será difícil apresentar situações concebidas artificialmente nas quais a regularidade não regida por leis tenha muitas ocorrências, e não será difícil apresentar leis genuínas que tenham poucas ou nenhumas ocorrências (pensemos na primeira lei do movimento de Newton).

Mesmo que alguém encontre uma solução para o problema da distinção entre leis genuínas e leis espúrias, que é uma tarefa ingrata, ainda enfrenta problemas envolvidos na distinção entre leis genuinamente *causais* e regularidades não acidentais, mas não causais. Recorrendo a um exemplo muito conhecido, sabemos que a descida rápida de um barómetro em certas condições precede uma tempestade. A regularidade existe, mas não pensamos no barómetro como causa da tempestade.

Com o que se disse acima, pretende-se dar ao leitor apenas uma ideia do tipo de problemas que afectam uma teoria da regularidade. E não estou a sugerir, claro está, que não haja solução para os problemas. É justo sugerir, contudo, que nem Mill nem Hume antes dele parecem ter avaliado plenamente a extensão do problema, nem parece que tenham muito a dizer sobre a maneira de resolver este problema.

Ao discutir os Métodos de Mill, sugeri que pelo menos alguns destes métodos poderiam antes de mais ser encarados como envolvendo o raciocínio entimemático que a explicação da causalidade por Mill pressupõe. Mais cautelosamente, contudo, sugeri que só era necessário pressupor aquilo a que chamei uma teoria generalista da causalidade. À semelhança da teoria da regularidade, a teoria da generalidade suatenta que o fazedor de verdade de uma tese causal é uma lei da natureza. Contudo, ao contrário dos teóricos da regularidade, os teóricos generalistas irão com frequência negar que se possa entender as leis da natureza como meras regularidades. O filósofo que apenas reconhece uma teoria generalista simpatizará mais com a ideia de que há laços metafísicos «misteriosos» na natureza que foram evitados por Hume e por Mill. Mesmo a teoria generalista não deixa, no entanto, de ter as suas críticas. Tornou-se um lugar-comum ver o mundo microscópico como sendo governado por leis indeterministas. Não há simplesmente regularidades universais a governar, digamos, o tempo que leva a desintegração de um elemento radioactivo. Alguns filósofos afirmarão que um universo indeterminista é, ainda assim, compatível com a existência de relações causais entre acontecimentos particulares. Assim, considere-se novamente o exemplo da causalidade parcial e vamos usar um exemplo que foi uma vez dado por Carl Hempel (1966) (embora no contexto do desenvolvimento daquilo a que chamamos uma explicação probabilista). Jim brincava com a Sally, que tem uma forte constipação, e, pouco tempo depois, Jim fica constipado. Provavelmente, a maioria de nós não irá pôr em causa a suposição de que a causa da constipação do Jim foi o contacto com a Sally. É uma lei da natureza que alguém que está em contacto com alguém constipado fica também constipado? Dificilmente. Nem sequer é verdade que, habitualmente, as pessoas se constipem quando estão em contacto com uma pessoa infectada. Até agora, no entanto, não há qualquer problema verdadeiro para Mill. Ele trataria este caso como uma causalidade particular. Em rigor, todo o caso da infecção é uma condição muito mais complexa que inclui não apenas o contacto, mas a exacta natureza do contacto, as incontáveis condições e relações que existiam na altura do contacto. Aqui iremos encontrar (e deveremos) a regularidade relevante se a nossa tese causal for verdadeira. Mas suponhamos (muito implausivelmente) que o mundo da doença é precisamente um mundo tão indeterminista quanto o das partículas quânticas. Não há simplesmente leis universais para descobrir. Os fenómenos são «governados» apenas por teses estatísticas variadas acerca da percentagem de pessoas que ficam infectadas em condições relevantes. Se este fosse o caminho que as coisas tomam, iríamos nós concluir que não havia relação causal no caso descrito? Se a resposta for «Não», então até uma teoria generalista é suspeita.

Pode ser que haja uma solução para o problema que uma pessoa possa usar no espírito das teorias da regularidade/generalidade do tipo daquela que é defendida por Mill. Algumas pessoas, por exemplo, argumentariam que a chave é encontrar a regularidade estatisticamente correcta que pode garantir a tese causal. Porém, os chamados-modelos-estatisticamente-relevantes enfrentam eles próprios uma vasta quantidade de problemas, cuja discussão nos levaria demasiado longe.

MILL COMO TEÓRICO DA REFERÊNCIA DIRECTA

Recentemente tem havido um aumento notório das referências a Mill, mas principalmente num tema sobre o qual Mill escreveu relativamente pouco, a filosofia da linguagem. Os chamados teóricos da referência directa referem muitas vezes de forma aprovadora a doutrina de Mill, que parece defender em *A System of Logic* que o significado de um nome próprio é o referente desse nome.

Primeiro, algum contexto. Durante muito tempo, houve uma controvérsia enorme relativamente ao significado dos nomes, tanto dos nomes para tipos de coisas (nomes comuns) como dos nomes para objectos particulares (nomes próprios). Uma perspectiva natural era a de que um nome próprio, ao contrário da descrição de uma coisa, é uma mera *etiqueta* para aquilo que é nomeado. Esta perspectiva, contudo, criou toda a espécie de problemas – problemas que levaram os filósofos a compromissos metafísicos insólitos.

Considere-se, por exemplo, asserções de lugares-comuns como as que se seguem:

1. Pégaso não existe.

Se o significado de um nome for a coisa que ele refere, então ou «Pégaso» não significa nada ou (1) é não só é falso como, indiscutivelmente, necessariamente falso. Mas «Pégaso» não é claramente uma expressão sem significado e (1) é verdadeira. Ao lidar com a teoria de que os nomes são meras etiquetas, alguns filósofos sugeriram que talvez devêssemos ter consciência de que *há* coisas (como Pégaso) que não *existem*, mas que é compreensível que muitos achem desconcertante que o universo seja povoado por tais entidades obscuras como «seres» que não existem. Ou considere-se outro dado que deu dores de cabeça aos filósofos durante muito tempo. Podemos fazer afirmações informativas de identidade usando nomes próprios. Nenhuma das seguintes parece trivial:

2. Véspero é Fósforo (em que «Véspero» era usado para referir a «estrela» da manhã – na verdade o planeta Vénus – e «Fósforo» era usado para referir a «estrela» da tarde – também o planeta Vénus).
3. Mark Twain é Samuel Clemens.
4. Garganta Funda é W. Mark Felt.

Se o *significado* de um nome for apenas o referente do nome, então qualquer pessoa que *compreende* (2)-(4) deveria perceber imediatamente que são verdadeiras. Porém, foi uma descoberta científica importante que Véspero é Fósforo, um facto não conhecido de todos que Mark Twain é Samuel Clemens e uma descoberta de interesse político que Garganta Funda e Mark Felt são o mesmo homem.

No seu clássico «On Denoting», Bertrand Russell propôs uma solução para este problema (e outros). Russell, com efeito, alegava que mesmo os nomes próprios eram descrições «disfarçadas» – descrições *definidas*. Uma descrição definida é uma frase nominal que começa com o artigo definido – por exemplo, «o homem mais alto da América», ou «o autor de *Tom Sawyer*». Russel, por sua vez, sugeriu que podemos entender as descrições definidas como equivalentes às teses gerais sobre a existência. A asserção de que F é G é precisamente a tese de que uma e apenas uma coisa é F e que essa coisa é G ([29]). Pégaso em (1) tem exactamente o significado de uma tal descrição – talvez qualquer coisa como «o cavalo alado que Perseu capturou e montou», e a afirmação de que Pégaso não existe é precisamente a afirmação que não é o caso que haja uma só coisa que seja o cavalo alado que Perseu capturou e montou. «Véspero» tem tanto significado como «a luz mais brilhante que aparece numa certa zona do céu da manhã». «Fósforo» queria dizer qualquer coisa como «a luz mais brilhante que aparece numa certa zona do céu da tarde». E, obviamente, era um assunto de interesse considerável que um e apenas um objecto brilhante no céu da manhã fosse também um e apenas um objecto brilhante no céu da tarde. Pode ver-se facilmente que uma história semelhante poderia ser contada para explicar o carácter informativo de (3) e de (4).

Apesar do seu enorme interesse e capacidade para resolver problemas, a teoria de Russell passou por tempos difíceis. Em grande parte devido à influência de *Naming and Necessity* de Saul Kripke (1980), muitos filósofos contemporâneos convenceram-se de que deveríamos regressar à chamada teoria da referência directa. Apesar de os seus argumentos serem complexos, podemos fazer uma ideia desses argumentos considerando a dificuldade em encontrar descrições definidas plausíveis com as quais possamos identificar o *significado* dos nomes. Em alguns casos, temos relativamente pouca dificuldade em pensar em descrições definidas que acreditamos que abrangem o item nomeado. Assim, para pegar num exemplo muito usado, acredito que Aristóteles é o professor filosófico de Alexandre. Mas se «Aristóteles» significa «o professor de Alexandre», então eu não poderia sequer dar sentido à afirmação de alguém que dissesse ter descoberto que, de facto, Aristóteles não ensinou Alexandre. Essa afirmação seria equivalente à afirmação de que o professor de Alexandre não ensinou Alexandre – uma nítida contradição. Mas *posso* dar sentido à afirmação e, como tal, não encaro, de facto, «Aristóteles» e «o professor de Ale-

---

([29]) A tese é essencialmente geral, porque a asserção de que só há uma e apenas uma coisa que é F é, na perspectiva de Russell, equivalente à tese de que há alguma coisa x que é F e que todas as coisas y são tais que se são F são idênticas a x.

xandre» como sinónimos. Em alternativa, há outros nomes que uso com sucesso para referir, mesmo que tenha muitos problemas em chegar a uma qualquer descrição definida que acredito que abranja a pessoa nomeada. Assim, por exemplo, posso dizer a alguém que Scattergood é o nome de uma escola privada, mas parece-me que não tenho qualquer descrição definida em particular quando uso o nome «Scattergood». Nem sequer penso nele como a escola chamada «Scattergood», já que suspeito que pode haver mais do que uma escola com aquele nome.

Apesar de não pensar que os argumentos acima dêem boas razões para se abandonar a abordagem de Russell (veja-se Fumerton 1989), muitos filósofos têm sido persuadidos de que se deve pensar mais cuidadosamente antes de se abandonar o *slogan* de que o significado de um nome é o seu referente. Uma grande parte deles também pensa que o significado de certos termos gerais, como «homem» ou «ouro», é a classe das coisas a que aquelas expressões se referem. E, pelo menos para a noção de que um nome próprio tem como seu significado o seu referente, alguns pretendem encontrar a sua inspiração nas observações feitas por Mill.

Mill começa a sua discussão dos nomes repudiando aparentemente aquilo que toma como uma sugestão de Hobbes, segundo a qual os nomes significam ideias (CW 7:24-5). Continua, fazendo uma distinção entre nomes concretos e nomes abstractos, na qual os primeiros significam objectos e os últimos atributos ou propriedades (CW 7:29). Segue-se uma distinção entre nomes que são conotativos e nomes que são não conotativos. Um termo não conotativo denota (refere) directamente. Um termo conotativo também denota, mas «implica» um atributo (CW 7:30-31). Se virmos os exemplos que dá, os termos conotativos denotam o que denotam através de uma referência a uma propriedade que têm todas as coisas abrangidas pelo termo. Assim, por exemplo, «homem» é um nome comum que abrange todos os tipos de homens individuais. Abrange esses homens (denota a classe dos homens) pela sua referência implícita à propriedade de ser um homem que todos aqueles homens partilham. Acerca dos nomes próprios (César, Washington), Mill afirma que são não-conotativos, que «denotam os indivíduos que são designados por eles, mas não implicam quaisquer atributos como pertencentes àqueles indivíduos» (CW 7:33). Não parece estar em contraste nítido com a ideia de Russell de que os nomes são *descrições* definidas disfarçadas. Como vimos antes, se Russell tiver razão, então, quando eu uso o nome «César» estou (se a referência for bem-sucedida) a abranger algum indivíduo, mas apenas como único portador de certos atributos (propriedades). Assim, se alguém centrar a atenção nestes passos, verá como podem os teóricos contemporâneos da referência directa ver em Mill o modelo do filósofo que sustenta que o significado de um nome é o seu referente – que não se pode distinguir entre o sentido de um nome e a coisa nomeada.

No entanto, o que se disse acima mal abrange a superfície da extensa discussão de Mill dos tipos de nomes e dos tipos de proposições. E a discussão é particularmente difícil para os teóricos contemporâneos dada a terminologia arcaica. Os teóricos contemporâneos da referência directa mais cuidadosos irão muitas vezes evitar a atribuição inequívoca a Mill de algo parecido com a sua perspectiva. E provavelmente fazem muito bem em usar de tal precaução. Primeiro que tudo, devemos lembrar-nos da controversa análise que Mill faz das teses acerca do mundo físico. Como vimos, *todo* o discurso sobre objectos físicos é traduzível para um discurso acerca de possibilidades permanentes de sensações. E se a interpretação dada anteriormente estiver correcta, o discurso acerca das possibilidades permanentes de sensações é o equivalente em sentido às condicionais contrafactuais complexas que *descrevem* as experiências que uma pessoa teria se tivesse de ter outras. Não é nada claro como pode alguém «nomear» directamente o facto que é o fazedor de verdade de uma condicional contrafactual. Na verdade, o objecto físico como entidade referida no termo sujeito de uma frase parece «desaparecer» na compreensão que Mill tem da frase. Consideremos uma analogia. Suponhamos que decido dar o nome «Fred» ao homem normal. Quero que o nome refira directamente (que seja não conotativo no sentido de Mill). Porém, há um problema óbvio. Não é preciso pensar muito para perceber que as teses sobre, digamos, o peso do homem normal são teses complexas sobre os resultados de certas operações matemáticas realizadas a partir dos pesos de homens individuais. Iremos «retirar» qualquer referência aparente a um homem normal, e com isso ficamos sem qualquer candidato óbvio que possa ser denotado pelo nome de «referência directa» «Fred». Penso que é o que acontece à maior parte dos candidatos a referentes da maior parte dos nomes da análise fenomenalista de Mill. De facto, não é raro os filósofos porem entre «parêntesis» algumas das suas perspectivas ao discutirem outros assuntos. E, na verdade, parece-me relativamente claro que em *A System of Logic* Mill não queria pressupor as suas perspectivas metafísicas controversas. Não obstante, se juntarmos uma perspectiva que é coerente com *tudo* o que ele tem para dizer, a teoria dos nomes próprios como meras etiquetas para a coisa nomeada não fica lá muito bem.

Há ainda outros passos que suscitam dificuldades à interpretação dos nomes de Mill. Observámos anteriormente que Mill parece rejeitar a sugestão de Hobbes de que os nomes referem ideias em vez das coisas a que as ideias correspondem. E, tendo isto em mente, sugere (CW 7:35) que «ao impor um nome próprio, realizamos uma operação análoga em certo grau àquilo que um ladrão pretende ao marcar uma casa com giz (um ladrão que marca uma casa com giz para se lembrar que aquela é a casa que vai assaltar).» Até aqui, tudo bem. Porém, acrescenta:

> «Pomos uma marca, na verdade, não no objecto mas, por assim dizer, na ideia do objecto. Um nome próprio nada mais é do que uma marca sem significado que ligamos na nossa mente com a ideia do objecto, com vista a, sempre que a marca encontra os nossos olhos ou ocorre nos nossos pensamentos, podermos pensar naquele objecto individual.» (CW 7:35).

E esta ideia parece ser a *antítese* do teórico da referência directa que não queria nada na mente da pessoa que usa o nome como veículo através do qual se chagava à referência.

Pode acontecer, claro está, que Mill não tenha uma perspectiva coerente. E mesmo que fosse um teórico da referência directa não é líquido que tivesse lidado com os problemas que os descritivistas tentam resolver. Mas isso não é específico de Mill. Apesar de muitos teóricos da referência directa apresentarem com alguma profundidade as suas críticas a Russell, debatem-se amiúde para conseguir explicar os vários problemas para os quais a teoria de Russell era uma solução. Há alguns sinais, pelo menos, de que Mill pode ter sido seduzido por esta perspectiva dos nomes pensando que há coisas que não existem. Ele afirma que «todos os nomes são nomes de qualquer coisa, real ou imaginária» (CW 7:27). E, mais tarde, ao discutir os nossos pensamentos acerca de uma fatia de pão comida ontem, uma flor a desabrochar amanhã e um gnomo, afirma:

> «Mas o gnomo que nunca existiu não é a mesma coisa que a minha ideia de um gnomo, não mais do que o pão que alguma vez existiu é a mesma coisa que a minha ideia de pão, ou a flor que ainda não existe, mas que existirá, é o mesmo que a minha ideia de uma flor. Todos eles são, não pensamentos, mas objectos do pensamento, embora no presente momento todos os objectos sejam igualmente não existentes.» (CW 7:51-2)

Seria mais do que uma simples ironia se o empirista dos empiristas, o filósofo que procurou evitar o compromisso com uma matéria misteriosa como causa desconhecida das nossas ideias, acabasse comprometido com um universo habitado por entidades que têm ser mas não existência.

Antes de pôr fim a esta breve discussão, será bom lembrar mais uma vez o leitor o quanto se tratou de uma visão geral muito breve e ampla. A teoria geral dos nomes, linguagem, ideias e verdade que Mill apresenta não pode ser tratada em tão pouco espaço a não ser de uma forma pouco detalhada, havendo muito para ser dito sobre leituras alternativas acerca da grande maioria das teses de Mill sobre estas matérias.

A Metaética de Mill

Talvez seja adequado que este livro termine completando um círculo. É sem dúvida verdade que Mill será mais conhecido nos próximos séculos pelas suas perspectivas em filosofia ética e política do que em epistemologia e metafísica. Mas para um empirista radical que estava claramente interessado em reduzir o discurso acerca das entidades problemáticas e das suas propriedades a descrições dos dados «fenoménicos» de que pensava termos uma compreensão mais clara, há uma discussão surpreendentemente pouco *directa* de Mill acerca do modo como *compreender* as teses éticas (o assunto a que os filósofos chamam por vezes metaética). Na verdade, pode inferir-se do modo como apresenta o seu utilitarismo que ele pensa que o conceito de ser intrinsecamente bom ou desejável como um fim é mais fundamental do que o conceito de acção correcta ou de acção incorrecta. Parece pegar na afirmação de que a única coisa desejável como fim é o prazer e a ausência de dor simplesmente como maneira alternativa de afirmar o princípio da maior felicidade (o princípio segundo o qual as acções são correctas na medida em que tendem a produzir a felicidade). E a explicação mais óbvia para este facto é a de que tomou o consequencialismo simplesmente por garantido. O consequencialista está convencido de que podemos *definir* o discurso acerca do certo e do errado em termos de discurso sobre o modo como as acções produzem intrinsecamente consequências boas ou más. Mas, na verdade, ainda restam controvérsias em torno da questão de saber se Mill era um utilitarista dos actos ou das regras. Mas esta discussão do papel das regras para alcançar conclusões éticas, bem como a sua explicação do modo como vamos destes «corolários» ao princípio da utilidade, parecem-me deixar poucas dúvidas de que, no fundo, ele é um utilitarista dos actos. Ele não pensa que a correcção ou a incorrecção sejam *definidas* por regras. Antes pensa que a correcção e a incorrecção são função das consequências a longo prazo dos actos individuais em contextos particulares. Há outros temas que desafiam qualquer consequencialista e que dizem respeito à questão de saber em que medida são efectivas, prováveis ou possíveis as consequências de um acto cujo valor define a correcção e a incorrecção. Se uma pessoa provoca consequências possíveis tem de saber como adequar o valor de uma dada probabilidade antes de «sintetizar» valores de consequências (consistindo a maneira-padrão de fazer isto em multiplicar o valor pela probabilidade).

Se pressupomos que Mill pensou efectivamente que uma pessoa poderia encontrar relações conceptuais entre o certo e o errado, o bem e o mal, fica ainda em aberto a seguinte questão metaética: o que significa dizer de algo que é intrinsecamente bom? Há passos em *Utilitarismo* que, no mínimo, sugerem a posição de Mill. Mas há outra passagem surpreendente em *A System of Logic* que sugere que talvez ele possa ter sustentado uma perspectiva ainda mais surpreendente.

Em *Utilitarismo*, a primeira indicação sobre uma posição metaética que diz respeito à análise daquilo que é intrinsecamente desejável aparece no contexto da sua discussão do modo como os prazeres intelectuais são superiores aos prazeres do corpo. Não perde muito tempo a explicar em que consiste precisamente a distinção entre os dois tipos de prazeres. Os prazeres do corpo incluem supostamente aqueles que estão associados a comida, bebida e sexo. Porém, comida, bebida e sexo têm certamente associada uma componente estética e pode supor-se que a fruição estética se insira do lado intelectual do prazer. Operacionalmente, podemos supor que os prazeres físicos são aqueles que os animais «inferiores» são capazes de sentir, enquanto os prazeres intelectuais são aqueles que só as pessoas podem sentir. Em cada acontecimento, parece pensar que é evidente que os prazeres intelectuais são superiores aos físicos, quer em quantidade, quer em qualidade. Presumo que quando ele fala da superioridade *quantitativa* pretende sugerir que a actividade que produz o prazer intelectual produz mais prazer real (um equilíbrio maior do prazer do que da dor) do que as actividades associadas aos prazeres físicos. Porquê? Parece que Mill pensa que os prazeres intelectuais duram mais, são menos dispendiosos e têm menos desvantagens no que respeita a acompanhar a dor. Provavelmente pensa que a gratificação sexual dura pouco. Aquilo que o libertino se permite tem um preço prolongado no corpo e na mente. Os prazeres envolvidos na fruição de uma discussão intelectualmente estimulante, da literatura e da arte são duradouros, no sentido em que podemos voltar a eles em imaginação quando quisermos. Além disso, envolvem relativamente poucos custos ou riscos. É essa a ideia. Mas, claro está, o mundo real é bem mais complicado. A incansável demanda de Van Gogh pela perfeição artística pode ter-lhe custado a sua sanidade e a orelha. A frustração que uma pessoa sente quando não consegue alcançar a compreensão filosófica é real e, muitas vezes, desagradável. Mas nada disto é assim tão relevante para descobrir a posição metaética de Mill. É a sua discussão da alegada superioridade qualitativa dos prazeres intelectuais sobre os prazeres corporais que nos fornece uma pista. Num dos poucos passos em que Mill usa a expressão «significa» ao discutir um juízo ético, diz o seguinte:

> «Se me perguntarem o que quero dizer com diferença de qualidade nos prazeres, ou o que torna um prazer mais valioso do que outro, apenas enquanto prazer, exceptuando o ser maior em quan-

tidade, há apenas uma resposta possível. De dois prazeres, se houver um ao qual todos ou quase todos os que tiveram experiência de ambos dão uma preferência determinada, à margem de qualquer sentimento de obrigação moral para o preferirem, esse é o prazer mais desejável.» (*Utilitarismo*, pp. 52-3 / CW 10: 211)

Há um enorme debate acerca precisamente de como interpretar este teste do «juiz competente» da superioridade intrínseca. Em particular, podemos perguntar se Mill queria dizer que todos ou quase todos os competentes iriam sempre, em todas as circunstâncias, escolher um prazer intelectual em vez de um prazer físico – uma tese bastante implausível – ou se queria apenas dizer que se fôssemos forçados a escolher entre uma vida que contenha apenas um destes tipos de prazeres, escolheríamos uma vida com os prazeres intelectuais. Mas, para os nossos propósitos, não interessa. O importante é que parece querer definir a noção comparativa de ser intrinsecamente melhor que. Especificamente, parece querer definir o conceito relevante em termos psicológicos. Mas se estiver a definir o comparativo «melhor que» em termos de ser mais preferido que ou mais desejado que, então pode supor-se que ele estaria a querer definir o não comparativo «bom em si mesmo» como sendo desejado por si mesmo. Tal abordagem deixa ainda em aberto a questão de saber precisamente que desejos definem o conceito crucial. Deveremos definir a desejabilidade intrínseca como aquilo que as pessoas mais experientes desejam por si próprias? Ou devemos relativizar a desejabilidade a indivíduos – X é desejável como um fim para S quando ele deseja X como um fim?

Ao procurar reduzir a moralidade à psicologia, Mill pode parecer estar a seguir uma vez mais os passos de Hume. Este, como se sabe, sugeriu que nunca encontraremos o conteúdo dos nossos juízos morais até voltarmos a nossa atenção para a nossa mente e «descobrirdes um sentimento de desaprovação que nasce em vós contra essa acção» (*Tratado*, p. 542 / Hume 1739-40) 1888, 469). Continuou a sugerir:

> «Assim, quando afirmais que uma acção ou um carácter são viciosos, quereis simplesmente *dizer* que, em razão da constituição da vossa natureza, ao considerá-los, experimentais um sentimento de censura.» (542 /469)

Continuou, comparando o discurso sobre o valor com o discurso sobre as chamadas qualidades secundárias das coisas, em que uma qualidade secundária de um objecto (veja-se a discussão anterior) é a disposição do objecto para produzir em nós certas resposta subjectivas – a acidez daquele limão a produzir numa pessoa normal uma sensação de sabor amargo (542 / 469). Que Mill possa ter sido um humiano em assuntos metaéticos pode estar implicado na sua famosa prova (por ser má) do princípio da utilidade. Embora Mill nos avise que não façamos muito caso do seu estatuto de «prova», tenta claramente passar dos factos psicológicos sobre o que as pessoas desejam como um fim para conclusões sobre o que é de facto desejável como um fim. Assentando na inferência, conclui primeiro que aquilo que cada pessoa deseja como um fim é a sua felicidade, sendo a felicidade dessa pessoa desejável como um fim para ela. Então, a seguir tenta de algum modo chegar à conclusão de que a felicidade geral é desejável como finalidade para o colectivo (embora eu nunca tenha passado por nada tão remotamente plausível como uma defesa deste passo problemático).

De forma mais controversa, podemos perguntar se não podemos detectar ainda outra influência humiana nas perspectivas metaéticas de Mill. No seu *Tratado*, diz-se que Hume introduziu a tese de que há um fosso é/deve. Queixa-se dos filósofos que descrevem e voltam a descrever o modo como as coisas são e começam todos de repente a falar sobre o modo como as coisas deveriam ser, procurando uma razão «daquilo que parece totalmente inconcebível, isto é, de como esta nova relação se pode deduzir de outras relações inteiramente diferentes.» ([30]) Em *A System of Logic*, Mill afirma qualquer coisa surpreendentemente semelhante. Ao descrever o objecto da moralidade como arte, Mill contrasta a ciência com a moralidade. Afirma o seguinte:

> «É usual, contudo, incluir sob o termo Conhecimento Moral, e mesmo (embora impropriamente) sob o de Ciência Moral, uma investigação dos resultados daquilo que não se exprime no modo indicativo, ou em perífrases equivalentes, que é chamada conhecimento dos deveres, ética prática, ou moralidade.» (CW 7:943)

([30]) Hume, *Tratado*, p. 543 (*N. T.*)

E prossegue:

«Ora, o modo imperativo é a característica da arte, distinta da ciência. Quando se fala de regras ou de preceitos, e não de asserções que dizem respeito a matéria de facto, é arte; e ética ou moralidade é propriamente uma parte da arte que corresponde às ciências da natureza humana e sociedade.» (CW 7:943)

Especulei antes sobre a influência de Hume na metaética de Mill. Enquanto o próprio Hume parece por vezes querer ver as teses morais como equivalentes em significado às teses psicológicas, há outros passos nos quais [Hume] parece sugerir que os juízos morais não têm valor moral. Se se enfatizar estes passos, Hume pode ser entendido como o antecessor dos não-cognitivistas do século XX – os filósofos que modelaram as afirmações da ética no discurso significativo que não é descritivo. Assim, os emotivistas, por exemplo, sugeriram que as afirmações éticas deveriam ser pensadas como expressando atitudes, mais do que descrevendo-as de forma muito semelhante a como «Ui» exprime mas não descreve a dor. Os prescritivistas, por sua vez, queriam modelar o significado das afirmações éticas no tipo de significado que têm as imperativas. Pretender que o aborto é errado moralmente é proferir o imperativo «Parem o aborto». (Note-se quão pouca diferença haveria na sua mensagem se a manifestante pró-vida escrevesse «Parem o aborto» em vez de «O aborto é errado».) No passo acima citado, podemos perguntar se Mill está pelo menos a burilar uma perspectiva muito semelhante ao prescritivismo do século XX.

Claro está que todas estas especulações são baseadas em poucos indícios textuais. E devemos perguntar por que razão, se Mill sustentou uma das perspectivas discutidas acima, não o disse directamente, em especial no seu trabalho de ética mais importante, *Utilitarismo*. Apesar de poder não ser a perspectiva interpretativa mais caritativa, podemos perguntar se Mill não se apercebeu em algum momento de que as perspectivas metaéticas para as quais estava inclinado não se coadunavam claramente com a teoria ética normativa que estava determinado a defender. Se estivermos a basear a moralidade na psicologia, por exemplo, parece quase irracional supor que as pessoas são imparciais da maneira que o utilitarismo de Mill exige. E se não o são, não é evidente a razão pela qual iriam descrever ou prescrever como correctas apenas aquelas acções que conduzem à felicidade geral.

SUGESTÕES DE LEITURA

ARMSTRONG, D. M., *What is Law of Nature* parte 1 (Cambridge: Cambridge University Press, 1983).

CHISHOLM, «The Problem of Empiricism», *Journal of Philosophy* 45 (1948), 512-17.

FIRTH, Roderick, «Radical Empiricism and Perceptual Relativity», *Philosophical Review* 59 (1950), 164-83, 319-31.

FUMERTON, Ricahrd, *Metaphysical and Epistemological Problems of Perception* (Lincoln e Londres: University of Nebraska Press, 1985), capítulos 5-6.

RUSSELL, Bertrand, «On Denoting», *Mind* 14 (1905), 479-93.

RYAN, Alan, *The Philosophy of Stuart Mill* (Londres: Macmillan, 1970), capítulo 6.

WILSON, Fred, *Psychological Analysis and the Philosophy of John Stuart Mill* (Toronto: University of Toronto Press), capítulo 5.

WILSON, Fred, «John Stuart Mill», secção 8, in *Standard Encyclopedia of Philosophy*, 2002, http://plato.stanford.edu/entries/mill/.

BIBLIOGRAFIA

ABRAMS, M. H. (1953), *The Mirror and the Lamp: Romantic Theory and the Critical Tradition* (Oxford: Oxford University Press).
ABRAMS, M. H. (1971), *Natural Supernaturalism; Tradition and Revolution in Romantic Literature* (Nova Iorque: W. W. Norton Company).
ANDERSON, Elizabeth (1991), «John Stuart Mill and Experiments in Living» *Ethics* 102, 4-26.
ANNAS, Julia (1977), «Mill and the Subjection of Women», *Philosophy* 52, 179-94.
APPIAH, Kwame Anthony (2005), *The Ethics of Identity* (Princeton: Princeton University Press).
AYER, A. J. (1952), *Language, Truth and Logic* (Nova Iorque: Dover).
BAILEY, James Wood (1997), *Utilitarianism, Institutions, and Justice* (Nova Iorque: Oxford University Press).
BAUM, Bruce (1997), «Feminism, Liberalism, and Cultural Pluralism: J. S. Mill on Mormon Polygamy», *Journal of Political Philosophy* 5, 230-53.
BAUM, Bruce (2000), *Rereading Power and Freedom in J. S. Mill* (Toronto: University of Toronto Press).
BAUM, Bruce (2003), «Millian Radical Democracy: Education for Freedom and Dilemmas of Liberal Equality», *Political Studies* 51, 404-28.
BENTHAM, Jeremy, *The Collected Works of Jeremy Bentham*, (orgs.) J. H. Burns (1981-79), J. R. Dinwiddy (1977-83), Fred Rosen (1983-94), Fred Rosen e Philip Schofield (1995-2003), Philip Schofield (2003-) (Londres e Oxford).

BENTHAM, Jeremy, *The Collected Works of Jeremy Bentham: An Introduction to the Principals of Morals and Legislation*, (orgs.) J. H. Burns e H. L. A. Hart (Londres: Athlone Press).

BERGER, Fred (1984), *Happiness, Justice, and Freedom: the Moral and Political Philosophy of John Stuart Mill* (Berkeley: University of California Press).

BERKELEY, George ([1713] 1954), *Three Dialogues Between Hylas and Philonous*, (org.) Colin Turbayne (Indianápolis: Bobbs-Merrill). *Três Diálogos entre Hilas e Filonous em oposição aos Cépticos e Ateus*, trad. António Sérgio (Coimbra: Atlântida, 1965). *Tratado do conhecimento humano; Três diálogos*; trad e pref. Vieira de Almeida; trad. pref. e notas António Sérgio Lisboa (Imprensa Nacional – Casa da Moeda, 2000).

BERKOWITZ, Peter (1999), *Virtue and the Making of Modern Liberalism* (Princeton: Princeton University Press).

BERLIN, Isaiah (1969), *Four Essays on Liberty* (Oxford: Oxford University Press).

BRADLEY, F. H. (1962), *Ethical Studies*, 2.ª ed. (Londres: Oxford University Press).

BRANDT, R. B. (1967) «Some Merits of One Form of Rule-Utilitarianism», *University of Colorado, Series in Philosophy no. 3: The Concept of Morality* (Boulder: University of Colorado Press), 57-8

BRINK, David O. (1992), «Mill's Deliberative Utilitarianism», *Philosophy and Public Affairs* 21, n.º 1, 67-103.

BRONAUGH, Richard (1974), «The Utility of Quality: An Understanding of Mill», *Canadian Journal of Philosophy* 4, 317-25.

BROWN, D. G. (1973), «What is Mill's Principle of Utility?», *Canadian Journal of Philosophy* 3, 1-12.

BROWN, D. G. (1974), «Mill's Act-Utilitarianism», *Philosophical Quarterly* 24, 67-8.

BROWN, D. G. (1982), «Mill's Criterion of Wrong Conduct», *Dialogue* 21, 27-44.

CALLICOTT, J. Baird (1989), *In Defense of Land Ethic Essays in Environmental Philosophy* (Albany: State University of New York Press).

CAPALDI, Nicholas (2004), *John Stuart Mill: a Biography* (Cambridge: Cambridge University Press).

CARLISLE, Janice (1991), *John Stuart Mill and the Writing of Character* (Athens: University of Georgia Press).

CHISHOLM, Roderick M. (1948), «The Problem of Empiricism», *Journal of Philosophy* 45, 512-17.
COOPER, Wesley E., Ky Nielsen e Steven C. Patten, (orgs.) (1979), *New Essays on John Stuart Mill and Utilitarianism, Canadian Journal of Philosophy*, Supplementary vol. 5, 1-19.
COPP, David (1979), «Iterated-Utilitarianism of J. S. Mill» *New Essays on John Stuart Mill and Utilitarianism*, ed. Wesley E., Ky Nielsen e Steven C. Patten, *Canadian Journal of Philosophy, Supplementary* vol. 5, 75-98.
CRISP, Roger (1997), *Mill on Utilitarianism* (Londres: Routledge)
CRISP, Roger, (org.) (2003), *How Should One Live?* (Oxford: Oxford University Press).
CRISP, Roger e Michael Slote, (orgs.) (1997), *Virtue Ethics* (Oxford: Oxford University Press).
CUPPLES, Brian (1972), «A Defense of the Received Interpretation of J. S. Mill», *Australasian Journal of Philosophy* 50, 131-7.
DESCARTES, René (1960), *Discourse on Method and Meditations*, trad. Lawrence LaFleur (Indianápolis: Bobbs-Merrill). *Discurso do Método*, trad. João Gama (Lisboa: Edições 70, 2008). *Meditações Sobre a Filosofia Primeira*, trad. Gustavo de Fraga (Coimbra, Almedina, 1992).
DEVLIN, Patrick (1965), *The Enforcement of Morals* (Londres: Oxford University Press).
DI STEFANO, Christine (1991), «John Stuart Mill: The Art of Liberalism», *A Configuration of Masculinity: A Feminist Perspective on Modern Political Theory*, (org.) Christine Di Stefano (Ithaca: Cornell University Press), 144-86.
DONNER, Wendy (1991), *The Liberal Self: John Stuart Mill's Moral and Political Philosophy* (Ithaca: Cornell University Press).
DONNER, Wendy (1993), «John Stuart Mill's Liberal Feminism», *Philosophical Studies* 69, 155-66.
DONNER, Wendy (1998), «Mill's Utilitarianism», in *The Cambridge Companion to Mill*, Ted John Skorupski, (org.) (Cambridge: Cambridge University Press), 255-92.
DONNER, Wendy (1999), «A Millian Perspective on the Relations between Persons and their Bodies», in *Persons and their Bodies: Wrights, Responsibilities, Relationships*, (orgs.) Mark J. Sherry e Thomas J. Bole III (Dordrecht: Kluwer Academic Publishers), 57-72.

DONNER, Wendy (2006), «Mill' Theory of Value», in *The Blackwell Guide to Mill's Utilitarianism*, (org.) Henry West (Oxford: Blackwell), 117-38.

DONNER, Wendy (2007), «John Stuart Mill on Education and Democracy», in *John Stuart Mill Political Thought: A Bicentennial Re-Assessment*, (orgs.) Nadia Urbinati e Alex Zakaras (Cambridge: Cambridge University Press), 250-74.

DONNER, Wendy (2009 no prelo), «Autonomy, Tradition, and the Enforcement of Morality», in *Mill's «On Liberty»: A Critical Guide*, (org.) C. L. Ten (Cambridge: Cambridge University Press).

DONNER, Wendy e Michele Green (1995), «John Stuart Mill and the Environment», *Prometeo* 13, n.º 50, 6-17. Em tradução italiana (como «John Stuart Mill e L'ambiente»).

DONNER, Wendy e Richard Fumerton (2000), «John Stuart Mill» in *The Blackwell Guide to the Modern Philosophers*, (org.) Steven M. Emmanuel (Oxford: Blackwell), 343-69.

DONNER, Wendy, Amy Scmitter e Nathan Tarcov (2003), «Enlightment Liberalism» in *The Blackwell Companion to the Philosophy of Education*, (org.) Randall Curran (Oxford: Blackwell), 73-93.

DUNCAN, G. (1973), *Marx and Mill: Two Views of Social Conflict and Social Harmony* (Cambridge: Cambridge University Press).

DWORKIN, Ronald (1977), *Taking Rights Seriously* (Cambridge, MA: Harvard University Press).

EDWARDS, Rem (1979), *Pleasures and Pains: A Theory of Qualitative Hedonism* (Ithaca: Cornell University Press).

EGGLESTON, Ben e Dale E. Miller (2007), «India House Utilitarianism: A First Look», *Southwest Philosophy Review* 23, n.º 1, 39-47.

EISENACH, Eldon J. (1998), *Mill and the Moral Character of Liberalism* (University Park: Pennsylvania State University Press).

EISENTSEIN, Zillah (1981), *The Radical Future of Liberal Feminism* (Nova Iorque: Longman).

FEINBERG, Joel (1983), «The Chlid's Right to an Open Future», in *Ethical Principles fpr Social Policy*, (org.) J. Howie (Carbondale: Southern Illinois University Press), 97-122.

FUCHS, Alan E. (2006), «Mill's Theory of Morally Correct Actions», in in *The Blackwell Guide to Mill's Utilitarianism*, (org.) Henry West (Oxford: Blackwell), 139-58.

FUMERTON, Richard (1985), *Metaphysical and Epistemological Problems of Perception* (Lincoln and London: University of Nebraska Press)

FUMERTON, Richard (1989), «Russeling Causal Theories of Reference» in *Rereading Russell*, (orgs.) Wade Savage e Anthony Anderson (Minneapolis: University of Minnesota Press).
FUMERTON, Richard (1995), *Metaepistemology and Skepticism* (Lanham, MD: Rowman and Littlefield).
GARFORTH, F. W. (1979), *John Stuart Mill's Theory of Education* (Oxford: Martin Robertson).
GARFORTH, F. W. (1980), *Educative Democracy: John Stuart Mill on Education in Society* (Nova Iorque: Oxford University Press).
GAUS, Gerald (1980), «Mill's Theory of Moral Rules», *Australasian Journal of Philosophy* 58, 265-79.
GOLDMAN, Alvin (1979), «What is Justified Belief?» in *Justification and Knowledge*, (org.) George Pappas (Dordrecht: Reidel), 1-23.
GRAY, John (1983), *Mill on Liberty: A Defence* (Londres: Routledge).
GREEN, Michele (1989), «Sympathy and Self-Interest: The Crisis in Mill's Mental History», *Utilitas* 1, n.º 2, 259-77.
GREEN, Michele (1994), «Conflicting Principles or Completing Counterparts? J. S. Mill on Political Economy and Equality of Women», *Utilitas* 6, n.º 2, 267-85.
GRIFFIN, James (1986), *Well-Being: Its Meaning, Measurement, and Moral Importance* (Oxford: Clarendon Press).
GUTMANN, Amy (1980), *Liberal Equality* (Cambridge: Cambridge University Press).
GUTMANN, Amy (1987), *Democratic Education* (Princeton: Princeton University Press).
GUTMANN, Amy e Dennis Thompson (1996), *Democracy and Disagreement* (Cambridge, MA: Harvard University Press).
HABIBI, Don A. (2007), *John Stuart Mill and the Ethic of Human Growth* (Dordrecht: Kluwer Academic Publishers).
HALEVY, E. (1934), *The Growth of Philosophic Radicalism*, (Londres: Faber and Faber).
HARE, R. M. (1981), *Moral Thinking: Its Levels, Method, and Point* (Oxford: Claredon Press).
HARRISON, Jonathan (1952-3), «Utilitarianism, Universalisation, and Our Duty to Be Just», *Proceedings of the Aristotelian Society*, n.º 53, 105-34.
HARROD, R. F. (1936), «Utilitarianism Revised», *Mind* 45, 137-56.
HART, H. L. A. (1963), *Law, Liberty, and Morality* (Stanford: Stanford University Press).

HEMPEL, Carl (1966), *Philosophy of Natural Science* (Englewood Cliffs, NJ: Prentice-Hall).
HEYDT, Colin (2006), *Rethinking Mill's Ethics: Character and Aesthetic Education* ((Londres: Continuum).
HOAG, Robert W. (1986), «Happiness and Freedom: recent Work on John Stuart Mill», *Philosophy and Public Affairs* 15, n.º 2, 188-99.
HOAG, Robert W. (1992), «J. S. Mill's Language of Pleasures», *Utilitas* 4, n.º 2, 247-78.
HOLLANDER, S. (1985), *The Economics of John Stuart Mill* 2 vols. (Toronto: University of Toronto Press).
HOLMES, Stephen (1995), *Passions and Constraints. On the Theory of Liberal Democracy* (Chicago University Press).
HOOKER, Brad (1995), «Rule-Consequentialism, Incoherence, Fairness», *Proceedings of the Aristotelian Society*, 95, 19-35.
HUME, David ([1739-40] 1888), *A Treatise of Human Nature*, (org.) L. A. Selby-Bigge (Londres: Oxford University Press). *Tratado da Natureza Humana*. Trad. Serafim da Silva Fontes. (Lisboa: Fundação Calouste Gulbenkian, 2001).
JOHNSTON, David (1994), *The Idea of a Liberal Theory: A Critique and Reconstruction* (Princeton: Princeton University Press).
KINZER, Bruce L., Ann P. Robson e John M. Robson (1992), *A Moralist In and Out of Parliament: John Stuart Mill at Westminster, 1865--1868* (Toronto: University Press).
KRIPKE, Saul (1980), *Naming and Necessity* (Cambridge, MA: Harvard University Press).
KÜBLER-ROSS, Elisabeth (1997), *The Wheel of Life: A Memoir of Living and Dying* (Nova Iorque: Scribner).
KYMLICKA, Will (2002), *Contemporary Political Philosophy: An Introduction*, 2.ª ed. (Oxford: Clarendon Press).
LAINE, Michael, (org.) (1991), *A Cultivated Mind: Essays on J. S. Mill Presented to John Robson* (Toronto: University of Toronto Press).
LEWIS, C. I. (1946) *An Analysis of Knowledge and Valuation* (La Salle, IL: Open Court).
LOCKE, John ([1690] 1959), *An Essay Concerning Human Understanding*, (org.) A. C. Fraser (Nova Iorque: Dover). *Ensaio Sobre o Entendimento Humano*, 2 vols., trad. Eduardo Abranches de Soveral (Lisboa: Fundação Calouste Gulbenkian, 2008).

LOCKE, John ([1689] 1980), *Second Treatise of Government*, ed. C. B. Macpherson (Indianápolis: Hackett Publishing Company, Inc.). *Dois Tratados do Governo Civil*, trad. Miguel Morgado (Lisboa, Edições 70, 2006).

LONG, Roderick T. (1992), «Mill's Higher Pleasures and the Choice of Character», *Utilitas* 4, n.º 2, 279-97.

LYONS, David (1965), *Forms and Limits of Utilitarianism* (Oxford: Oxford University Press).

LYONS, David (1994), *Rights, Welfare, and Mill's Moral Theory* (Oxford: Clarendon Press).

LYONS, David, (org.) (1997), *Mill's Utilitarianism: Critical Essays* (Lanham, MD: Rowman and Littlefield).

MABBOTT, J. D. (1956), «Interpretations of Mill's Utilitarianism» *Philosophical Quarterly*, 115-20.

MACEDO, Stephen (1990), *Liberal Virtues: Citizenship, Virtue, and Community* (Oxford: Oxford University Press).

MCCLOSKEY, H. J. (1957), «An Examination of Restricted Utilitarianism» *Philosophical Review* 66, 466-85.

MACPHERSON, C. B. (1962), *The Political Theory of Possessive Individualism* (Oxford: Oxford University Press).

MACPHERSON, C. B. (1980), *The Life and Times of Liberal Democracy* (Oxford: Oxford University Press).

MACPHERSON, C. B. (1984), *Democratic Theory: Essays in Retrieval* (Oxford: Clarendon Press).

MAKUS, Ingrid (1996), *Women, Politics and Reproduction: The Liberal Legacy* (Toronto: University of Toronto Press).

MILL, James ([1869] 1967), *An Analysis of the Phenomena of the Human Mind*, 2.ª ed., (org.) John Stuart Mill, 2 vols. (Reimpresso em Nova Iorque: Augustus M. Kelly).

MILL, John Stuart (1889), *An Examination of Sir William Hamilton's Philosophy* (Londres: Longmans, Green, and Company).

MILL, John Stuart (1906), *A System of Logic* (Londres: Longmans, Green, and Company).

MILL, John Stuart (1963 -91) *The Collected Works of John Stuart Mill*, (org.) John M. Robson, 33 vols. (Toronto: University of Toronto Press). *Sobre a Liberdade*, trad. Pedro Madeira (Lisboa, Edições 70, 2006). *A Sujeição das Mulheres*, trad. Benedita Bettencourt (Coimbra: Edições Almedina, 2006). *Utilitarismo*, trad. F. J. Azevedo Gonçalves (Lisboa: Gradiva, 2005)

MILL, John Stuart, Harriet Taylor Mill, e Helen Taylor (1994) *Sexual Equality*, (orgs.) Ann P. Robson e John M. Robson (Toronto: University of Toronto Press).

MILLER, Harlan B., and William H. Williams, (orgs.) (1982), *The Limits of Utilitarianism* (Minneapolis: University of Minnesota Press).

MORALES, Maria (1996), *Perfect Equality: John Stuart Mill on Well--Constituted Communities* (Lanham, MD: Rowman and Littlefield).

MORALES, Maria (2007), «Rational Freedom in John Stuart Mill's Feminism», in *J. S. Mill's Political Thought: A Bicentennial Reassessment*, (orgs.) Nadia Urbinati e Alex Zakaris (Cambridge: Cambridge University Press), 43-65.

MORALES, Maria, (org.) (2005), *Mill's «The Subjection of Women»: Critical Essays* (Lanham, MD: Rowman and Littlefield).

NUSSBAUM, Martha (1999), *Sex and Social Justice* (Oxford: Oxford University Press).

NUSSBAUM, Martha (2001), *Upheavals of Thought: The Intelligence of Emotions* (Cambridge: Cambridge University Press).

NUSSBAUM, Martha (2004), «Mill Between Aristotle and Bentham», *Daedalus* 133, n.º 2, 60-68.

OKIN, Susan Moller (1979), *Women in Western Political Thought* (Princeton: Princeton University Press).

OKIN, Susan Moller (1989), *Justice, Gender, and the Family* (New York: Basic Books).

OKIN, Susan Moller (2003) «Feminism, Moral Development, and the Virtues», in *How Should One Live?*, (org.) Roger Crisp (Oxford: Oxford University Press), 211-229.

O'ROURKE, Kevin C. (2001), *John Stuart Mill and Freedom of Expression: The Genesis of a Theory* (Lanham, MD: Routledge).

PACKE, M. St John (1954), *The Life of John Stuart Mill* (Londres: Secker and Warburg).

PATEMAN, Carole (1970), *Participation and Democratic Theory* (Cambridge: Cambridge University Press).

PATEMAN, Carole (1988), *The Sexual Contract* (Stanford: Stanford University Press).

RAWLS, John (1955), «Two Concepts of Rules», *Philosophical Review* 64, 3-32.

RAWLS, John (2002), *Political Liberalism* (Nova Iorque: Columbia University Press).

REES, J. C. (1960), «A Re-reading of Mill on Liberty», *Political Studies* 8, 113-29.
RILEY, Jonathan (1988), *Liberal Utilitarianism: Social Choice Theory and J. S. Mill's Philosophy* (Cambridge: Cambridge University Press).
RILEY, Jonathan (1993), «On Quantities and Qualities of Pleasure», *Utilitas* 5, n.º 2, 291-300.
RILEY, Jonathan (1998), *Mill on Liberty* (London: Routledge).
RILEY, Jonathan (2007), «Mill's Neo-Athenian Model of Liberal Democracy», in *J. S. Mill's Political Thought: A Bicentennial Reassessment*, (orgs.) Nadia Urbinati e Alex Zakaris (Cambridge: Cambridge University Press), 221-49.
ROBSON, John M. (1968), *The Improvement of Mankind* (Toronto: University of Toronto Press).
ROSE, Phyllis (1984), *Parallel Lives: Five Victorian Marriages* (Nova Iorque: Vintage Books).
ROSEN, Frederick (2003), Classical Utilitarianism from Hume to Mill (Londres e Nova Iorque: Routledge).
ROSSI, Alice (1970), «Sentiment and Intellect: The Story of John Stuart Mill and Harriet Taylor Mill», in *Essays on Sex Equality*, (org.) Alice Rossi (Chicago: University of Chicago Press), 3-63.
RUSSELL, Bertrand (1905), «On Denoting», *Mind* 14, 479-93.
RYAN, Alan (1988), *The Philosophy of John Stuart Mill*, 2.ª ed. (Nova Iorque: Macmillan).
SARVASY, Wendy (1984), «J. S. Mill's Theory of Democracy for a Period of Transition Between Capitalism and Socialism», *Polity* 16, n.º 4, 567-87.
SCARRE, Geoffrey (1997), «Donner and Riley on Qualitative Hedonism», *Utilitas* 9, n.º 3, 351-60.
SCHNEEWIND, J. B., (org.) (1968), *Mill: A Collection of Critical Essays* (Garden City, NY: Doubleday and Company).
SCHWARTZ, Pedro (1972), *The New Political Economy of J. S. Mill* (Durham, NC: Duke University Press).
SELLARS, Wilfred (1963), «Phenomenalism,» in *Science, Perception and Reality* (Londres: Routledge).
SEMMEL, Bernard (1984), *John Stuart Mill and the Pursuit of Virtue* (New Haven: Yale University Press).
SEN, Amartya e Bernard Williams, (orgs.) (1982), *Utilitarianism and Beyond* (Cambridge: Cambridge University Press).

SHANLEY, Mary Lyndon (1998), «The Subjection of Women», in *The Cambridge Companion to Mill*, (org.) John Skorupski (Cambridge: Cambridge University Press), 396-422.

SHANLEY, Mary Lyndon e Carole Pateman, (orgs.) (1991), *Feminist Interpretations and Political Theory* (University Park: Pennsylvania State University Press).

SHARPLESS, F. Parvin (1967), *The Literary Criticism of John Stuart Mill* (The Hague: Mouton).

SKORUPSKI, John (1989), *John Stuart Mill* (London: Routledge).

SKORUPSKI, John, (org.) (1998), *The Cambridge Companion to Mill* (Cambridge: Cambridge University Press).

SKORUPSKI, John (2005), «The Place of Utilitarianism in Mill's Philosophy», in *The Blackwell Guide to Mill's Utilitarianism*, (org.) Henry West (Oxford: Blackwell), 45-59.

SKORUPSKI, John (2006). *Why Read Mill Today?* (London: Routledge).

SLOTE, Michael (2003), «Virtue Ethics, Utilitarianism, and Symmetry», in *How Should One Live?*, (org.) Roger Crisp (Oxford: Oxford University Press), 99-110.

SMART, J. J. C. (1956), «Extreme and Restricted Utilitarianism», *Philosophical Quarterly* 4, 344-54.

SMART, J. J. C. e Bernard Williams, (orgs.) (1982), *Utilitarianism: For and Against* (Cambridge: Cambridge University Press).

SNEDDON, Andrew (2003), «Feeling Utilitarian», *Utilitas* 15, n.º 3, 330-52.

SOSA, Ernest (1969), «Mill's Utilitarianism», in *Mill's Utilitarianism*, (org.) James M. Smith e Ernest Sosa (Belmont, CA: Wadsworth), 154-72.

SOUFFRANT, Eddy M. (2000), *Formal Transgression: John Stuart Mills Philosophy of International Affairs* (Lanham, MD: Rowman and Littlefield).

STAFFORD, William (1998), *John Stuart Mill* (New York: St Martin's Press).

STEPHENS, Piers H. G. (1996), «Plural Pluralisms: Towards a More Liberal Green Political Theory», in *Contemporary Political Studies 1996*, (orgs.) Iain Hampshire-Monk e Jeffrey Stanyer (Oxford: Political Studies Association of the UK), vol. 1, 369-80.

STEPHENS, Piers H. G. (1998), «Green Liberalisms: Nature, Agency and the Good», *Environmental Politics* 10, n.º 3, 1998, 1-22.

STOCKER, Michael (2003), «How Emotions Reveal Value and Help Cure the Schizophrenia of Modern Ethical Theories», in *How Should One Live?* (org.) Roger Crisp (Oxford: Oxford University Press), 173-190.
STOUT, A. K. (1954), «But Suppose Everyone Did the Same» *Australasian Journal of Philosophy* 32, 1-29.
SUMNER, L. W. (1979), «The Good and the Right», in *New Essays on John Stuart Mill and Utilitarianism*, ed. Wesley E. Cooper, Kai Nielsen e Steven C. Patten, *Canadian Journal of Philosophy, Supplementary Vol.* 5, 99-114.
SUMNER, L. W. (1992), «Welfare, Happiness, and Pleasure», *Utilitas* 4, n.º 2, 199-206.
SUMNER, L. W. (1997), *The Moral Foundation of Rights* (Oxford: Clarendon Press).
TEN, C. L. (1980), *Mill on Liberty* (Oxford: Oxford University Press).
TEN, C. L. (1998), «Democracy, Socialism and the Working Classes», in *The Cambridge Companion to Mill*, (org.) John Skorupski (Cambridge: Cambridge University Press), 372-95.
TEN, C. L. (org.) (2009), *Mill's «On Liberty»: A Critical Guide* (Cambridge: Cambridge University Press).
THOMAS, David Wayne (2003), *Cultivating Victorians: Liberal Culture and the Aesthetic* (Philadelphia: University of Pennsylvania Press).
THOMPSON, Dennis (1976), *John Stuart Mill and Representative Government* (Princeton: Princeton University Press).
TULLOCH, Gail (1989), *Mill and Sexual Equality* (Hemel Hempstead: Harvester Wheatsheaf).
URBINATI, Nadia (2002), *Mill on Democracy: From the Athenian Polis to Representative Government* (Chicago: University of Chicago Press).
URBINATI, Nadia e Alex Zakaris, (orgs.) (2007), *J. S. Mill's Political Thought: A Bicentennial Reassessment* (Cambridge: Cambridge University Press).
URMSON, J. O. (1953), «The Interpretation of the Moral Philosophy of J. S. Mill», *Philosophical Quarterly* 3, 33-9.
VAROUXAKIS, Georgios (2002), *Mill on Nationality* (Londres: Routledge).
VERNON, Richard (1998), «Beyond the Harm Principle: Mill and Censorship», in *Mill and the Moral Character of Liberalism*, ed. Eldon J. Eisenach (University Park: Pennsylvania State University Press), 115-29.

VOGLER, Candace (2001), *John Stuart Mill's Deliberative Landscape: An Essay in Moral Psychology* (Nova Iorque: Garland Publishing).
WEINSTEIN, David (2007), *Utilitarianism and the New Liberalism* (Cambridge: Cambridge University Press).
WEINSTOCK, Daniel (1996), «Making Sense of Mill», *Dialogue* 35, n.º 4, 791-804.
WEST, Henry (1972), «Reconstructing Mill's 'Proof' of the Principle of Utility», *Mind* 81, 256-7.
WEST, Henry (1976), «Mill's Qualitative Hedonism», *Philosophy* 51, 101-5.
WEST, Henry (1982) «Mill's 'Proof' of the Principle of Utility», *The Limits of Utilitarianism*, (orgs.) Harlan B. Miller e William H. Williams (Minneapolis: University of Minnesota Press).
WEST, Henry (2004), *An Introduction to Mill's Utilitarian Ethics* (Cambridge: Cambridge University Press).
WEST, Henry, (org.) (2006), *The Blackwell Guide to Mill's Utilitarianism* (Oxford: Blackwell).
WILLIAMSON, Timothy (2000), *Knowledge and Its Limits* (London: Oxford).
WILSON, Fred (1990), *Psychological Analysis and the Philosophy of John Stuart Mill* (Toronto: University of Toronto Press).
WINCH, Donald (2004), «Thinking Green, Nineteenth-Century Style: John Stuart Mill and John Ruskin», in *Markets in Historical Contexts: Ideas and Politics in the Modern World*, (orgs.) Mark Bevir e Frank Trentmann (Cambridge: Cambridge University Press), 105-28.

ÍNDICE REMISSIVO

Abrams, M.H., 202
acordo e da diferença, método conjunto do, 248
acordo, método do, 245-7
activismo político, 11-2, 158-67
agentes competentes, 16, 47-50
democracia, 136-7
ética ambiental, 207-8
educação, 19, 35-6, 41-2, 47-9, 115, 123
ambientalismo radical, 195-9
amor, 121-5
antropocentrismo, 186-7
armas nucleares, 45
Arte da Vida, 17-8, 49, 55-6
democracia, 136, 139
ética ambiental, 186-91
liberdade, 70, 88-9
moralidade, 59-71, 80, 83-4
arte, moralidade como, 278
Arte da Vida e moralidade, 59-70
autonomia e individualidade, 108-9
democracia, 135-6
ética das virtudes, 51-3
filosofia da educação, 116-7
hedonismo qualitativo, 33-46
juízo dos agentes competentes, 16, 35-42, 47-50, 115
metaética, 274
artes do viver quotidiano, *veja-se* Arte da Vida

artes e ciências morais, 59, 116-7, 139-40, 152-3
veja-se também Arte da Vida, filosofia da educação
associacionismo, 44-5, 204-5
aumento da população, 191-4
autonomia, 90, 95-112
democracia, 142, 146-7
feminismo liberal, 164, 167-72, 178-9
filosofia da educação, 53, 118, 126, 130

Bentham, Jeremy, 11
Arte da Vida, 68
generalização utilitarista, 81
felicidade, 16, 33-7, 40-1
Bird, Anne, 165-6
Bradley, F.H., 42-3

cálculo da felicidade, 36-8, 40-1
Callicott, Baird, 196-7
calvinismo, 101-2
capitalismo, 142-3
carácter
filosofia da educação, 117-8
formação das mulheres, 173-4
individualidade, 100-1
utilitarismo, 81-2
casamento
feminismo liberal, 157-82

poligamia, 105-12
causalidade
  lei da, 241, 243
  metafísica da, 262-7
Métodos de Mill, 12-3, 241, 243-50, 261, 266
centrado na humanidade, 186-7
cepticismo, 24-5, 220-1, 253, 259
Chisholm, R.M., 259
cidadania, 136-7, 144-5, 153-4
ciência
  ética ambiental, 196-7
  memória, conhecimento baseado na, 226-9
ciência social, 162-3, 172-3
classismo, 149-52, 179-80
código moral convencional utilitarismo, 83-4
código moral ideal do utilitarismo, 83-4
código moral real do utilitarismo, 83-4
Coleridge, Samuel Taylor, 200
Collini, Stefan, 131-2, 140
compaixão, 124-6
Comte, Auguste, 65-7, 83
comunidade, 97, 105-12, 126
conformismo, 95-6, 101-3, 107-9, 130
conhecimento
  pluralismo dos valores, 44-6
  teoria do, *veja-se* epistemologia
conhecimento *a priori*, 235-6
conhecimento matemático, 23-6, 234-6
conhecimentos da geometria, 234-70
consciência
  ética ambiental, 196-7
  memória, conhecimento baseado na, 226-9
consequencialismo, 16, 31-2, 72-4, 274
consumo, 192-6
cooperativas, 142-3
costumes, 95, 98-100, 111-2
crenças da minoria, 93-4
crianças
Crisp, Roger, 40-1, 43, 51, 57, 63-4
Cristo, ética das virtudes, 52

cultivo espiritual, 196, 200, 202-3, 208

dano, princípio da liberdade, 88-9
democracia económica, 140-4, 148-9, 160
democracia, 19-20, 49, 53, 118, 131, 135-55
feminismo liberal, 160-1, 164-7, 175-8
filosofia da educação, 118-20, 124-5, 130-1, 175-6
individualidade e autonomia, 110-3, 130
liberalismo igualitarista, 144-5
violência doméstica, 84, 165-7, 175
dependência
  mulheres, 168, 172-3, 180-1
  teoria da, 147, 179-80
dependência económica
  classes trabalhadoras, 147, 180-1
  mulheres, 168, 172-3, 180-1
dependentes/independentes da percepção
  objectos físicos, 24-6, 213, 253-61, 271-2
Descartes, René, 229
desejabilidade, metaética, 274-6
desenvolvimento
  democracia, 136-9
  liberalismo igualitarista, 20, 49, 53, 138, 140-52
  emocional, *veja-se* desenvolvimento emocional
  ética ambiental, 196, 202-8
  feminismo liberal, 160, 162-4, 180-1
  filosofia da educação, 19, 115-26
  liberdade de, 90, 95-7, 101-3, 107, 126
  para o progresso social, 94-5
  utilitarismo, 115-21
    agentes competentes, 35-42, 47-9, 123, 136-7
    ética das virtudes, 51-4, 121-4

desenvolvimento económico, 23, 189-94
desenvolvimento emocional, 119--26, 158-9
  de Mill, 119-23, 200-1
  ética ambiental, 196, 200-5
desenvolvimento moral, 124-5
desenvolvimento pessoal
  agentes competentes, 35-41, 47-8, 123, 136-7
  democracia, 136-9
  ética ambiental, 203-8
  ética das virtudes, 51-4, 121-5
  feminismo liberal, 162-4, 180--1
  liberalismo igualitarista, 20, 49, 53, 138-55
  liberdade de, 87-97, 103-4, 107, 126, 152-3
  para o progresso social, 94-5
  filosofia da educação, 19, 47-8, 115-26
  utilitarismo, 115-21
desenvolvimento sustentável, 23, 190-1
desígnio inteligente, 186-7
despotismo
  democracia, 142, 146-51
  feminismo liberal, 160, 164-74
Deus, 186-7, 192, 205-6
deveres para consigo próprio, 70
deveres para consigo próprio, 70
diferença, método da, 247-50
direitos
  educação, 111, 130
  em contraste com a moralidade, 278
  feminismo liberal, 164-7
  liberdade, 90, 108, 111
  social, 162-3, 172-3
  utilitarismo, 62-5
  veja-se também morais, artes e ciências
divisão do trabalho, 177-82
divisão do trabalho por géneros, 177-81
doença terminal , 104
doença, 104
dogmatismo, 91-4

doméstico trabalho, 177-80
doutrina da Relatividade do Conhecimento, 257
duração, teoria do valor, 38-40

educação
  de Mill, 11, 50, 119-23, 131, 185, 199-200
  sistema de voto plural, 150
  educação estatal, 111, 130-1, 150
  Educação Nacional *veja-se* educação estatal
  educação universitária, 127-30
egoísmo, 102-4
elitismo, 53, 150-55
emancipação feminina, 20, 38, 131, 157-82
emotivistas, 278
empirismo radical, 26, 215-23, 253, 265
empirismo, 23-5, 213-22, 250
emprego
  democracia, 142-3, 151-2
  feminismo liberal, 168-9, 174, 177-82
epistemologia externalista, 231, 242-3
epistemologia, 23-7, 213-4, 225-30
  empirismo radical, 216-23, 253, 265
  fundamento do raciocínio indutivo, 238-42
  Métodos de Mill, 241-50
  mundo exterior, 24-5, 233-4, 253-61
  realismo representativo, 253-4
  "redução" do raciocínio indutivo-dedutivo, 238-9
  verdades necessárias, 234-5
escravatura, 160-1, 171
esquemas de voto plural, 105-12
esquemas de voto, 150, 154-5
ética budista, 124-5
ética das virtudes aristotélica, 51
ética das virtudes, 15-6, 39-40
  associacionismo, 44-5
  democracia, 144-8
  desenvolvimento pessoal, 51-3, 122-4

ética dos afectos, 124-5, 158-9
ética, teoria, *veja-se* filosofia moral
 e política
etologia, 116-7, 174
exames públicos, 130-1
exames, 130-1
excentricidade, 102, 108-9
excepções às regras morais, 78-9
exemplares, 52, 144-5
expediência, Arte da Vida, 60-2
experiência de formas de vida,
 174-5
experiência dos sentidos, 215-7,
 229-35
democracia, 136-7
educação como, 127-30
feminismo liberal, 171-3
veja-se também sensações,
 objectos físicos como
 possibilidade permanente de
experiências místicas, 203-8
experiências transcendentais, 202-
 -3, 207-8
expressão, liberdade de, 90-8

falibilismo, 91-2, 138-9
famílias
 divisão do trabalho por
  géneros, 177-82
 filosofia da educação, 111, 130-
  -1, 175-6
 veja-se também relações
  familiares
felicidade, 15-7, 31-3
 Arte da Vida e moralidade, 60-
  -70, 80
 democracia, 135-6, 152-3
 ética ambiental, 186-7, 197-201
 ética das virtudes, 51-3
 feminismo liberal, 160, 162-3,
  168-9
 filosofia da educação, 19, 47-8,
  115, 118
 hedonismo qualitativo, 33-46
 individualidade e autonomia,
  101, 126
 juízo dos agentes competentes,
  47-50, 115
 metaética, 274-9

utilitarismo dos actos e das
 regras, 72-84
feminismo, 20, 95, 131, 157-82
feminista, ética dos afectos, 124,
 158
fenomenismo reducionista, 257-61
fenomenismo, reducionista, 257-61
fiabilistas, 230-1, 242
filosofia ambiental, 23, 185-208
filosofia da educação, 19, 115-32
 autonomia e individualidade,
  111-2, 118, 123-6, 130
 código moral utilitarista, 83
 democracia, 19-20, 49, 53, 131,
  136-55
 educação como socialização,
  126-30
 ética das virtudes, 50-4, 121-4
 família, papel da, 111, 130-1,
  175-6
 instituições sociais, 131
 sistema escolar e universitário,
  127-31
filosofia feminista liberal, 20, 95-6,
 131-2, 157-8
filosofia moral e política, 15-21
 ambiental, 23, 185-208
 conteúdo das teses morais, 27,
  273-9
 democracia, 19-20, 49, 53, 118,
  131-2, 135-55
 educação *veja-se* filosofia da
  educação
 estatuto das regras morais, 55-
  -84
 feminismo, 20, 95-6, 131, 157-
  -82
 filosofia da educação e, 115-22,
  129-30
 liberalismo, 19-20, 49, 53, 135-
  -55
 liberdade, 17-9, 70, 87-112,
  118
 metaética, 274-9
 teoria do valor, 16-8, 31-53,
  116-7
 utilitarismo, 15-8
 veja-se também filosofia moral e
  política, liberalismo

filosofia política, *veja-se* filosofia moral e política
fundacionismo, 213, 217-20, 225-6
generalização utilitarista, 72, 80-1
governo, 135-52
Gutmann, Amy, 20, 136
hedonismo qualitativo, 16, 31-46, 196-7
hedonismo quantitativo, 16, 34-45, 196
hedonismo, 16-7, 33-46
ética ambiental, 196-7
Hempel, Carl, 266
Hume, David
  epistemologia, 24, 213-23, 233, 242-3
  metaética, 276-8
  metafísica da causalidade, 262-3
ideias, mercado de, 94
igualdade
  ética ambiental, 194-5
  sexual, 20, 95, 131-2, 157-82
  veja-se também liberalismo igualitarista
igualdade de género, 20, 95-6, 131-2, 157-82
igualdade sexual, 20, 95-6, 131, 157-82
"impressão dos sentidos", 254-5
individualidade, 90, 95-112
  democracia económica, 142
  ética ambiental, 191-4
  feminismo liberal, 171, 178-9
individualismo possessivo, 191-4
indução enumerativa, 221-2
instituições sociais, 131-2
intensidade, teoria do valor, 38-40
interesses, princípio da liberdade, 88-9
intuição, 225, 242-3
justiça
  utilitarismo, 17-8, 58-65
  feminismo liberal, 161-4
  princípio da liberdade, 17-8

justificação inferencial, 217-8
Kripke, Saul, 269
Kübler-Ross, 104
Kymlicka, Will, 111-2, 129
liberalismo igualitarista, 19-20, 46, 53
  veja-se também igualdade
liberalismo, 19-20, 49, 53, 135-55
  ética ambiental, 191-200
  feminista, 20, 95-6, 131-2, 157-8
  filosofia da educação e, 115-9
  veja-se também liberdade
liberdade, 18-9, 87-112
  Arte da Vida, 70-1, 88-9
  autonomia e individualidade, 90-112, 118, 123-30
  de pensamento e expressão, 90-8
  filosofia da educação, 111-2, 118
  poligamia mórmon, 105-13
  veja-se também liberalismo
linguagem, a filosofia de Mill da, 12-3, 23, 27, 267-72
Locke, John, 190-2
lógica dos predicados, 257
lógica, 23-5
  epistemologia e, 225-50
  predicado, 257
Lyons, David, 62

Macpherson, C.B., 118, 135, 191
materialismo, 186-7, 193-5
mediocridade colectiva, 144-5
memória, conhecimento baseado na, 225-32
Mercado de ideias, 94-5
metaética, 273-9
metafísica, 23-7, 213-4, 253-73
  causalidade, 262-6
  empirismo radical, 216-7, 253, 265
  ética ambiental e, 202-7
  Mill como teórico da referência directa, 267-73

objectos físicos como possibilidade permanente de sensações, 253-61, 269
metafísica da causalidade e, 262-5
veja-se também epistemologia
método socrático, 119
Mill, Harriet Taylor, 12-3, 52, 150, 158-9
Mill, James, 11-2, 33-4, 135, 185, 199
Mill, John Stuart
  activismo político, 11-3, 158--60, 165-6
  biografia, 11-4
  obras discutidas
    A Sujeição das Mulheres, 13-4, 20-1, 96, 107, 110, 132, 146-8, 157, 160-5, 169-79, 182
    A System of Logic, 13, 27, 59, 95, 116-7, 127, 140-1, 150, 152-4, 162, 174, 214, 237, 261, 267, 272, 274, 277
    An Examination of Sir William Hamilton Philosophy, 13-4, 23, 214, 226, 227
    "Auguste Comte", 66-8, 83
    Autobiography, 51, 119-23, 150, 199-201, 203
    Considerations on Representative Government, 139-151
    Inaugural Address Delivered to the University of St Andrews, 127
    "Nature", 21, 170, 185, 187-8, 205-6
    On the Probable Futurity of the Labouring Classes", 180
    Principles of Political Economy, 13, 192
    Sobre a Liberdade, 12-4, 18, 41, 49, 52-3, 70-1, 84, 87--8, 90-6, 98, 100-3, 106-7, 109-12, 116, 118, 124, 126, 130-2, 137-9, 144-8,
    163, 149, 173-5
    "Theism", 52, 205-7
    "Thornton on Labour and Its Claims", 69
    Utilitarismo, 12, 14, 16, 32-3, 39, 43-4, 47-8, 55, 60-5, 74-83, 89, 93, 102, 115-6, 125, 137, 163, 274, 276, 278
    "Whewell on Moral Philosophy", 79
  obras principais, 13-4
  veja-se também Mill, John Stuart, obras discutidas, *Autobiography*
modelos (exemplares), 52, 144-6
moralidade
  Arte da Vida e, 59-71, 80-4
  metaética, 274-8
  utilitarismo dos actos e das regras, 72-84
morte, Kübler-Ross sobre a, 104
mulheres
  autonomia e individualidade, 95-6, 105-12, 164
  feminismo liberal, 20, 95-6, 131-2, 157-82
  poligamia, 102-12
  violência doméstica, 20, 84, 165-71, 175

Natureza
  feminismo liberal, 170-4
  filosofia ambiental, 21, 185-208
Nobreza *veja-se* Virtude
nomes abstractos, 270
nomes concretos, 270
nomes conotativos, 270
nomes próprios, 267-73
nomes, teorias da referência directa, 267-73

o belo, 203
o bem, 16-7, 32-3
objectos físicos como, 24-6, 213, 253-61, 271-2

patriarcado, 20, 95-6, 111, 160-74
pensamento, liberdade de, 90-5
percepção da cor, 234, 254-6

ÍNDICE REMISSIVO | 299

pertença, 97, 105-12
pobres, a teoria da dependência
   dos, 147, 180-1
pobreza, 147, 168, 172-3, 180-1,
   193-5
poder
   democracia, 151-2
   feminismo liberal, 10, 95, 160,
      164-71
   liberdade, 17-8, 95-7, 109-10
   poder parental, educação, 111, 130,
      175-6
   veja-se também patriarcado
poesia, 185, 199-205
poligamia mórmon, 105-12
poligamia, 105-12
positivismo, 24
possibilidade permanente de
   sensações
   prazer *veja-se* felicidade
prazeres corporais, 274-5
prazeres intelectuais, metaética,
   274-6
prescritivismo, 278
princípio da competência, 140-8
princípio da liberdade, 87-90
   justiça e, 17-8, 88-9, 105-6
   poligamia mórmon, 106
princípio da participação, 140-8
princípio da utilidade, 16, 31-2, 39,
   49-50
   Arte da Vida, 59, 78-9
   democracia, 135-6
   filosofia da educação, 118
   feminismo liberal, 160
   metaética, 276-7
   utilitarismo dos actos *versus*
      utilitarismo das regras, 17-8,
      55-6
princípio do determinismo, 240
princípio teleológico, 59-61
progresso social, 94-5, 101-4, 112
psicologia
   associacionista, 44-5, 204-5
   metaética, 275-9
   público, debate, 93-4, 138-9,
      144
qualidade nos prazeres, 274-6

qualidades primárias dos objectos
   físicos, 234, 253-6
qualidades secundárias, objectos
   físicos, 234, 253-6, 276-7
raciocínio dedutivo, 26, 220-1, 238-9
raciocínio entimemático, 246, 249
raciocínio indutivo, 26, 213, 222-32
   fundamento do, 238-43
   Métodos de Mill, 234-6
   "redução" do dedutivo ao, 238-9
   Verdades necessárias, 234-6
raciocínio prático, 59-60
raciocínio silogístico, 26, 278-42
racionalismo, 119-23, 158, 200-1
racismo, 148-9
radicais filosóficos, 11
Rawls, John, 129
realismo directo, 253-4
realismo ingénuo (directo), 253-5
realismo representativo, 253-6
regras morais, 17-8, 55-84, 102-3
relação fins-meios, 152-4
relação meios-fins, 152-3
relações familiares, 160-75
   poligamia, 105-12
relatividade perceptiva, 216, 259-60
religião, 186-7, 192, 201-8
resíduos, método dos, 249
resolução do conflito moral, 76-8
ricos, os, teoria da dependência,
   147, 180-1
Riley, Jonathan, 50
Roebuck, John, 203
Romantismo, 185, 199-208
Ruskin, John, 204-5
Russell, Bertrand, 268-73

sabedoria, 144-8
sagrado, o, 208
segurança, direito à, 165-7
Sellars, Wilfred, 260
sensações, objectos físicos como
   possibilidades permanentes de,
   24-5, 213, 253-61, 271
sentimentos, cultivo dos, *veja-se*
   desenvolvimento emocional
sexismo, 148
Skorupski, John, 91

Slote, Michael, 51-2
socialização
  democracia, 136-7
  educação como, 127-30
  feminismo liberal, 171-3
  solidão, 192-3
Stocker, Michael, 123
sublime, o, 189-90, 203-5
supererrogatório, 69

Taylor, Harriet, 12-3, 52, 150, 158-9, 165-6
teoria da generalidade da causalidade, 245, 266-7
teoria da regularidade da causalidade, 243-5, 262-7
teoria do valor, 16-7, 31-53
  agentes competentes, 16, 35-6, 40-2, 47-50, 115, 123, 136, 207-8
  democracia, 136-7
  ética ambiental, 23, 195-8
  filosofia da educação, 35-53, 115-6, 123-4
  hedonismo qualitativo, 33-46, 196-7
teoria do valor e, 116-7
  agentes competentes, 35-41, 47-9, 115, 123
    mulheres, 162-3, 168
teorias da Lei Natural, 186-7
teorias da referência directa, 12-3, 27, 267-72
trabalhadores
  democracia, 142-3, 151-2
  divisão por géneros do trabalho e, 180-1
  ética ambiental, 194-5
trabalho
  divisão por géneros, 177-82

ética ambiental, 192
  veja-se também emprego
trabalho, divisão por géneros, 177-82

utilitarismo das regras, 17-8, 55-84, 274
utilitarismo do código moral, 73-5, 81-5
utilitarismo dos actos, 17-8, 55-9, 72-84, 274
utilitarismo, 15-6
  estatuto das regras morais, 17-8, 55-84
  feminismo liberal, 157
  filosofia da educação, 35-42, 47-53, 83, 115-22, 129-30
  liberdade, 70-1, 88-9
  metaética, 274-9
  radicais filosóficos, 11
  teoria do valor, 16-7, 31-53, 115-6

Valioso, *veja-se* Virtude
valor instrumental, natureza, 195
valor intrínseco, natureza, 195
variações concomitantes, método das, 250
verdades aritméticas, 234
verdades contingentes, 220
verdades necessárias, 220, 234-7
violência doméstica, 20, 84, 165-71, 175
violência, 20, 84, 165-71, 175
virtude, Arte da Vida, 60-1, 69-71, 83-4
virtudes para consigo próprio, 70-1

Wordsworth, William, 199-205

# ÍNDICE

Agradecimentos... 9
Capítulo 1. Biografia: John Stuart Mill (1806-1873)...... 11
  Obras principais... 13
  Introdução à primeira parte: A Filosofia Moral
  e Política de Mill....................................... 15
  Introdução à Segunda Parte: A Lógica, a Metafísica
  e a Epistemologia de Mill................................ 23

Parte 1.
A FILOSOFIA MORAL E POLÍTICA DE MILL
Wendy Donner

Capítulo 2. Utilitarismo: Teoria do Valor.............. 31
  Introdução... 31
  Hedonismo Qualitativo.................................... 33
  Objecções ao Hedonismo Qualitativo de Mill:
    Inconsistência Interna e Pluralismo dos Valores........ 42
  O Juízo dos Agentes Competentes:
    Desenvolvimento Pessoal e Medição do Valor............. 47
  Desenvolvimento Pessoal e Ética das virtudes............. 51
  Sugestões de Leitura..................................... 54

Capítulo 3. Utilitarismo: Moralidade, Justiça e a Arte da Vida.. 55
  Introdução... 55

A Arte da Vida e Moralidade 59
Moralidade: Utilitarismo dos Actos e Utilitarismo
    das Regras 72
Sugestões de leitura 85

Capítulo 4. Liberdade 87
Introdução 87
Liberdade de Pensamento e de Expressão 90
Autonomia e individualidade 95
Autonomia, individualidade e comunidade:
    O Caso da Poligamia Mórmon 105
Sugestões de leitura 113

Capítulo 5. Filosofia da Educação 115
Educação: Desenvolvimento e Desenvolvimento Pessoal . . 115
Dois Sentidos de Educação 127
Sugestões de leitura 133

Capítulo 6. Filosofia Política: Liberalismo e Democracia . . . 135
Introdução 135
Democracia Política e Económica 138
Objecções: Elitismo e Igualitarismo 144
Igualitarista ou Elitista? 149
Sugestões de leitura 155

Capítulo 7. Igualdade Sexual e a Sujeição das Mulheres . . 157
O Feminismo Liberal de Mill. 157
Objecção: A Defesa de Mill da Divisão do Trabalho
    por Sexo 177
Sugestões de leitura 182

Capítulo 8. Ética ambiental 185
Mill Verde? 185
Mill e o Ambientalismo Radical. 195
Mill e o Romantismo 199
Sugestões de leitura 209

Parte 2.
LÓGICA, METAFÍSICA E EPISTEMOLOGIA DE MILL
Richard Fumerton

Capítulo 9. Introdução e Contexto 213
  Empirismo Radical 215
  Sugestões de leitura 223

Capítulo 10. Lógica e Epistemologia. 225
  Mill sobre o Nosso Conhecimento do Mundo Exterior. . 233
  Mill sobre o Nosso Conhecimento das Verdades
    «Necessárias» 234
  Mill e a «Redução» do Raciocínio Dedutivo
    ao Raciocínio Indutivo. 237
  O Fundamento do Raciocínio Indutivo em Mill 240
    Os Métodos de Mill 243
    O Método do Acordo 243
    O Método da Diferença 247
    O Método Conjunto do Acordo e da Diferença 248
    O Método dos Resíduos 249
    O Método das Variações Concomitantes 250
  Sugestões de leitura 251

Capítulo 11. Metafísica 253
  Os Objectos Físicos como Possibilidades Permanentes
    de Sensações 253
  A Metafísica da Causalidade de Mill 262
  Mill como Teórico da Referência Directa 267
  A Metaética de Mill 273
  Sugestões de leitura 279

Bibliografia 281
Índice Remissivo 293